Etwas zum Angeben gefällig?

Sämtliche Karten in diesem Wanderführer sind GIS-basiert und im UTM-Koordinatensystem mit dem geodätischen Datum WGS 84 erstellt und damit wirklich auf der Höhe der Zeit.

Wo bin ich gerade?

Die Wegpunkte 1, 2, 3 & Co. wurden vom Autor Peter Amann für jede Tour vor Ort mit dem GPS-Gerät an wichtigen Stellen im Gelände aufgezeichnet. Neben einer technisch bedingten Ungenauigkeit kommt es aufgrund geologischer Besonderheiten auf Sizilien besonders in Schluchten und an der Küste zu Abweichungen. Als Lesezeichen finden Sie die entsprechenden Ziffern sowohl im Text wie in der Karte und im Diagramm.

Mehr als nur Skizzen

Die 35 topografischen Ausschnittswanderkarten wurden eigens für diesen Sizilien-Wanderführer erstellt – nach den Regeln der Kartenkunst, aber mit Mehrwertinformationen vom Aussichtspunkt bis zur Bushaltestelle. Im Buch finden Sie die Karten in den wanderüblichen Maßstäben 1:25.000 sowie 1:50.000.

Wie & wo, hin & zurück, Wind & Wetter, Hunger & Durst

Im Tourinfo-Kasten stellt sich die Tour vor. Sie erfahren außerdem alles, was Sie zur Wanderlogistik und zum Überleben brauchen.

Kleingedrucktes

Die in diesem Sizilien-Wanderführer enthaltenen Angaben wurden vom Autor Peter Amann nach bestem Wissen erstellt und von ihm und dem Michael Müller Verlag mit größter Sorgfalt überprüft und veröffentlicht. Dennoch können weder Autor noch Verlag bezüglich der Beschreibungen und Karten sowie der Gegebenheiten vor Ort Verantwortung übernehmen. Natur und Klima sind und bleiben letztlich unberechenbar. Der Zustand der Wege ist immer auch von der Zeit, der Witterung, von Eingriffen durch Menschen ~~keiten – wie z. B. vulkanischer Aktivität –~~ und sind jederzeit für Verbesserungsvorsc

Zu Ihrer Sicherheit

Überschätzen Sie sich nicht – machen Sie
✹✹ gekennzeichneten Touren sind auf S
ren gibt es die Möglichkeit, die Route abzukürzen, wenn die Kraft nicht
Wandern Sie möglichst nicht allein, setzen Sie jemanden aus Ihrem Quartier über die geplante Tour in Kenntnis, und nehmen Sie ausreichend Trinkwasser sowie Ihr Handy mit (nicht in allen Gebirgsgegenden ist ein guter Empfang gewährleistet!). Im Spätsommer sind plötzlich einsetzende Wärmegewitter eine oft unterschätzte Gefahr, speziell in höheren Berglagen wie am Ätna.

> **In jedem Notfall wählt man ☏ 112** (EU-weite Notrufnummer)
> **oder ☏ 117** (Soccorso Alpino/Bergrettung)

Kartenlegende

Symbole

🗼 Leuchtturm	𝒊 Information		
Sendemast, Antenne	🚩 Schild		
Turm	📯 Post		
† Gipfelkreuz	⛪ Kloster		
Badestrand	⛪ Kirche		
Gebäude (bewirtsch./ unbewirtschaftet)	Burg/Schloss		
Hausruine	Burg-/Schlossruine		
Λ Campingplatz	Archäologische Stätte		
▲ Berggipfel	★ Sehenswürdigkeit		
Aussichtspunkt	☆ Naturattraktion		
∩ Höhle, Doline	🏛 Museum		
Baum	Friedhof		
Rastplatz	✈ Flughafen		
Quelle/Brunnen	H Bushaltestelle		
Wasserfall	P Parkplatz		
Wasserbecken	)(Brücke		
Gatter/Tor	( ) Tunnel		
Felsen			
Mauer	Nationalpark		

Höhenschichten

	0 bis 400 m
	400 bis 800 m
	800 bis 1200 m
	1200 bis 1600 m
	1600 bis 2000 m
	2000 bis 2400 m
	2400 bis 2800 m
	2800 bis 3200 m
	über 3200 m
100 100	Höhenlinie
•	Höhenpunkt

Straßen und Wege

	Fernstraße
	Hauptstraße
	Nebenstraße
	Piste
= = =	Tunnel
	Eisenbahn
- - -	Fußweg

Wanderung

🥾	Wandersepp (Wanderrichtung)
5	Wegpunkt mit Nummer
——	Tourverlauf
-----	Variante

Gewässer

	Wasserfläche
——	Fluss/Flussbett
	periodischer Fluss
===	Kanal

Orte

	bebautes Gebiet
•	kleinerer Ort

Sämtliche Karten in diesem Buch sind nach Norden ausgerichtet.
Beim Maßstab 1:25.000 entspricht 1 cm in der Karte 250 m in der Natur, beim Maßstab 1:50.000 entspricht 1 cm in der Karte 500 m in der Natur.
Die Beschriftungen der Höhenlinien zeigen talwärts.

SIZILIEN

PETER AMANN

Wandern auf Sizilien

Nordosten/Monti Peloritani

Osten/Monte Etna

Südosten/Monti Iblei

☺ „besonders attraktiv für Kinder", findet der Autor Peter Amann

Impressum

■ Text und Recherche: Peter Amann ■ Reihenkonzept: Michael Müller, Angela Nitsche, Hana Gundel, Dirk Thomsen ■ Lektorat: Anja Elser, Sabine Lutz-Seng (Überarbeitung) ■ Redaktion: Angela Nitsche ■ Layout: Claudia Hutter ■ Karten: Annette Seraphim, Inger Holndonner ■ GIS-Consulting: Rolf Kastner ■ Klimadatenauswertung: Steffen Fietze ■ Weg-Zeit-Höhen-Diagramme: Annette Seraphim ■ Fotos: Peter Amann, außer S. 8: Tom Pfeifer Volcano Discovery, S. 32/33 Mitte: Peter Oefinger, und S. 120: Stefania d'Angelo, WWF ■ Covergestaltung: Karl Serwotka ■ Covermotiv: der Ätna ■ Innentitel: Schafsherde am Piano Battaglia ■

ISBN 978-3-89953-822-9
© Copyright Michael Müller Verlag GmbH, Erlangen 2010, 2014. Alle Rechte vorbehalten. Alle Angaben ohne Gewähr.
Printed in Germany by Stürtz GmbH, Würzburg.

Wenn Sie Ergänzungen, Verbesserungsvorschläge und Tipps zu diesem Buch haben, lassen Sie es uns bitte wissen!
Schreiben Sie an:
Michael Müller Verlag, Gerberei 19, 91054 Erlangen, info@michael-mueller-verlag.de.

Aktuelle Infos zu unseren Titeln, Hintergrundgeschichten zu unseren Reisezielen sowie brandneue Tipps erhalten Sie in unserem regelmäßig erscheinenden Newsletter, den Sie unter www.michael-mueller-verlag.de kostenlos abonnieren können.

2. Auflage 2014

Danksagung

Für einen Wanderführer zu recherchieren, ist immer ein Unterfangen, in Sizilien ist es ein Abenteuer. Ein Abenteuer, das süchtig machen kann, denn dieses ist mein fünftes Buch über Wandern in Sizilien. Von den vielen alten und neuen Freunden, die mich begleitet, mir wertvolle Tipps gegeben, mich auf den rechten Weg gebracht, mir Mut gemacht und mir ihre Gastfreundschaft gewährt haben, möchte ich zumindest einigen wenigen persönlich danken:

Gundula Anders, Stefania d'Angelo, Carlo und Corrado Assenza, Nino Barcia, Laura Billitteri, Bruno Biondo, Salvatore und Marina Bonajuto, Jenny Bond, Mimmo Caputo, Brigit und Jasmin Carnabuci, Rino Causapruno und Adele Sortino, Luigi Cordio, Nuccio Faro, Matteo Feretti, Vincenzo Fiocco, Mimmo Gelsi, Gaetano Geraci, Giovanni Giardina, Melo und Enrico Gallodoro, Nicola Granà und Illuminata Profeta, Franz und Zora Hochreutener, Mimmo Lombardo, Ignazio Maiorana, Marco Momforte, Vito Oddo, Calogero Pedala, Antonio Presti, Nino Scavuzzo, Gerardo Schuler, Salvatore Speranza, Giuseppe Spina, Pierfilippo Spoto, Luisa Stella, Giuseppe Tirito und zuletzt Marisin und Salvatore Tranchina. Questo libro è dedicato a Voi!

Einen herzlichen Dank natürlich auch an die vielen Leser, die sich auf den Weg gemacht und mit ihren Hinweisen geholfen haben, den Führer weiterhin wanderaktuell zu halten.

Wandern auf Sizilien

▶ Seit ich im Frühjahr 1993 zum ersten Mal den Fuß auf Sizilien setzte, hat mich die Faszination für die unendlich facettenreiche Insel nie losgelassen. Insgesamt habe ich auf meinen Reisen und Wanderungen mehrere Jahre auf Sizilien verbracht und mich keinen Tag gelangweilt. Sizilien gehört seit Ende des 18. Jh. zu den klassischen Zielen der Kultur- und Bildungsreisenden. Dieser Umstand versperrt manchmal den Blick auf die Tatsache, dass die größte Insel im Mittelmeer zugleich eines der schönsten mediterranen Wanderziele ist. Johann Gottfried Seume hat mit seinem „Spaziergang nach Syrakus im Jahre 1802" einen Weg vorgezeigt, das andere Sizilien, das Sizilien der Landschaften und Menschen zu entdecken – zu Fuß. Es gibt viele gute Gründe, sich auf den Weg zu machen, um Gesichter einer Insel kennenzulernen, die viele Urlauber oft verpassen. Vielfältig wie Sizilien selbst führen die hier vorgestellten Touren auf aktive Vulkane, schroffe Adlerfelsen, durch tiefe Karstschluchten, über liebliche Olivenhügel und blühende Wiesen, zu antiken Stätten, durch schattige Eichenwälder, zwischen duftender Macchia und an den schönsten Küsten entlang. Wir folgen antiken Handelsstraßen, alten Maultierwegen, Wanderpfaden durch Naturschutzgebiete und gelegentlich schmalen Felssteigen. Die Auswahl reicht von spannenden Expeditionen mit Kindern über gemütliches Genusswandern bis zu sportlichen Bergtouren. Buon cammino in Sicilia! ■

Dieser Wanderführer gliedert Sizilien in neun landschaftlich sehr eigenständige Wanderregionen: Monti Peloritani, Monte Etna, Monti Iblei, Agrigentino, Trapanese, Palermitano, Monti Madonie, Monti Nébrodi und Monti Erei.

Wanderregionen auf Sizilien

▶ **Nordosten/Monti Peloritani (S. 46–71):** Den Nordosten Siziliens (Provinz Messina) durchzieht eine tief zerklüftete Gebirgskette, die mit einer mittleren Höhe von 1.200 m vom Capo Peloro bei Messina in südwestliche Richtung auf den Monte Etna (dt. Ätna) zuläuft. Die Peloritani-Berge sind die Wasserscheide (Tour 4) zwischen Tyrrhenischem und Ionischem Meer. Höchster Berg ist mit 1.374 m die Montagna Grande. Zusammen mit Nébrodi- und Madonie-Gebirge bilden die Peloritani-Berge eine Fortsetzung des italienischen Apennins. Nur durch die Straße von Messina vom italienischen Festland getrennt, entsprechen sie in ihrem geologischen Aufbau aus Gneis, Granit und Glimmerschiefer dem kalabrischen Aspromonte. Charakteristisch sind die breiten Fiumara-Täler, die nur im Winterhalbjahr Wasser führen.

Das mondäne Taormina ist seit dem 19. Jh. der bekannteste Urlaubsort Siziliens (Tour 1). Abgelegene Bergstädtchen und archaische, größtenteils terrassierte Bauernlandschaften (Touren 1, 2, 3 und 5), Urwälder (Tour 6) und einige der besten Aussichtsgipfel Siziliens (Touren 1, 3, 5 und 6) entdeckt man bei Ausflügen ins dünnbesiedelte Hinterland. Im Süden bildet das Alcàntara-Tal (Tour 7) die natürliche Grenze zum Monte Etna. ■

▶ **Osten/Monte Etna (S. 72–99):** Der Ätna (Provinz Catania) ist in jeder Hinsicht ein Superlativ, auch als Wanderziel. Mit zurzeit 3.329 m (die Höhe variiert abhängig von der Aktivität der Gipfelkrater) überragt er alle anderen Gipfel Siziliens um mindestens 1.300 m! Sein Name geht auf das indogermanische "aidhna" (brennend) zurück. Die lokale Bezeichnung Mongibello setzt sich aus dem lateinischen „mons" und dem arabischen „djebel" zusammen, was beides „Berg" heißt. Der höchste Vulkan Europas ist zugleich einer der mit Abstand aktivsten Feuerberge der Welt.

Wo sich vor 600.000 Jahren noch ein flacher Meeresgolf öffnete, erhebt sich heute der Ätna auf einer Grundfläche von 1.200 km^2 und mit einem Umfang von 250 km. Von weitem ein perfekter Kegel – die Bilderbuchansicht bietet das antike Theater von Taormina – entpuppt er sich aus der Nähe als komplexes vulkanisches Gebilde. Die ältesten untermeerischen Kissenlaven sind zum Teil herausgehoben und formen heute die Zyklopeninseln vor Aci Trezza. Vor 100.000 Jahren begann der eigentliche Aufbau des Schichtvulkans. Vor etwa 64.000 Jahren stürzte ein Vorläufer des heutigen Ätna in sich zusammen und hinterließ

Die besten Standorte für die jeweiligen Wanderungen finden Sie ab S. 35.

den gewaltigen Einbruchkrater des Valle del Bove (Touren 8, 9 und 11). Ein Teil der Ostflanke rutschte vor 800 Jahren ins Meer und löste einen gewaltigen Tsunami aus. Während des jüngsten Aktivitätszyklus, der vor 3.000 Jahren begann, formten sich die vier heute noch aktiven Gipfelkrater (Touren 8 und 11) und die ca. 400 Adventiv- oder Nebenkrater (Touren 10, 12 und 13).

Magma steigt bis in ein ca. 2 km unter dem Gipfel gelegenes Reservoir auf. Der niedrige Kieselsäureanteil macht die Gesteinsschmelze relativ dünnflüssig. Gase können schnell entweichen, sodass es nicht zu jenen gewaltigen Aufsprengungen des Schlotes kommen kann wie bei Vulkanen mit zähflüssigen Magmen. Das macht den Ätna, anders als den Vesuv, zu einem relativ „ungefährlichen" Vulkan. Trotzdem führt ein Überangebot an Magma gelegentlich zu heftigen Gipfelausbrüchen, bei denen Aschewolken mehrere Kilometer hochgeschleudert werden, wie z. B. im Oktober 2002 oder April 2013. Am häufigsten sind Flankenausbrüche entlang längs aufreißender Spalten. Aufgereiht wie an einer Knopflochleiste (ital. bottoniera) liegen explosiv tätige Bocchen (Tour 12), die im Laufe einiger Tage zu Schlackekegeln emporwachsen können, während die entgaste Lava aus tiefergelegenen Bereichen ausfließt. Die relativ dünnflüssige Lava am Ätna begünstigt zudem die Entstehung von Lavagrotten, ein in Europa einzigartiges Phänomen (Tour 12).

Eine Fahrt auf den Ätna und der Aufstieg in den Gipfelbereich (Touren 8 und 11) führen durch die unterschiedlichsten Klima- und Vegetationszonen, fast, als würde man sich auf eine Reise von Palermo zum Nordkap begeben. Subtropische Orangenhaine werden von Weinbergen, Eichen- (Tour 13), Birken- (Tour 10) und den südlichsten Buchenwäldern (Tour 12) Europas abgelöst. Bis in 2.500 m Höhe bedecken

Wolfgang Sartorius von Waltershausen ist neugierig

Der Göttinger Gelehrte und Geologe Wolfgang Sartorius Freiherr von Waltershausen (1809–76), Namensgeber der Monti Sartorio (Tour 10), machte die Erforschung des Ätna zu seinem wissenschaftlichen Lebenswerk. Er verwendete einen Großteil seines Vermögens und viele Jahre seines Lebens darauf, den Ätna zu vermessen. Von ihm stammt die erste topografische Karte des Vulkanmassivs, und er stellte auch die erste ausführliche Chronologie historischer Ätna-Ausbrüche zusammen. Spannend zu lesen ist z. B. sein Bericht vom Ausbruch 1669, der auf der Südflanke mehrere Ortschaften zerstörte und den Hafen von Catania verschüttete (zitiert im vergriffenen, vulkanologisch veralteten Buch von Hans Pichler „Italienische Vulkan-Gebiete IV: Ätna, Sizilien", Berlin 1984). Das Bild eines Augenzeugen der Eruption von 1669, als Wandfresko in der Sakristei, ist im Dom von Catania zu entdecken.

Ätna-Ausbruch im Juli 2001

dornige Tragant-Polster den Boden, darüber erstreckt sich bis in die aktive Gipfelzone (Touren 8 und 11) eine vegetationslose Lavawüste, die über viele Monate des Jahres schneebedeckt ist – eine Landschaft aus Feuer und Eis. Der Ätna steht unter ständiger Beobachtung des 1960 gegründeten Internationalen Instituts für Vulkanologie in Catania. 1987 wurden 58.000 ha als „Parco dell'Etna" unter Naturschutz gestellt. Seit 2013 zählt der Ätna zum UNESCO-Weltnaturerbe. ■

▶ Südosten/Monti Iblei (S. 100–117): Im Südosten Siziliens (Provinzen Siracusa und Ragusa) bestimmt ein weit gespanntes, sich im Schnitt nur wenige Hundert Meter über das Meer erhebende Kalkplateau das Landschaftsbild. Flüsse haben im Lauf der Zeit canyontiefe Schluchten gegraben, sogenannte Cave (Touren 14, 15 und 17). Am Grund mancher Cava strömt klares Wasser, die Vegetation nimmt beinahe tropische Züge an.

Seit vorgeschichtlicher Zeit fanden Menschen hier Zuflucht. Pantálica (Tour 14) war 500 Jahre lang das bedeutendste bronzezeitliche Zentrum Siziliens, über 5.000 Kammergräber perforieren die Felswände wie Bienenwaben. Im frühen Mittelalter erfüllten byzantinische Mönche die sikulische Totenstadt mit neuem Leben. Der helle Iblei-Kalk, aus dem auch ganze Städte erbaut sind, wirft das Sonnenlicht zurück, ein Licht, wie es nur hier im Südosten leuchtet. Ein verheerendes Erdbeben zerstörte 1693 Dutzende von Städten. Der Wiederaufbau erfolgte im Stil der Zeit. Die Barockstädte des Val di Noto stehen heute ebenso wie Syrakus und Pantálica auf der UNESCO-Liste des Weltkulturerbes.

Über die landwirtschaftlich genutzten Hochflächen ziehen sich kilometerlange Trockensteinmauern. Hartweizen, Karuben (Johannisbrot) und Mandeln gehören zu den traditionellen Kulturen. Die höchste Erhebung ist der 986 m hohe Monte Lauro, aus dem Meer emporgehobener Rest eines erloschenen Unterwasservulkans. An seinen Hängen entspringt der Fluss Anapo (Tour 14). An der Küste wechseln sich lange Sandstrände mit felsigen Abschnitten ab. Einer der schönsten Küstenstreifen steht in Vendicari (Tour 16) unter Naturschutz. Ein „Parco Nazionale degli Iblei" wird hoffentlich nicht mehr lange nur eine Zukunftsvision bleiben. ■

▶ Süden/Agrigentino (S. 118–127): Die Landschaft des Agrigentino (Provinz Agrigent) ist schwer zu fassen – vielleicht liegt es an den weichen Lehmhügeln und erodierten Gipsbergen. An den Steilküsten des afrikanischen Meeres nehmen gipsführende Mergel die Gestalt schneeweißer Kliffs an, besonders eindrucksvoll an der Punta Grande (Scala dei Turchi) bei Realmonte, im Naturschutzgebiet „Riserva Naturale Torre Salsa" (Tour 18) und am Capo Bianco, wo sich auch die Ruinen des antiken Eraclea Minoa erheben. Dazwischen spannen sich kilometerlange Dünenstrände (Tour 18). Gipskristalle bringen auch die südlichen Monti Sicani bei Sant'Ángelo Muxaro (Tour 19) zum Glitzern. Der größte Besuchermagnet des Agrigentino sind die griechischen Tempel von Agrigent, ebenfalls Weltkulturerbe der UNESCO. ■

Eine schöne Küstenwanderung führt um den Monte Cófano (Tour 21)

▶ **Westen/Trapanese (S. 128–141):** Die Gebirgskette der sizilianischen Nordküste (Monti del Trapanese) verliert nach Westen allmählich an Höhe und löst sich langsam auf. Akzente setzen das felsige Rückgrat des Naturparks „Riserva Naturale dello Zingaro" (Tour 22), der Monte Cófano (Tour 21) über dem Golf von Custonaci, der Monte San Giuliano mit der Stadt Erice und, vor Trapani im Meer, die Ägadischen Inseln. Maréttimo (Tour 20), die westlichste dieser Inseln, ist ein geologisch-botanisches Wanderparadies.

Die geografisch-kulturelle Nähe zu Nordafrika ist in Westsizilien (Provinz Trapani) nicht zu übersehen. Nach Westen und Süden läuft das Hügelland zum Meer hin aus. Inmitten ausgedehnter Weinfelder liegen, von Dattelpalmen umgeben, befestigte Gutshöfe, sogenannte Bagli. Die Altstädte von Mazzara del Vallo, Marsala und Trapani erinnern an arabische Medinas. Faszinierend ist auch die uralte Kulturlandschaft der Salzgärten zwischen Marsala und Trapani. Ihr Besuch lässt sich mit einem Bootsausflug auf die Insel Mozia inmitten der größten Lagune Siziliens verbinden. Das antike Selinunt und Segesta zählen auch landschaftlich zu den Höhepunkten einer Sizilienreise. ◾

▶ **Nordwesten/Palermitano (S. 142–165):** Ein Gebirgskranz (Monti della Conca d'Oro) umschließt im Süden die Inselkapitale Palermo mit der sog. Conca d'Oro, der „Goldenen Muschel". Hoch über Stadt und Meer erhebt sich der Monte Pellegrino (Tour 23), für Goethe „das schönste Vorgebirge der Welt". Im Süden der Provinz wartet eine wilde und einsame Bergwelt (Tour 24) auf Entdeckung. Mit eindrucksvollen Steilwänden überragt die Rocca Busambra (Tour 26) den Bosco della Ficuzza (Tour 25), den größten Eichenmischwald Westsiziliens. Steile Nordabbrüche und sanft nach Süden fallende Hochflächen zeigen auch die Monti di Palazzo Adriano (Tour 27). Die nach Norden gekippten Bergschollen der Monti Sicani dokumentieren den im geologischen Zeitlupentempo ablaufenden Zusammenprall der Afrikanischen mit der Eurasischen Kontinentalplatte. ∎

▶ **Norden/Monti Madonie (S. 166–179):** Die Madonie-Berge (Provinz Palermo), westlichster und höchster Teil des sizilianischen Apennin, erheben sich als imposanter Kalkgebirgsstock im Süden Cefalùs (Tour 28). Ausgeprägten Karstphänomenen (Tour 30) und ihrem Fossilienreichtum verdanken sie die Aufnahme in die Liste der European Geoparks. Nach Süden fällt das Massiv zu den gips- und schwefelreichen Hochebenen Innersiziliens ab. Seit 1989 steht die einzigartige Natur- und Kulturlandschaft als „Parco delle Madonie" unter Schutz. Wie ein Kranz umgeben sehenswerte Kunststädte das Gebirge. Schafzucht, die Quelle vergangenen Reichtums, ist nach wie vor von Bedeutung. Die Madonie-Berge beherbergen die artenreichsten Wälder des Mittelmeerraums. Auf Wanderungen begegnen uns botanische Raritäten wie die Riesenstechpalmen auf dem Piano Pomo (Tour 31) oder die ausschließlich im Vallone Madonna degli Angeli (Tour 29) noch vorkommenden Nébrodi-Tannen. Der 1.979 m hohe Pizzo Carbonara (Tour 30) ist nach dem Ätna der zweithöchste Berg Siziliens. ∎

▶ **Nordosten/Monti Nébrodi (S. 180–187):** Die waldreichen Nébrodi-Berge (Provinz Messina), auch Caroníe genannt, erstrecken sich als Teil des sizilianischen Apennin parallel zur tyrrhenischen Küste zwischen den Peloritani-Bergen im Osten und den westlich anschließenden Madonie-Bergen. Ihre weichen Konturen verdanken sie dem Flysch (Tone, Mergel und Sandstein). Der Hauptkamm ist von Buchenwäldern überzogen und steigt mit dem Monte Soro (Tour 32) bis auf 1.847 m an. Wo harter Kalkdolomit ansteht, wie z. B. bei Alcara Li Fusi (Tour 33), nimmt die Landschaft dramatische Züge an. Die Nébrodi-Berge sind reich an Wasser, der Lago Biviere (Tour 32) ist der größte Bergsee Siziliens. Die Weidewirtschaft ist nach wie vor ausgeprägt, und auf Wan-

Trinakria – drei Beine für Sizilien

Trinakria („Dreiecksinsel") so schreibt der griechische Historiker Thukydides im 5. Jh. v. Chr. den alten Namen Siziliens. Ein Klick auf Google Earth, ein Blick in den Atlas zeigt, wie recht er hatte. „Drei Vorgebirge" lautet eine andere Übersetzung: vor der Hafenstadt Marsala das Capo Lilibeo, Capo Passero (südlich von Noto) und Capo Peloro (bei Messina) sind zu erkennen. Trinakria, so heißt auch das uralte Symbol Siziliens, drei angewinkelte Beine, die um ein geflügeltes Frauenhaupt laufen. Als Souvenir sieht man es überall. In griechischer Zeit eine grässliche Gorgone mit Schlangenhaar, mutiert die Gestalt bei den Römern zur weizenumkränzten Getreidegöttin Ceres: geografische Beschreibung, Sonnen-, Glücks- und Fruchtbarkeitssymbol in einem. Die Normannen haben das Dreibein im Mittelalter auf die Isle of Man exportiert. Heute ziert es nicht nur die offizielle Flagge der Regione Sicilia, sondern auch die Uniformknöpfe der Beamten. Dabei ist die Trinakria einfach nur die beste Einladung für einen Wanderurlaub auf der Sonneninsel!

Dicht an dicht drängen sich auch die Häuser von Gangi

derungen, aber auch auf Straßen, trifft man häufig auf Rinder, Schafe, San-Fratellani-Pferde oder schwarze Nébrodi-Schweine. 1993 wurde mit 86.000 ha der „Parco dei Nébrodi" als eines der größten Naturschutzgebiete Europas ausgewiesen. ■

▶ **Zentrum/Monti Erei (S. 188–197):** Die Monti Erei, ein Mittelgebirge im Zentrum der Insel (Provinz Enna), bilden die Wasserscheide zwischen Ionischem und afrikanischem Meer. Ihr Name leitet sich vom griechischen Wort für Wolle ab. Die historische Bedeutung der Schafzucht belegt auch das dichte Netz alter Trazzere (Tour 34), ehemalige Fernweidewege, die hier oft dem Verlauf antiker Straßen folgen. Schroffe Felszüge aus Sandsteinkonglomeraten erheben sich über Acker- und Weideflächen. Der leicht zu bearbeitende Stein begünstigte die Anlage antiker Nekropolen, arabischer Höhlenhäuser und mittelalterlicher Felskirchen. In Sperlinga und Regiovanni (Tour 34) wurden komplette Burgen aus dem Sandsteinfels gehauen. Der Monte Altesina (Tour 35) ist mit 1.192 m die höchste Erhebung der Erei-Berge, den Arabern diente er im Mittelalter als zentraler Peilpunkt bei der Vermessung Siziliens. Der Monte Altesina und die Rocca di Cerere in der südlich gelegenen Provinzhauptstadt Enna stehen auf der Liste der Europäischen Geoparks.

In Enna lag in der Antike das Hauptheiligtum der Getreidegöttin Ceres (Demeter). Immer noch überziehen endlose Hartweizenfelder das hügelige Landesinnere. Als Altopiano gessoso-solfifero – gips- und schwefelführendes Pliozäntafelland – kennen ihn die Geologen (→ Tour 18). In den 1970er-Jahren wurden die letzten Schwefelgruben stillgelegt. Der auch landschaftlich faszinierende Parco Minerario Floristella-Grottacalda auf halber Strecke zwischen Valguarnera und Piazza Armerina erschließt dieses wichtige Wirtschaftskapitel. Touristischer Hauptanziehungspunkt Innersiziliens ist die römische Villa del Casale bei Piazza Armerina, ein UNESCO-Weltkulturerbe. Landschaftlich reizvoll und kaum besucht sind die nahe gelegenen Ausgrabungen von Morgantina. ■

Tagestemperaturen in Grad Celsius

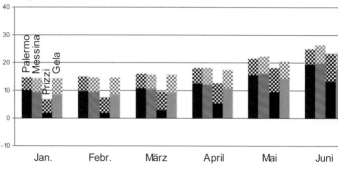

⊠ Mittlere Höchsttemperatur   ■ Mittlere Tiefsttemperatur

Wetter und Wandersaison

▶ Klima und Jahreszeiten: Sizilien ist von der Sonne verwöhnt, im statistischen Mittel scheint sie an 2.500 Stunden im Jahr. Zum Vergleich: In Deutschland liegt die durchschnittliche Sonnenscheindauer bei 1.550 Stunden pro Jahr. Das typisch mediterrane Klima Siziliens mit trockenen, heißen Sommern und milden, regenreichen Wintern wird durch geografische Gegebenheiten modifiziert. Während die Küsten im Winter quasi frostfrei bleiben, weist das Landesinnere der 25.703 km² großen Insel mit heißen Sommern und kühlen Wintern bereits kontinentale Züge auf. Wärmster Monat im Landesinneren ist der Juli (→ Diagramm „Tagestemperaturen", Prizzi auf 1.034 m), an der

Niederschlagsmenge in mm

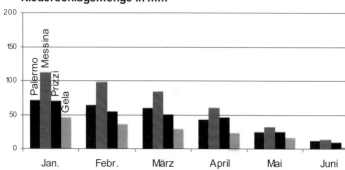

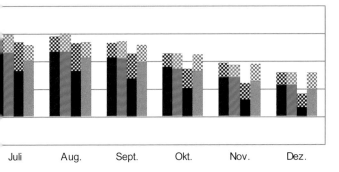

Küste der August (→ Diagramm „Tagestemperaturen", Palermo, Messina und Gela), was daran liegt, dass die Wassertemperatur im August ihr Maximum erreicht. In Gebirgslagen über 1.200 m an der Nordküste und am Ätna sind die Sommer eher frisch und die Winter streng. Niederschlag im Winterhalbjahr fällt in Form von Schnee.

Pack die Badehose ein

Die beste Badezeit ist von Mitte Mai bis Ende September, dann misst das Wasserthermometer deutlich über 20 °C. Das Meer hält bis in den November annehmbare Badetemperaturen.

Durchziehende Mittelmeertiefs machen Dezember und Januar zu den niederschlagsreichsten Monaten (→ Diagramm „Niederschlagsmenge"). Dazwischen gibt es aber auch immer wieder längere sonnige Perioden. So liegt z. B. im Januar die mittlere Sonnenscheindauer für Palermo bei 140 Stunden im Vergleich zu 65 Stunden

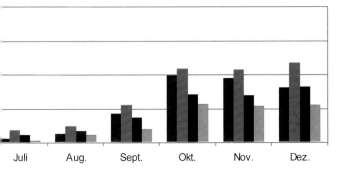

in München. Nordsizilien empfängt deutlich mehr Niederschläge als das Inselinnere und der Süden. Stauniederschlag am Apennin macht Messina mit 832 mm pro Jahr zur regenreichsten Stadt Siziliens, am Ätna können Niederschlagshöhen von 1.300 mm pro Jahr überschritten werden. Oktober ist der Monat mit den meisten Starkregenfällen (> 20 mm/h), die v. a. die Ostküste betreffen. ∎

▶ **Kleine Windkunde:** Wenn in Übergangsjahreszeiten und im Sommer sich der Himmel bleigrau färbt, bläst der **Schirokko** aus Südost. Der ursprünglich trocken-warme nordafrikanische Wüstenwind bringt roten Saharastaub, über dem Mittelmeer lädt er sich mit Feuchtigkeit auf. Lang anhaltender Schirokko, der dann Windgeschwindigkeiten von bis zu 100 km/h erreicht, behindert oft die Schifffahrt zwischen den Inseln. Im Sommer erhöht er die Waldbrandgefahr, die Höchsttemperaturen können dann über 40 °C liegen. Bei Hochdrucklagen sorgt der aus Südwest blasende **Libeccio** an der Westküste für eine angenehme Seebrise und eine leichte Landbrise im Osten. Der **Maestrale** (Mistral) aus Nordwest bringt Polarluft in den Mittelmeerraum. Die **Tramontana**, ein kühler trockener Nordwind, sorgt für klare Sicht und bestes Fotolicht. ∎

▶ **Wandersaison:** Mit Einschränkungen kann das ganze Jahr auf Sizilien gewandert werden. Sizilienreisender Goethe brachte seine Empfehlung auf den Punkt: „im Frühjahr zum Staunen, im Herbst zum Genießen".

Der **Frühling** beginnt zeitig im Februar mit der Mandelblüte. Von März bis Mai zeigt sich die Insel in vollster Blütenpracht, die „primavera siciliana" ist sprichwörtlich. Muss man bis zum April noch mit gelegentlichen Schauern rechnen (man sollte auch die Frage nach

Tageslängen Palermo				
Tag	Sonnenauf-gang	Sonnen-untergang	Tageslänge	
			Palermo	Kassel
15. Jan.	7.21 Uhr	17.10 Uhr	9:49 Std.	8:24 Std.
15. Febr.	6.58 Uhr	17.44 Uhr	10:46 Std.	9:58 Std.
15. März	6.20 Uhr	18.12 Uhr	11:52 Std.	11:45 Std.
15. April	6.32 Uhr	19.41 Uhr	13:09 Std.	13:49 Std.
15. Mai	5.56 Uhr	20.10 Uhr	14:14 Std.	15:36 Std.
15. Juni	5.43 Uhr	20.31 Uhr	14:48 Std.	16:34 Std.
15. Juli	5.56 Uhr	20.29 Uhr	14:33 Std.	16:08 Std.
15. Aug.	6.20 Uhr	20.02 Uhr	13:42 Std.	14:41 Std.
15. Sept.	6.47 Uhr	19.18 Uhr	12:31 Std.	12:46 Std.
15. Okt.	7.14 Uhr	18.30 Uhr	11:16 Std.	10:47 Std.
15. Nov.	6.47 Uhr	16.55 Uhr	10:08 Std.	8:55 Std.
15. Dez.	7.15 Uhr	16.48 Uhr	9:33 Std.	7:56 Std.

Alle Zeitangaben sind in MEZ bzw. MESZ (Monate April bis Oktober). Palermo: 38° 07' nördl. Breite, 13° 21' östl. Länge. Kassel: 51° 19' nördl. Breite.

Am Ätna: Im Herbst leuchtet das Laub der Zitterpappeln (Tour 9)

beheizten Unterkünften nicht vergessen), ist der Mai die vielleicht schönste Wanderzeit. Der Blütenreigen erreicht seinen Höhepunkt. Ein guter Reisemonat ist auch noch der Juni, man darf jedoch nicht allzu wärmeempfindlich sein. Spätestens im Juli sollte man Wanderungen am besten auf die frühen Morgenstunden oder in die höheren Gebirgslagen verschieben.

Im Sommer muss man sich im Gebirge vor Hitzegewittern in Acht nehmen, v. a. am Ätna! Ab Mitte September bricht dann eine zweite sehr schöne Wandersaison an. Rein statistisch ist jedoch der Oktober der Monat mit den meisten Starkregenfällen.

Im Herbst, d. h. ab Oktober, werden die Tage zwar kürzer und die Dunkelheit bricht ohne lange Dämmerung abrupt herein, allerdings ist es insgesamt deutlich länger hell als in Mitteleuropa (→ Tabelle „Tageslängen"). Mit Glück kann man noch im November und Dezember eine Reihe schöner Sonnentage erleben, nach Regen ist die Fernsicht phänomenal. Dezembertage mit 25 °C, wie sie der Autor 2009 erlebt hat, dürften allerdings die Ausnahme sein. ∎

Stein- und Felskunde für Wanderer

Quer durch Sizilien verläuft die Kollisionszone von Afrikanischer und Eurasischer Kontinentalplatte. Im Laufe der bewegten Erdgeschichte wechselten sich Sedimentierungsprozesse mit Phasen der Gebirgsbildung und vulkanischer Tätigkeit ab.

Bei aller geologischen Komplexität lässt sich die größte Mittelmeerinsel in drei Landschaftszonen gliedern. Parallel zur Nordküste verläuft in Fortsetzung des kalabrischen Apennin eine Faltengebirgskette, im Wesentlichen aus widerständigen Kalken, Quarzsandsteinen und kristallinen Gesteinen aufgebaut.

Im Süden schließt sich, einen Großteil der Insel einnehmend, ein Hügelland an, ebenfalls gebildet von emporgehobenen Meeressedimenten und Evaporiten wie Salz, Gips und Schwefel.

Das Kalktafelland der Monti Iblei im Südosten ist ein emporgehobener Teil der Afrikanischen Platte, der nicht in die Faltung einbezogen wurde.

▶ **Lava, Vulkanschlacke und -asche:** Die ältesten Laven Siziliens liegen auf dem Kalksteinplateau der Monti Iblei. Der 986 m hohe Monte Lauro ist der Rest eines untermeerischen Vulkans, dessen Aktivität bis ins frühe Pleistozän (vor ca. 2 Mio. Jahren) andauerte. An den Hängen des Monte Lauro entspringt der Fluss Anapo, seine dunklen basaltischen Schotter im hellen Kalkgeröll des Flussbettes (Tour 14) zeugen noch davon.

Deutlich jünger ist der Ätna, dessen Aufbau als Schichtvulkan vor ca. 100.000 Jahren begann. Mehr als 95 % seiner Förderprodukte sind ausgeflossene Laven. Auf Wanderungen (Touren 8 bis 13) treffen wir überwiegend auf erstarrte dunkelgraue Aa-Lavaströme, deren Oberfläche scharfzackige Schlackeblöcke bedecken. Ohne angelegte Wege wären sie unpassierbar. Seltener ist Pahoehoe-Lava (Tour 12), die beim Erkalten glatte, wulstige Oberflächen hinterlässt. Bei explosiver Aktivität werden Schlacke und Asche gefördert. Bedingt durch hohen Eisengehalt weisen sie eine dunkelgraue bis schwarze Farbe auf. Durch Oxidation entstehen bräunliche bis tiefrote Farbtöne. Die Schlacke lagert sich um die Eruptionsschlote meist in Form steiler Kegel (Touren 10, 12 und 13) ab. Fels- und Glaspartikel mit einem Durchmesser von weniger als zwei Millimeter werden vom Wind über große Distanzen verfrachtet und können den Flugverkehr beeinträchtigen. Der größte Teil der Asche regnet jedoch in der näheren Umgebung der Ausbruchstelle aus, auf Straßen ist dann mit erhöhter Rutschgefahr zu rechnen. Während ein Aufstieg über langgezogene Sandhänge äußerst mühsam ist, geht der Abstieg über steile Aschefelder (Touren 8 und 11) umso schneller vonstatten.

Bizarre Attraktion – die Rocche dell'Argimusco

Am nördlichen Hangfuß des Ätnas schneidet der Fluss Alcàntara (Tour 7) sich durch eine mächtige Lavaschicht. Unterhalb von Motta Camastra sind in den Gole dell'Alcàntara prächtige Basaltsäulen herauspräpariert. ■

► **Kalk und Dolomit:** Kalksteine unterschiedlichen Alters und unterschiedlicher Zusammensetzung bauen die eindrucksvoll aufragenden Gebirgsstöcke der Madonie (Touren 28 bis 31), Monti della Conca d'Oro (Touren 23 und 24) und Monti del Trapanese (Touren 21 und 22) mit ihren westlichen Ausläufern auf den Ägadischen Inseln (Tour 20) auf. Harter Korallenkalk formt den Hauptstock der Madonie-Berge mit dem 1.979 m hohen Pizzo Carbonara (Tour 30) als der zweithöchsten Erhebung Siziliens. Wie alle Kalkgebiete weisen auch die Madonie-Berge eine

Pahoehoe-Lava im Anstieg zur Grotta del Gelo (Tour 12)

Vielzahl über- und unterirdischer Karstformen auf. Dolinen (Karsttrichter) auf dem Piano Battaglia (Tour 30) erreichen Durchmesser von mehreren Hundert Metern. Aus hartem Kalk bestehen auch die nördlichen Monti Sicani, ein südlicher Ausläufer des Sizilianischen Apennin. Imposant ist die 15 km lange und 1.613 m hohe Rocca Busambra (Tour 26), deren Nordflanke mehrere hundert Meter senkrecht abfällt. Die Charakteristik steil abstürzender Nordwände und sanft nach Süden einfallender Hänge ist allen Bergschollen zueigen, die sich zwischen Palermo und Agrigent aus dem tertiären Hügelland heben, auch den Monti di Palazzo Adriano (Tour 27) – hier sind die ältesten fossilienführenden Kalkgesteine Siziliens aufgeschlossen.

Festes Kalkgestein ist auch der Formbildner der auffällig aus der Landschaft ragenden Peloritani-Gipfel (Touren 1, 3 und 5) und der Rocche del Crasto (Tour 33) in den sanft modulierten Nébrodi-Bergen.

Eine geologische Sonderstellung nimmt das Hochplateau der Monti Iblei (Touren 14, 15 und 17) im Südosten Siziliens ein. Die horizontal liegenden Kalksteinschichten, gebildet aus mächtigen Meeresablagerungen des Mesozoikums, wurden unverfaltet als Block emporgehoben. Sie gehören zur Afrikanischen Kontinentalplatte. Charakteristisch sind die tief eingeschnittenen, canyonartigen Flusstäler, hier Cave genannt. Wegen des stark entwickelten Karstes erfolgt der Abfluss zum Teil unterirdisch.

Durch die Kalkgebiete Siziliens führt eine Vielzahl alter und neuer Wege. Mühsam ist das Gehen nur im verkarsteten weglosen Gelände, wie z. B. auf den Hochflächen der Madonie-Berge oder am Gipfelgrat der Rocca Busambra. Bei Feuchtigkeit ist auf Kalkgestein mit erhöhter Rutschgefahr zu rechnen. ■

▶ **Gneis und Glimmerschiefer:** In den Peloritani-Bergen treten sehr alte Gesteinsschichten aus Gneis, kristallinen Schiefern und Granit

Rocche dell'Argimusco – steinzeitliche Kultstätten?

Zwischen Montalbano Elicona und dem Bosco di Malabotta (Tour 6) erstreckt sich in über 1.000 m Höhe ein weites, aussichtsreiches Plateau, aus dem auffällig geformte Sandsteinmonolithen ragen. Die Rocche dell'Argimusco verdanken ihre bizarre Gestalt der Erosion von Wind und Wetter, Lokalforscher wollen in ihnen von Menschenhand geformte, steinzeitliche Kultstätten erkennen (Esoteriker aus aller Welt stimmen dem zu). Mit Fantasie lassen sich ein Adler, ein Mammut und sogar die Gestalt einer betenden Göttin (oder Madonna) erkennen. Es ist natürlich nicht auszuschließen, dass die Felsen auch früher schon die Fantasie der Menschen anregten und der am Kreuzungspunkt wichtiger Verbindungswege gelegene Ort in alten Zeiten als heilig aufgesucht wurde. Interessant ist auch der gewaltige Schafpferch an der Portella Zilla, der Kreuzung von SP 110 und SP 115. Nachweislich erst 1935 errichtet, fanden hier (von einem Sonnenobservatorium stammende?) Megalithsteine eine profane Wiederverwendung. In dieser vom Tourismus kaum berührten Berglandschaft finden sich besonders viele der aus losen Steinen errichteten Hirtenunterstände. Die sogenannten Cubburi gleichen mit ihren Scheinkuppeln griechischen Tholoi, Grabbauten der Bronzezeit.

Rocche dell'Argimusco,
von Wind und Wetter bearbeitete Sandsteinfelsen

zutage. Diesen metamorphen Gesteinen lagern leicht erodierbare Konglomerate und harte Kalke auf. Letztere bilden die auffälligeren Gipfel (Touren 1, 3 und 5). Charakteristisch sind die tief eingeschnittenen Fiumare-Täler mit ihren breiten Schotterbetten, die nur nach der Schneeschmelze oder heftigen Regenfällen Wasser führen. Die Peloritani-Berge sind reich an Erzen. Nur vermeintliche Goldadern entpuppten sich in der Vergangenheit fast immer als „Katzengold" (Tour 3), Glimmerschiefer, wie er hier häufig vorkommt. Die hohe Erosionsanfälligkeit der Peloritani-Berge ist der Grund für ihre geringe Erschließung durch Straßen. Erdrutsche sind häufig. ∎

▶ Sandsteine: Die überwiegend aus Ton, Mergel und Sandstein aufgebauten Nébrodi-Berge (Tour 32) zeigen entsprechend weiche Verwitterungsformen. Sie sind reich an Oberflächenwasser. Den Kontrast zwischen sanft modulierten Sandsteinformationen und imposanten Kalksteinreliefs erlebt man im Eichenmischwald Bosco della Ficuzza (Tour 25) am Fuße der Rocca Busambra. Ebenfalls aus dem Flysch Numidico der Geologen, einer vor 35 Millionen Jahren im tropischen Meeresmilieu abgelagerten Folge aus Sandsteinen und Tonen, sind die bis knapp 1.200 m hohen Monti Erei (Touren 34 und 35) im Zentrum Siziliens aufgebaut. Die härteren Sandsteine formen die Höhenzüge, die weiten Talmulden liegen in den Ton- und Mergelschichten. Die Monti Erei sind das Quellgebiet einiger der größten Flüsse Siziliens, die auf ihrem Lauf zum Meer z. T. den salzreichen Altopiano gessoso-solfifero durchfließen. Nach Niederschlägen sind die lehmigen Wege in tieferen Lagen häufig verschlammt.

Aus porösem Kalksandstein wurden die griechischen Tempel von Agrigent und Selinunt errichtet. Wenige Kilometer westlich von Selinunt befinden sich die Rocche di Cusa (auch Cave di Cusa). Der fossile Dünenzug diente der antiken Stadt als Steinbruch, und es liegen immer noch mehrere bis zu 30 Tonnen schwere Säulentrommeln zum Abtransport bereit – ein sehr lohnender Ausflug auch mit Kindern, der sich mit einer kleinen Wanderung verbinden lässt! ∎

▶ Evaporite: Es ist eine noch junge Erkenntnis, dass das Mittelmeer gegen Ende des Miozäns (vor ca. 6 Mio. Jahren) fast vollständig ausgetrocknet war (auf der Landbrücke gelangten diverse Tierarten von Nordafrika nach Europa, in Sizilien z. B. werden Skelette von Zwergelefanten gefunden). In der Folge lagerten sich Evaporite (Verdunstungsgesteine) in bis zu 3 km mächtigen Schichten ab. Die Salzstöcke der südlichen Madonie-Berge, die Asphalt- und Erdölvorkommen in den Monti Iblei, sowie die Gips- und Schwefellagerstätten im Hügelland Zentralsiziliens, dem Altopiano gessoso-solfifero, sind Zeugen dieser gewaltigen Umweltveränderung. Noch im 19. Jh. förderte Sizilien 90 % des Weltschwefelbedarfs. Im Süden Ennas ist eine aufgelassene Schwefelgrube als Mineralogischer Park wiederbelebt worden. Die berühmten weißen Klippen (Tour 18) in der Provinz Agrigent bestehen aus gipsführendem Mergel. Gipskristalle bringen auch die südlichen Monti Sicani (Tour 19) zum Glitzern. Wie Kalk, neigt Gips zur

Karsterosion mit Grottenbildung. Eine der größten Gipshöhlen zieht sich unter Sant'Ángelo Muxaro (Tour 19) hindurch. Eine weitere faszinierende Glitzergrotte, ebenfalls in Begleitung von Rangern zu besichtigen, unterquert den Monte Conca 30 km nördlich von Agrigent. Der Club Alpino Italiano betreut das kleine Naturschutzgebiet mit angelegten Wanderwegen. ■

Pflanzenwelt

Sizilien besitzt mit ca. 3.000 Arten eine ausgesprochen reiche Flora und in Bezug auf Pflanzen die höchste Biodiversität im gesamten Mittelmeerraum. Die Gründe liegen in einer bewegten Erd- und Klimageschichte, dem Zusammentreffen mehrerer pflanzengeografischer Regionen und einer seit 6.000 Jahren anhaltenden menschlichen Einflussnahme. Der Anteil von Endemiten ist hoch, darunter auch Relikt-Pflanzen aus dem Tertiär. Als Klima-Flüchtlinge der letzten Eiszeit wachsen in den Gebirgslagen der Nordküste und am Ätna Arten, die sonst in Mitteleuropa heimisch sind. Damit reicht das botanische Spektrum vom tropischen Papyrus bis zur Hochgebirgsvegetation. Nicht nur im Frühling während der berühmten „primavera siciliana" ist die form- und farbenreiche Pflanzenwelt Siziliens eine Reise wert. Und am besten lernt man sie zu Fuß kennen! Ein Bestimmungsbuch gehört ins Gepäck (→ Literaturtipps). Aus der großen Fülle der Pflanzen stellen wir hier kurz einige interessante Vertreter vor.

▶ **Küsten:** Als einzige Blütenpflanze des Mittelmeeres bildet **Neptungras** (Posidonia oceanica) in einer Tiefe von 1–35 m unter der Wasseroberfläche dichte „Wiesen" auf sandigem Grund. Vom Vorhandensein der ökologisch wichtigen Seegraswiesen zeugen braune „Seebälle" am Strand (Touren 16 und 18), die aus abgerissenen und von der Brandung zu Kugeln gerollten Blattfasern bestehen. Zu den Strandpionieren zählen Meersenf, Levkoje, Strohblume und die silbrig-blaue **Stranddiestel** (Eryngium maritimum). Mit ihren reinweißen delikat duftenden Blüten (Juli bis Oktober) ist die **Dünen-Trichternarzisse** (Pancratium maritimum) eine der schönsten Küstenpflanzen des Mittelmeerraums. Auf älteren, gefestigten Dünen wachsen Zedernwacholder, Mastix, Myrte, Steinlinde und die Wildform des Ölbaums. Im Rücken der Dünen finden sich z. T. Salzsümpfe und Marschen (Tour 16) mit Meerbinsen, Schilf und dem sukkulenten **Queller** (Salicornia glauca).

An Felsküsten (Touren 16, 20, 21 und 22) sind die Pflanzen durch die Gischt der Wirkung des Salzwassers am intensivsten ausgesetzt. Filigraner Strandflieder und **Meerfenchel** (Crithmum maritimum) mit seinen fleischigen Blättern gehören zu den Überlebensspezialisten. Daran schließt sich meist eine niedrige Macchie mit Thymian, Rosmarin und Zwergpalmen an. Auf offenem Brachland wächst die **Meerzwiebel** (Urginea maritima). Die riesigen Zwiebeln schauen halb aus dem Boden, während die Blätter zur Blütezeit im Herbst bereits vertrocknet sind. ■

▶ **Schluchten, Fiumare und Bachläufe:** Von Juni bis September, wenn die meisten Mittelmeerpflanzen längst Früchte ausbilden, blüht in den breiten Fiumare-Tälern der Peloritani-Berge (Touren 2, 3 und 5), im Alcántara-Tal (Tour 7) und in den Flusstälern der Monti Iblei (Touren 14, 15 und 17) der immergrüne Oleander (Nerium oleander). Seine bis zu 12 m langen Wurzeln erreichen selbst in trockensten Sommern noch wasserführende Schichten – das macht ihn auch zum ebenso anspruchslosen wie dekorativen Straßenbegleitgrün auf Autobahnmittelstreifen. Seine rosa Blüten duften angenehm nach Vanille. Vorsicht, die Pflanze ist in allen Teilen stark giftig!

Wildwachsender Papyrus am Fiumefreddo

In den Auwäldern der Iblei-Schluchten (Touren 14, 15 und 17) stehen neben schlanken Pappeln, Weiden, Lorbeer (Laurus nobilis) und Schmalblättrigen Eschen auch Morgenländische Platanen (Platanus orientalis) mit ihren großen Kronen. An feuchten Standorten, oft aber auch als Windschutz angepflanzt, wächst das Spanische Rohr (Arundo donax). Mit Wuchshöhen von bis zu 6 m ist es das größte Gras Europas. Ein griechischer Mythos erzählt vom vergeblichen Liebeswerben des Hirtengottes Pan um die Nymphe Syrinx und der daraus resultierenden Erfindung der Panflöte. Eine absolute Besonderheit ist der Echte Papyrus (Cyperus papyrus) am Ufer der Ciane, die wenige Kilometer südwestlich von Syrakus aus einer Karstquelle entspringt. Papyrus wurde bereits in der Antike, nach einer anderen These im 10. Jh. durch die Araber eingeführt und war zeitweise in ganz Sizilien verbreitet. In Syrakus beschäftigt sich ein Papyrus-Museum (www.museodelpapiro.it) mit der Natur- und Kulturgeschichte des berühmten Tropengrases. Ein zweiter, weniger bekannter Standort liegt im Naturschutzgebiet von Fiumefreddo. Der „kalte Fluss" entspringt an den östlichen Hangfüßen des Ätnas, wenige Kilometer südlich von Taormina. Fast nur Einheimischen bekannt, liegt an der nahen Mündung des Fiumefreddo einer der schönsten Strände Ostsiziliens, die Marina di Cottone. ∎

▶ **Steppen:** Beschränkt auf die trockensten und wärmsten Lagen im Süden der Insel wachsen Steppen (Tour 18), wie sie sonst typisch für Nordafrika sind. Hier sprießen die großen Horstgräser Diss (Ampelodesmos mauritanica), Halfagras und auf lehmigen Böden das kleinere Espartogras. Alle drei Gräser wurden früher für Flechtarbeiten verwendet (Tour 22). Durch Brände begünstigt, breitet sich Diss in Garriguen (→ S. 25) und auf ehemaligen Acker- und Weideflächen aus (Touren 1, 2, 3, 21 und 22). ▪

Dünen-Trichternarzisse

▶ **Wiesen und Weiden:** Die Farbenpracht des sizilianischen Frühlings und Frühsommers entfaltet sich am spektakulärsten auf Wiesen, brachliegenden Feldern, Weiden, in Olivenhainen und archäologischen Ausgrabungsstätten. Schon ab Dezember leuchtet der seit dem 18. Jh. heimisch gewordene, ursprünglich aus Südafrika stammende gelb blühende Nickende Sauerklee (Oxalis pescaprae). Anemonen, Wucherblumen, Acker-Ringelblumen, verschiedenste Klee-Arten und roter Klatschmohn (Papaver rhoeas) setzen den Reigen fort.

Im Frühsommer blühen die robusteren Disteln, darunter auch die Kardone (Cynara cardunculus), Wildform der Artischocke. Eine besonders auffällige Erscheinung ist das Gemeine Rutenkraut (Ferula communis), eine bis zu 3 m hohe Staude mit großen gelben Doldenblüten. Der ebenfalls verwendete deutsche Name Riesenfenchel ist irreführend. Im Gegensatz zum viel zierlicheren Wilden Fenchel (Foeniculum vulgare), der wild gesammelt vielen sizilianischen Gerichten sein frisches Aroma verleiht, ist das Rutenkraut beinahe geruchlos. Die trockenen Vorjahresstengel können als Wanderstöcke geschnitten werden! ▪

Italienisches Knabenkraut

▶ **Macchie und Garrigue:** Macchie und Garrigue gelten als Degradationsstufen immergrüner Steineichenwälder. Über Jahrtausende anhaltende Rodungen – oft mithilfe von Feuer – und anschließende Beweidung haben ein buntes Mosaik dieser artenreichen typisch mediterranen Vegetationsformen entstehen lassen. Auf extremen Standorten kommen sie natürlich vor. Nach Aufgabe der Landwirtschaft breiten sich auf alten Ackerterrassen und Weideflächen die sonnentoleranten Kräuter, Zwiebelgewächse, Gräser und Zwergsträucher der Garrigue wieder aus (Touren 1, 2, 3, 21 und 22). Der Übergang von Garrigue zu felsigen Trockenrasen, auf denen von März bis Juni oft massenhaft der **Kleinfrüchtige Affodill** (Asphodelus aestivus) blüht, oder zur niederen Macchie, deren Aspekt **Zistrosen** (Cistus spec.), **Stechginster** (Ulex europaeus) und **Mastix** (Pistacia lentiscus) bestimmen, ist fließend.

Einige der schönsten Garriguen und Macchien finden sich auf der Insel Maréttimo (Tour 20). Am Monte Cófano und im Zingaro (Touren 21 und 22) gedeihen **Zwergpalmen** (Chamaerops humilis) in großen Beständen. Auf felsigen vollsonnigen Standorten in Küstennähe (Touren 1, 2, 14, 20, 21, 23 und 28) behauptet sich **Baum-Wolfsmilch** (Euphorbia dendroides). Der bis zu 2 m hohe halbkugelige dicht verzweigte

Orchideen-Eldorado Sizilien

Von den 125 in Italien vorkommenden Orchideenarten finden sich etwa die Hälfte auf Sizilien. Von März bis Mai ist Blütezeit. Am schnellsten wird man fündig in den Monti Iblei, manchmal direkt am Straßenrand. Doch auch am Ätna, in den Nébrodi- und Madonie-Bergen oder im Eichenmischwald Bosco della Ficuzza (Tour 25) kann man auf Orchideenpirsch gehen und findet mit Glück sogar das elegante Sizilianische Knabenkraut.

Wilder Fenchel, ein Protagonist der sizilianischen Küche

Busch ist zu allen Jahreszeiten eine eindrucksvolle Erscheinung. Im späten Frühjahr welken zum Ende der Blütezeit die Blätter, die sich wie alle grünen Teile der Pflanze rot verfärben. Den Sommer verbringt die Baum-Wolfsmilch in blattlosem Zustand und erinnert dabei an Korallen. Mit Einsetzen der Winterregen treiben leuchtend grüne Blätter aus, und im Frühjahr überzieht sich die Wolfsmilch mit gelbgrünen Blütenständen. Ihr Milchsaft ist ätzend und giftig!

Die Baum-Wolfsmilch wächst oft in Gesellschaft mit dem silbergrauen **Wermut** (Artemisia arborescens). In den immergrünen Buschwäldern der Macchie erreichen die verholzten Pflanzen Wuchshöhen von 2– 5 m. Typisch sind auch Lianen wie **Immergrüne Rose** (Rosa sempervirens), **Krappwurzel** (Rubia peregrina), **Raue Stechwinde** (Smilax aspera) oder **Stechender Spargel** (Asparagus acutifolius), dessen wild gesammelte Frühjahrstriebe auf Märkten als Gemüse verkauft werden. Auf kalkarmen oder sauren Böden dominieren Westlicher Erdbeerbaum (Arbutus unedo), Baumheide (Erica arborea) oder **Gemeine Myrte** (Myrtus communis), die sich von April bis August mit weißen duftenden Blüten bedeckt.

Einen guten Eindruck von kalkliebender Macchie mit Breitblättriger Steinlinde (Phillyrea latifolia), Immergrünem Kreuzdorn (Rhamnus alaternus), Terpentin-Pistazie (Pistacia terebinthus), Blumen-Esche und dem sommergrünen, im Frühjahr rosablühenden **Judasbaum** (Cercis siliquastrum) erhält man bei einer Besteigung des Monte Pellegrino (Tour 23). ■

▶ **Wälder:** Sizilien wurde in der Antike als waldreich und fruchtbar beschrieben. Die Flüsse waren damals bis weit ins Landesinnere schiffbar. Eine stärkere Entwaldung Siziliens begann in römischer Zeit, nahm aber erst im 16. Jh. und verstärkt im 19. Jh. katastrophale Ausmaße an. Wegen ihrer Abgeschiedenheit, als ehemals königliche Jagdreservate oder seit den 1980er-Jahren als Naturschutzgebiete, haben sich größere Waldgebiete erhalten. Wir durchstreifen auf unseren Wanderungen einige der schönsten Wälder Siziliens. Seit Mitte des 20. Jh. finden verstärkt Aufforstungsmaßnahmen statt. Wurden früher v. a. aus Australien

Maréttimo: Wolfsmilch-Macchia in voller Blüte (Tour 20)

stammender Eukalyptus und die ebenfalls australischen Akazien neben westmediterranen, leicht entflammbaren **Aleppo-Kiefern** (Pinus halepensis) verwendet (Touren 20 und 23), forstet man heute soweit möglich standortangepasste Arten auf. Der letzte natürliche Aleppo-Kiefern-Wald Siziliens steht im Mündungsgebiet des Flusses Ippari im Westen Ragusas unter Naturschutz.

Die **Steineiche** (Quercus ilex) wäre ohne die wald- und bodenzerstörende Einflussnahme des Menschen die dominierende immergrüne Baumart im Mittelmeerraum. Geschlossene Steineichenwälder, wie es sie z. B. noch an den westlichen Hängen des Ätnas (Tour 13), an den Nordflanken der Monti Sicani (Touren 26 und 27) und vereinzelt in den Monti Erei (Tour 35) gibt, sind sehr schattig. Umso intensiver leuchten im Frühjahr die purpurroten Blüten des **Geschweiftblättrigen Alpenveilchens** (Cyclamen repandum) und im Herbst die blassrosa Blüten des **Neapolitanischen Alpenveilchens** (Cyclamen hederifolium) am Boden. Zum charakteristischen

Mächtige Flaumeichen werfen ihren Schatten (Tour 31)

Unterwuchs gehört auch der **Stechende Mäusedorn** (Ruscus aculeatus), dessen stechende „Blätter" in Wahrheit blattartig verbreitete Stängel sind, auf denen die winzigen weißen Blüten und ab August die roten Beerenfrüchte aufsitzen. Die Zweige werden gerne als Weihnachtsschmuck verwendet, früher nutzte man sie zur Mäuseabwehr in der Speisekammer. Daran erinnert auch der italienische Name Pungitopo („Stich die Maus"). Auf silikatreichen Böden (Touren 25 und 32) wächst die immergrüne **Korkeiche** (Quercus suber), deren Borke zumindest früher geerntet wurde.

Über 500 m Meereshöhe löst sommergrüner Eichenmischwald die immergrünen Steineichenwälder ab. Die **Flaumeiche** (Quercus pubescens) ist der charakteristische Baum der submediterranen Laubwaldstufe (Touren 2, 13, 24, 25 und 31). Neben den Eichen wachsen hier Französischer Ahorn, Hopfenbuche, Orientalische Hainbuche, Zürgelbaum und **Manna-Esche** (Fraxinus Ornus), die im Gegensatz zu anderen Eschen-Arten von Mai bis Juni auffällige weiße Blüten trägt (Touren 25 und 26). In den Madonie-Bergen wird bei Castelbuono die Manna- oder Blumen-Esche seit dem 17. Jh. angebaut. Der aus Rindeneinschnitten gewonnene süßliche Saft wird getrocknet als leichtes Abführmittel verwendet. Ob die **Esskastanie** (Castanea sativa) in Sizilien natürlich vorkommt oder von den Römern eingeführt

Hartweizenland Innersizilien

wurde, ist nicht abschließend geklärt. Als Nutzbaum hat sie in der submediterranen Laubwaldstufe seit der Antike eine starke Ausbreitung erfahren (Touren 3, 4, 5, 9 und 29). Oft werden die Kastanien auf den Stock gesetzt und die wieder austreibenden dünnen Stämme gefällt und als Stützholz verwendet. Im Herbst werden die Früchte (Maronen) gesammelt und im Winter auf Holzkohlen gegrillt in Städten auf der Straße verkauft.

In Höhen zwischen 800 und 1.300 m und auf feuchten Böden bilden **Zerr-Eichen** (Quercus cerris) dichte Wälder (Tour 6). Auf feuchteren Standorten wächst auch die **Stechpalme** (Ilex aquifolium), deren größte Bestände in den Madonie-Bergen (Tour 31) zu finden sind. Die roten Beeren und Blätter sind sehr dekorativ, aber auch stark giftig! Unangefochtener Star der sommergrünen Eichenmischwälder ist die im Mai blühende **Großblättrige Pfingstrose** (Paeonia mascula). Zu den schönsten Standorten zählt der Bosco della Ficuzza (Tour 25). Sie wachsen aber auch im Bosco di Malabotta (Tour 6) und in den Madonie-Bergen (Tour 31).

In höheren Gebirgslagen bilden **Rotbuchen** (Fagus sylvatica) ausgedehnte Wälder (Touren 12, 29, 30, 31 und 32), die in ihrer Artenzusammensetzung mitteleuropäischen Buchenwäldern ähnlich sind. Die Buchen haben Sizilien als Klimaflüchtlinge während der Eiszeiten erreicht und finden hier ihre südliche Verbreitungsgrenze. In den Madonie-Bergen (Tour 30) und am Ätna (Tour 12) wachsen sie bis an die Waldgrenze, dann allerdings nur noch in Gestalt niedriger Sträucher. Von den noch in der Antike weit verbreiteten **Nébrodi-Tannen** (Abies nebrodensis) überleben streng geschützt die letzten Exemplare im Vallone Madonna degli Angeli (Tour 29) in den Madonie-Bergen.

Ebenfalls während der Eiszeiten eingewandert, bilden **Birken** (Betula aetnensis) am Ätna inzwischen eine eigene Art. Die schönsten Birkenwälder wachsen inmitten schwarzer Lava zwischen 1.300 und 1.900 m Höhe auf der Nordostseite (Touren 10 und 11). Wie Buchen, erreichen auch Birken in Buschform die Baumgrenze. ■

▶ Hochgebirgsvegetation: In extremen Lagen und oberhalb der Baumgrenze beginnt das Reich der Dornpolsterpflanzen. Beispiele gibt es in den Madonie-Bergen (Tour 30). Besonders ausgeprägt ist diese in Europa seltene Vegetationslandschaft am Ätna. Neben Berberitzen und Kriechwacholder ist es v. a. endemischer **Ätna-Tragant** (Astragalus siculus), der in Höhen zwischen 2.000 und 2.500 m (Touren 8 und 11) im schwarzen Lavasand bizarre Polsterlandschaften formt und dabei die lockeren Steilhänge stabilisiert. Im Windschutz der dornigen Kissen wachsen Ätna-Veilchen (Viola aetnensis), das weißfilzige Ätna-Greiskraut (Senecio aetnensis), Sizilianischer Rainfarn und Gräser. Einige Blütenpflanzen, wie der Ätna-Schildampfer (Rumex aetnensis), die Ätna-Kamille (Anthemis aetnensis) oder Ätna-Greiskraut, steigen vereinzelt bis auf 3.000 m auf. Ansonsten gedeihen in diesen unwirtlichen Höhen nur noch Flechten. ■

Ätna-Tragant im Frühjahr

Goldorangen im dunklen Laub

Stechpalmen in den Madonie-Bergen (Tour 31)

▶ Nutzpflanzen: Sizilien ist ein uraltes Kulturland. Den **Granatapfel** (Punica granatum) führten die Punier ein, **Oliven** und **Wein** die Griechen. Sizilien zählt heute zu den führenden Olivenölproduzenten Italiens und die sizilianischen Weine werden längst nicht mehr nur als kräftige Verschnittweine exportiert. Sie mischen inzwischen auch international in der Spitzenliga mit.

Die Römer machten Sizilien zu ihrer ersten Kornkammer und immer noch prägen endlose Hartweizenschläge das Landschaftsbild Innersiziliens. Im Mittelalter erlebte Siziliens Landwirtschaft einen großen Aufschwung unter den Arabern, die nicht nur Bewässerungstechniken und die Terrassenwirtschaft einführten, sondern auch zahlreiche Kulturpflanzen wie Zitronen, Orangen, Pistazien, Maulbeerbäume (für die Seidenraupenzucht), Zuckerrohr und Dattelpalmen. Auch wenn die Früchte der Dattelpalmen im sizilianischen Klima nicht reifen, finden schmuckvoll geflochtene Palmwedel zur Osterzeit reiche Verwendung. Das wichtigste Pistazienanbaugebiet Siziliens liegt an den Westhängen des Ätnas bei Bronte (Tour 13). Noch bis Mitte des 20. Jh. war die Conca d'Oro bei Palermo ein wichtiges Zitruspflanzenanbaugebiet. Die meisten Zitronen- und Orangenhaine fielen mafiöser Baupolitik der Nachkriegszeit zum Opfer. Im Vorort Ciaculli gibt es von Slow Food gefördert noch einige Mandarinenhaine. Sizilien ist bekannt für Zitronen und die Blut- oder Moro-Orangen, die ausschließlich an den Hängen des Ätnas und in der Küstenebene von Lentini gedeihen.

Die Entdeckung Amerikas bescherte Sizilien eine ihrer Charakterpflanzen, den **Feigenkaktus** (Opuntia ficus-indica). Feigenkakteen werden der süßen Früchte wegen angebaut, und Bauern nutzten die schnell wachsenden Pflanzen gerne als natürlichen „Stacheldraht". Häufig verwildern Feigenkakteen auf felsigen Hängen zusammen mit den ebenfalls aus Mittelamerika stammenden Agaven. ∎

Botanische Gärten und Parkanlagen

Sizilien hat eine lange und glückliche Gartengeschichte, die zur Zeit der Magna Graecia beginnt. Ein Besuch der Villa Romana del Casale vermittelt eine Idee von römischer Gartenkunst. Die Literatur berichtet von den Lustgärten arabischer Emire, als deren gelehrige Erben auch in dieser Hinsicht sich die Normannen und Kaiser Friedrich II. erwiesen haben. Die barocke Gartenkunst blühte in der Hauptstadt während des Exils des politisch völlig uninteressierten, für agronomische Fragen jedoch aufgeschlossenen bourbonischen Königs Ferdinand IV. noch einmal auf. Ende des 18. Jh. entstand auch der Botanische Garten von Palermo (www.ortobotanico.palermo.it), einer der schönsten seiner Art. In der benachbarten Villa Giulia suchte Goethe nach der „Urpflanze". Im subtropischen Klima Palermos gedeihen auch tropische Arten. Australische Gummibäume (Ficus magnolioides) z. B. erreichen mit ihren Luftwurzeln riesenhafte Ausmaße. Birkenfeigen (Ficus benjamina), in unseren Breiten als biedere Büropflanzen bekannt, wachsen hier zu stattlichen Alleebäumen heran. Der Botanische Garten von Catania (www.dipbot.unict.it), 1858 gegründet, ist für seine Sukkulenten-Sammlung bekannt. Schöne historische Stadtparks besitzen außer Palermo und Catania auch Taormina, Piazza Armerina, Caltagirone und Ragusa Ibla.

Die Chancen, in Sizilien auf Wanderungen Großwild anzutreffen, sind gering. Bär, Wolf oder Rothirsch sind spätestens seit dem 19. Jh. durch unkontrollierten Wald-

Tierwelt

einschlag und Wilderei ausgerottet, andere wurden durch die Weidewirtschaft verdrängt. Dabei war das Hirschkitz (griech. nebros) einst Namensgeber der Nébrodi-Berge. Die größeren Waldgebiete am Ätna, in den Nébrodi- und Madonie-Bergen sind Rückzugsgebiet für Wildschweine, Füchse, Baummarder und scheue Wildkatzen. In den 1980er-Jahren wurden in den Madonie-Bergen Damhirsche und auf Maréttimo Mufflons erfolgreich ausge-

wildert. Das nachtaktive **Stachelschwein** (Hystrix cristata) ist häufig, man bekommt es jedoch nur selten zu Gesicht. Es ernährt sich hauptsächlich von Wurzeln, Knollen und Zwiebeln und verbringt den Tag in seinem unterirdischen Bau. Das Stachelkleid dient der Selbstverteidigung. Auf Wanderungen findet man hingegen öfters die schwarz-weißen,

Schwarze Nébrodi-Schweine

bis zu 40 cm langen Spieße. Es handelt sich um umgewandelte Haare, die entgegen verbreiteter Vorstellungen nicht von den Tieren abgeschossen werden können. Die Vorfahren der heute in Sizilien lebenden, bis zu 24 Kilo schweren (!) Stachelschweine wurden von den Römern aus Nordafrika eingeführt. Stachelschweinbraten galt damals als Delikatesse!

Schafherden prägen
das Landschaftsbild

▶ **Meer:** Vom (abnehmenden) Fischreichtum der Meere kann man sich am besten beim Besuch auf einem der Fischmärkte überzeugen. Die Pescheria in Catania ist nach wie vor eine Augen- und Ohrenweide! Bei aller Begeisterung für Sushi und Sashimi muss daran erinnert werden, dass der **Rote Thun** (Thunnus thynnus) wegen massiver Überfischung (90 % des italienischen Exports gehen nach Japan!) seit 2009 auf der Roten Liste der vom Ausster-

Schwertfisch, wie lange noch?

ben bedrohten Arten steht. Ähnlich dramatisch ist auch die Situation des **Schwertfisches** (Xiphias gladius), der traditionell in der Straße von Messina gejagt wird. Damit hängt auch die massenhafte Ausbreitung der **Leuchtqualle** (Pelagia noctiluca) zusammen, die von der Dezimierung ihrer natürlichen Fraßfeinde und der zunehmenden Erwärmung und Verschmutzung des Meeres profitiert – sehr zum Leidwesen der Badenden. Ein Kontakt mit den ätzenden Nesseln ist schmerzhaft, aber selten gefährlich. Am besten man spült die betroffene Hautstelle mit Essig ab, auch Urin oder Rasierschaum sind bewährte Gegenmittel. Quallen stehen auch auf dem Speisezettel der **Meeresschildkröte** (Caretta caretta), ein wichtiges Argument für ihren Schutz (Touren 16 und 18). ■

▶ **Insekten:** Erfreulicher als die Stechmücken, zu denen seit einigen Jahren in Sizilien auch die aus Asien eingewanderten Tigermücken gehören, sind die im Sommer besonders artenreich auftretenden Schmetterlinge. Auf Wanderwegen trifft man gelegentlich auf fleißige **Mistkäfer**, die Rinderdung zu Kugeln drehen, um darin ihre Eier abzulegen. Zur wahren Plage hat sich der 2005 aus Asien zugewanderte **Palmrüssler** entwickelt, auf dessen Konto alleine in Sizilien Tausende toter Palmen gehen. Ein probates Mittel gegen den roten Palmkiller wurde bisher noch nicht gefunden. ■

▶ **Reptilien:** Der einzigen auf Sizilien vorkommenden Giftschlangenart, der **Aspisviper** (Vipera aspis), wird man auf Wanderungen nur selten so nahe kommen, dass man ihren deutlich vom Körper abgesetzten dreieckigen Kopf, die aufgestülpte Schnauze und die senkrecht geschlitzten Augen erkennen könnte. Die tagaktiven Vipern bevorzugen trockene, steinige Lebensräume und fliehen bei Störungen (Bodenerschütterungen). Bevor Vipern angreifen, rollen sie sich zusammen, heben den Oberkörper und zischen deutlich hörbar. Ihr giftiges Sekret benötigen sie zum Jagen von Mäusen und Eidechsen. Große Säuger laufen selten Gefahr. Eine Bissverletzung sollte im

Sizilianische Mauereidechse

Krankenhaus mit Antiserum behandelt werden. Knöchelhohe Wanderschuhe sind der beste Schutz!

Häufiger ist in der Macchia und auf Feldwegen die Begegnung mit der ungiftigen **Gelbgrünen Zornnatter** (Hierophis viridiflavus). Die flinken tagaktiven Tiere, in Süditalien und Sizilien in schwarzer Pigmentfärbung vorkommend, werden bis zu 2 m lang. Wenn es auf Wanderungen hektisch huscht, dann sind meist **Ruineneidechsen** (Podarcis sicula) oder **Mauereidechsen** (Podarcis waglerianus) unterwegs. Etwas seltener sind **Smaragdeidechsen** (Lacerta bilineata), deren Männchen an der auffällig blauen Kehlfärbung leicht zu erkennen sind. **Mauergeckos** (Tarentola mauritanica) huschen nicht nur über Trockensteinmauern, sondern klettern auch in Häusern umher. Da sie sich von Insekten (Stechmücken!) ernähren, ist ihre Gesellschaft erfreulich. ∎

▶ **Vögel:** Sizilien ist ein Eldorado für Vogelbeobachter. Auf halbem Weg zwischen Europa und Afrika gelegen, ist die Insel Rast- und Winterquartier zahlloser Zugvögel, die Straße von Messina die Hauptroute ziehender Raubvögel. Zu den wichtigsten Raststationen zählen im Frühjahr und Herbst die Insel Maréttimo (Tour 20), die Lagunen bei Trapani und die Mündungsgebiete von Plátani und Simeto. Alleine im Naturschutzgebiet „Riserva Naturale Orientata di Vendicari" (Tour 16) wurden bislang über 200 Vogelarten beobachtet, das ganze Jahr über finden sich **Rosaflamingos** (Phoenicopterus ruber) ein. Sizilien ist auch Brutplatz großer Greifvögel. Im Parco dei Nébrodi sind mit Erfolg wieder **Gänsegeier** (Gyps fulvus) angesiedelt worden (Tour 33). In unzugänglichen Felswänden des Naturschutzgebietes „Riserva Naturale Orientata dello Zingaro" (Tour 22) nisten die scheuen **Habichtsadler** (Hieraaetus fasciatus). Zahlreiche Falkenarten sind in den Schluchten der Monti Iblei (Touren 14, 15 und 17) zu beobachten. Der Italienische Bund für Vogelschutz LIPU (www.lipu.it) unterhält in Sizilien mehrere Naturschutzgebiete und bietet vogelkundliche Führungen an. ∎

Fleißiger Mistkäfer   Bläuling auf gelber Asphodeline

Ausrüstung und Verpflegung

▶ Zum Wandern in Sizilien ist die Standardausrüstung ausreichend: knöchelhohe, rutschfeste und gut eingelaufene Wanderschuhe, Sonnen- und Regenschutz, evtl. Wanderstöcke für steile Auf- und Abstiege oder zum Balancieren bei Bachüberquerungen. Bei Touren in höheren Lagen muss man zu allen Jahreszeiten auch warme Sachen einpacken. Sollte die Tour mal länger dauern als geplant, wird man sich über eine gute Stirnlampe freuen. Am Ätna haben sich bei langen Abstiegen über Aschefelder Gamaschen bewährt. Ein Fernglas dient nicht nur dem Beobachten von Vögeln, sondern manchmal auch dem Fernerkunden der nächsten Tour. Eine kleine Heckenschere hilft, Hindernisse wie z. B. Brombeerranken aus dem Weg zu räumen.

Im Tagesrucksack sollte noch Platz für ein Erste-Hilfe-Päckchen, Proviant und ausreichend (!) **Trinkwasser** sein. Hinweise auf Trinkwasserstellen und Einkehrmöglichkeiten finden sich im Tourinfo-Kasten. ∎

Notfall und Notfallnummern

▶ Die **EU-weite Notrufnummer** ☎ 112 gilt auch in Sizilien.

Die **Bergrettung (Soccorso Alpino)** erreicht man in Italien über die **Notrufnummer** ☎ 117 der Guardia di Finanza (Finanzpolizei, www.gdf.it). Der Soccorso Alpino della Guardia di Finanza ist in Nicolosi am Ätna stationiert und koordiniert von hier auch Rettungseinsätze in anderen Teilen der Insel.

In dringenden Fällen erreicht man die **Rettungsstelle (Pronto Soccorso)** über die **Notrufnummer** ☎ 118 (www.118italia.it); in Palermo, Caltanissetta und Catania sind Rettungshubschrauber stationiert.

In Sizilien ist die **mobile Notrufnummer** ☎ 334 9510149 des **Soccorso Alpino e Speleologico** (www.cnsas.it) freigeschaltet, eine Nummer, die auch vom Club Alpino Italiano (www.caisicilia.it) empfohlen wird.

Es ist nur leider keineswegs sicher, dass Notrufe auch auf Englisch, geschweige denn auf Deutsch entgegengenommen werden. Grundvoraussetzung, um einen Notruf im Gelände absetzen zu können, ist ein Handy mit geladenem Akku! Das Mobilfunknetz ist in Sizilien gut ausgebaut, doch in entlegenen Berggegenden gibt es auch Funklöcher. Ein GPS-Gerät hilft bei der genauen Lokalisierung der Unfallstelle. Beim Anruf um **pronto soccorso** (Unfallhilfe) bitten, den Ort und die Umstände des Unfalls so gut wie möglich beschreiben. ∎

Zur Sicherheit

Gerade bei längeren Touren am Ätna oder in den Madonie-Bergen gehört es zum guten (Berg-)Ton, jemanden im Hotel oder der Berghütte über die geplante Tour in Kenntnis zu setzen und für den Fall der Fälle eine Mobilnummer zu hinterlegen. Wandern Sie möglichst nicht allein.

▶ **Krankenhäuser:** In den Provinzhauptstädten Agrigent, Caltanissetta, Catania, Enna, Messina, Palermo, Ragusa, Syrakus und Trapani gibt es große Krankenhäuser (ital. Ospedale, Azienda Sanitaria; www.medpress.it) mit einer 24-Std.-Notfallstation (Pronto Soccorso). Auch kleinere Krankenhäuser besitzen Notfallstationen. In vielen Kommunen gibt es einen Ärztlichen Notdienst (Guardia Medica). Die Erstversorgung erfolgt in der Regel unbürokratisch und gratis. ■

Tourplanung und -durchführung

Die meisten der in diesem Wanderführer beschriebenen Touren sind Rundwanderungen. In einigen Fällen haben wir Varianten aufgeführt, die die Touren z. T. erheblich verkürzen. Zu berücksichtigen ist, dass es sich bei den angegebenen Zeiten um reine Gehzeiten handelt. Mit Pausen (auch zum Fotografieren!) braucht man unter Umständen viel länger. Daher empfiehlt sich immer ein frühzeitiger Start. Aufgrund der geografischen Breite ist die Zeit der Dämmerung in Sizilien kürzer als in Mittel- und Nordeuropa (→ Tabelle „Tageslängen", S. 16).

▶ **Standorte:** Die Touren sind so gewählt, dass es fast immer möglich ist, mehrere Touren von einem Standort aus zu erreichen. Ein eigenes Fahrzeug bringt Mobilitätsvorteile, in vielen Fällen ist es sogar unerlässlich. Im Tourinfo-Kasten stehen Unterkunfts- und Verpflegungstipps.

Nordosten/Monti Peloritani: Taormina (Tour 1) ist mit öffentlichen Verkehrsmitteln gut zu erreichen und bietet beste Infrastruktur, mit einem eigenen Fahrzeug hat man im Strandort Mazzarò Startvorteile. Familiäre Hotels und B&Bs finden sich auch in den kleineren Bergorten (Touren 2, 3, 5, 6 und 7). Die Hafenstadt Milazzo, für die meisten nur ein Trittstein auf dem Weg zu den Liparischen Inseln, ist

Pension Villino Gallodoro in Taormina-Mazzarò

Blick vom Monte Pellegrino auf die Inselmetropole Palermo (Tour 23)

besser als ihr Ruf, die Fischrestaurants sind ausgezeichnet, und es gibt eine Reihe neuer, gepflegter Hotels. Das Capo di Milazzo lädt zu schönen Spaziergängen mit Blick auf die Liparischen Inseln ein.

Osten/Monte Etna: Mit eigenem Fahrzeug sind die meisten Tagesausflüge auf den Ätna (Touren 8 bis 13) auch von Taormina aus möglich. Catania ist eine wunderbare Stadt, als Basis für Wanderausflüge jedoch kaum zu empfehlen. Ätnastädte wie Mascalucia, Nicolosi, Zafferana Etnea oder Sant'Álfio (Touren 9 bis 11), Linguaglossa (Tour 12), Randazzo oder Bronte (Tour 13) sind da die bessere Wahl.

Südosten/Monti Iblei: Syrakus ist eine der reizvollsten Küstenstädte und bietet eine breite Auswahl an charmanten Unterkünften. Pantálica (Tour 14) oder Vendicari (Tour 16) wären in einem Tagesausflug zu erreichen. Als Basis für Wanderausflüge in die Monti Iblei eignen sich die kleineren Barockstädte wie Palazzolo Acreide (Tour 14), Noto (Touren 15 und 16), Scicli oder Ragusa (Tour 17) besser. Auf dem Land gibt es eine Vielzahl von Agriturismi (Betriebe, die Urlaub auf dem Bauernhof anbieten) in schön restaurierten Masserien (Gutshöfen).

Süden/Agrigentino: Agrigent ist mit seinen antiken Tempeln der größte Tourismusmagnet der Provinz, die reichlich vorhandene Hotellerie aber selten einladend (es gibt teure Ausnahmen). In der Altstadt von Agrigent, die Autofahrern Geduld abverlangt, finden sich einige nette B&Bs. Eine Alternative mit nur einer Spitzenadresse ist das winzige Montallegro (Tour 18). Im Hinterland wird in Sant'Ángelo Muxaro (Tour 19) erfolgreich mit alternativen Tourismusformen experimentiert.

Westen/Trapanese: Im Süden des Naturschutzgebietes Riserva dello Zingaro ist Scopello (Tour 22) die ideale Ausgangsbasis auch für Tagesfahrten durch Westsizilien. Sehr nett ist das Küstenstädtchen Castellammare del Golfo. Etwas touristischer, aber außerhalb des Hochsommers ebenfalls zu empfehlen, ist der Strandort San Vito lo

Capo (Touren 21 und 22) im Norden des Zingaro. Der Bergort Erice, aber auch die Küstenstädte Trapani und Marsala sind gute Alternativen. Auf dem Land gibt es etliche Agriturismi in den typischen Gutshöfen des Trapanese. Unterkünfte finden sich auch auf den Ägadischen Inseln (Tour 20).

Nordwesten/Palermitano: Palermo ist eine faszinierende Großstadt, der Autoverkehr stark gewöhnungsbedürftig. Außer als Ausgangspunkt für die Besteigung des Monte Pellegrino (Tour 23) ist die Inselkapitale als Basis für Wanderausflüge kaum zu empfehlen. Gute Adressen gibt es im Hinterland, etwa bei Piana degli Albanesi (Tour 24), in Ficuzza (Touren 25 und 26) oder Palazzo Adriano (Tour 27).

Norden/Monti Madonie: Cefalù (Tour 28) liegt mit seiner sympathischen Altstadt direkt am Meer und verfügt über eine gute Infrastruktur. Touren in die Madonie-Berge sind mit eigenem Fahrzeug (Mietwagen vor Ort!) als Tagesausflug möglich. Die hübschen Madonie-Städtchen Castelbuono (Tour 31), Petralìa Sottana (Tour 30) oder Polizzi Generosa (Tour 29) bieten ebenfalls Unterkunft und gute Verpflegung.

Nordosten/Monti Nébrodi: An der tyrrhenischen Küste gibt es zahlreiche Strandhotels. Im Hinterland finden sich z. B. in Longi (Tour 33) oder Galati Mamertino ein paar gute B&B-Adressen. Die Berghütte Villa Miraglia (Tour 32) am Bergpass Portella Femmina Morta ist ein Klassiker. Klasse sind auch die urigen Berglokale der Nébrodi-Berge, die meisten liegen direkt am Straßenrand.

Zentrum/Monti Erei: Gangi am Ostrand der Madonie-Berge und Nordrand der Monti Erei ist zu Unrecht nur wenig bekannt. Auf dem

Albanische Orte im Hinterland von Palermo

Piana degli Albanesi ist ein 6.000-Einwohner-Städtchen 27 km südlich von Palermo. Orts- und Straßenschilder sind zweisprachig beschriftet: italienisch und albanisch. Nach dem Tod ihres Anführers Gjergj Kastrioti „Skanderbeg" (1405–68) erhielten Albaner, die auf der Flucht vor den Türken ihre Heimat verlassen hatten, die Erlaubnis, sich im Hinterland von Palermo anzusiedeln. Piana wurde 1488 unter dem Namen Hora gegründet. Die Arbëresh pflegen heute noch, nach über 500 Jahren, die Sprache ihrer Vorfahren, eine altertümliche Form des Albanischen, und feiern ihre Gottesdienste nach byzantinischem Ritus. Seit 1937 ist Piana der Sitz des Bistums aller italo-albanischen Gemeinden Siziliens, dazu zählen neben Piana degli Albanesi auch Santa Cristina Gela, Mezzojuso, Palazzo Adriano (→ Tour 27) und Contessa Entellina. Ostern wird jedoch nach dem katholischen Kalender gefeiert. Am Palmsonntag reitet der Bischof (Eparch) auf einem Esel durch den Ort und segnet die Palmen. Am Ostersonntag (Pashkët) werden nach feierlichem Umzug rotgefärbte Eier als Symbol der Auferstehung Christi verteilt. Piana degli Albanesi ist auch Ziel kulinarischer Pilger. Kenner schwören, dass es hier die besten Cannoli (mit Ricotta gefüllte Brandteigrollen) weit und breit gibt.

Land gibt es eine Reihe von Masserien (Gutshöfen), die als Agriturismi Gäste empfangen. Unterkunft findet sich auch in der Provinzhauptstadt Enna, wegen ihrer Lage als „Balkon Siziliens" bezeichnet. ▪

▶ **Wege und ihre Markierung:** Verglichen mit Südtirol steckt die **Markierung** von Wanderwegen in Sizilien noch in den Kinder-Bergschuhen. Die Situation im Naturschutzgebiet „Riserva Naturale Orientata dello Zingaro" (Tour 22), wo es nicht nur gepflegte und bezeichnete Wanderwege, sondern am Parkeingang sogar eine Wanderkarte gibt, ist zwar kein Einzelfall mehr, aber immer noch die Ausnahme. Eine systematische Markierung der Gebirgswege in den Signalfarben Rot-Weiß-Rot des Italienischen Alpenvereins (Club Alpino Italiano) scheitert oft an Kompetenzstreitigkeiten. Die Naturparkverwaltungen haben zwar die touristische Bedeutung der Wanderwege erkannt, lassen aber selten Taten folgen. Bereits markierte Wege werden nur selten regelmäßig gepflegt. Auch die Forstverwaltung weist Wanderwege aus, dabei kann es sich um eigens angelegte Fußpfade oder auch nur um die befahrbaren Forstpisten handeln.

Im vorliegenden Buch folgen wir teils offiziellen Wanderwegen, in manchen Fällen aber auch historischen Wegen: Abschnitte antiker Verkehrswege (Trazzere), alte Hirten- oder Pilgerwege, Köhlerpfade, Wege der Schneesammler, gepflasterte und ungepflasterte Maultierwege (Mulattiera). Die Wegbeschaffenheit reicht von breiten Schotterpisten über steingepflasterte Maultierpfade, angelegte Fußwege, die keine größeren technischen Anforderungen stellen, bis zu undeutlichen Trittpfaden, die z. T. über lockeres Gestein führen. Einige Wegabschnitte, auf die im Tourinfo-Kasten hingewiesen wird, erfordern Trittsicherheit und Schwindelfreiheit. ▪

Gut markierte Wanderwege, in Sizilien immer noch die Ausnahme

Kleiner Wortschatz für Wanderer

l'abbeveratoio	Tränke	la masseria	Bauernhof, Gut
l'area attrezzata	Picknickzone	la montagna	Gebirge
il bevaio	Tränke	il monte	Berg
il bivio	Weggabelung	la mulattiera	Maultierpfad
il borgo	Dorf, mittelalterlicher Ortskern	l'ovile	Schafpferch
		il paese	Land, Dorf
il bosco	Wald	il piano	Ebene
la cala	Bucht	la pianura	Ebene
la cava	Steinbruch, Schlucht	la pineta	Kiefern-, Pinienwald
la chiesa	Kirche	il pizzo	Spitze
la colata lavica	Lavastrom	il poggio	Anhöhe
il colle	Hügel	il ponte	Brücke
la contrada	Ortsteil, Gegend	la portella	Passhöhe
la costa	Küste	la punta	Landzunge
il cozzo	Berg mit runder Kuppe	il rifugio	Schutzhütte
il cratere	Krater	la riserva	Schutzgebiet
l'eremo	Einsiedelei	la roccia	Fels
la foce	Mündung	il santuario	Heiligtum
la fiumara	nur im Winter wasserführende Täler mit breiten Schotterbetten	la sella	Sattel
		il sentiero	Weg
il fiume	Fluss	la serra	Gebirgszug, Bergkette
la fontana	Brunnen	la spiaggia	Strand
il fontanile	Tränke	la strada bianca	Schotterstraße
la fonte	Quelle	lo stretto	Meerenge
la foresta	Wald	la torre	Turm
la gola	Schlucht	il torrente	Sturzbach
la grotta	Grotte, Höhle	la trazzera (sizil.)	Maultierweg
l'incrocio	Kreuzung	la valle	Tal
il lago	See	vallone	enges, tiefes Tal

▶ **Touristeninformation von zu Hause aus:** Die Italienische Zentrale für Tourismus ENIT ist außerhalb Italiens u. a. für Prospektversand zuständig. Nützliche und aktuelle Infos liefern die offiziellen Webseiten www.enit.it und www.italia.it.

ENIT in Deutschland

60325 Frankfurt a. M., Barckhausstr. 10, ☎ 069/237434, ✆ 069/232894, frankfurt@ enit.it, Mo–Fr 9.15–17 Uhr.

in Österreich

1010 Wien, Mariahilfer Str. 1 b (Tür XVI), ☎ 01/5051639, ✆ 01/5050248, vienna@ enit.it, Mo, Mi und Fr 9–12.30 Uhr, Di und Do 13.30–17 Uhr.

in der Schweiz

8001 Zürich, Uraniastr. 32, ☎ 043/4664040, ✆ 043/4664041, zurich@enit.it, Mo–Fr 9–17 Uhr. ■

Telefonieren

In Italien wird (auch bei Ortsgesprächen) zu den Teilnehmernummern immer die frühere regionale Vorwahl mitgewählt, inklusive der ersten Null.

Aus dem Ausland zuerst die Landesvorwahl für Italien 0039 wählen, dann mitsamt der ersten Null weiterwählen.

▶ **Touristeninformation vor Ort:** Für die Region Sizilien zuständig ist das **Assessorato Turismo**, Via E. Notarbartolo 9, I-90141 Palermo, www.regione.sicilia.it/turismo. In Provinzhauptstädten und Tou-

Blick von Giardini Naxos auf den Monte Veneretta (Tour 1)

rismusorten informieren u. a. Büros des **Servizio Turistico Regionale (STR)**, in der Regel Mo–Sa 8.30–13.30 Uhr. Alternativ bieten sich kommunale Info-Büros oder die Pro Loco an. Hier eine Auswahl der wichtigsten Adressen:

Nordosten/Monti Peloritani

Giardini Naxos: Via Tysandros 54, ☎ 094 251010, www.strgiardini.it.
Messina: Piazza della Repubblica (vor dem Bahnhof), ☎ 090 672944, www.comune.messina.it.
Taormina: Piazza S. Caterina (Palazzo Corvaja), ☎ 094 223243, strtaormina@regione.sicilia.it., www.commune.taormina.me.it. Auch Infos zum Parco Fluviale dell'Alcàntara.

Osten/Monte Etna

Acireale: Via Oreste Scionti 15 (nahe Piazza Duomo), ☎ 095 891999, www.acirealeturismo.com.
Catania: Via V. Emanuele II 172 (nahe Piazza Duomo), ☎ 095 7425573, www.comune.catania.it, www.turismo.provincia.ct.it. Info-Büros auch am Flughafen und am Bahnhof.
Linguaglossa: Piazza Annunziata 5 (nahe Durchfahrtsstraße), ☎ 095 643094, www.prolocolinguaglossa.it.
Nicolosi: Parco dell'Etna, Via del Convento 45 (nördl. außerhalb), ☎ 095 821111, www.parcoetna.it.
Nicolosi: Piazza V. Emanuele 32 (Durchfahrtsstraße), ☎ 095 914488.
Randazzo: Centro Visite Parco dei Parchi, Via Agonia, ☎ 095 7991611. Infos zu den Naturparks Ätna, Nébrodi und Alcàntara.
Zafferana Etnea: Piazza L. Sturzo 1, ☎ 095 7082825, www.prolocozafferana etnea.it.

Südosten/Monti Iblei

Modica: Corso Umberto I 149, ☎ 093 2759634, www.comune.modica.rg.it.

Noto: Piazza XVI Maggio, ☎ 093 1573779, www.comune.noto.sr.it.

Ragusa: Piazza San Giovanni, ☎ 093 2684780, www.comune.ragusa.gov.it/turismo/.

Siracusa: Via Maestranza 33 (Ortigia), ☎ 093 1464255, strsiracusa@regione.sicilia.it, www.siracusaturismo.net.

Süden/Agrigentino

Agrigento: Via Empedocle 73, ☎ 092 220391, stragrigento@regione.sicilia.it.

Westen/Trapanese

Castellammare del Golfo: Piazza Castello, ☎ 092 430217, www.comune.castellammare.tp.it.

San Vito lo Capo: Via Savoia 57, ☎ 092 3974300, www. destinazionesanvito.it.

Trapani: Via San Francesco d'Assisi 27, ☎ 092 3545524, www.trapaniwelcome.it.

Nordwesten/Palermitano

Palermo: Piazza Castelnuovo 34, ☎ 091 6058351, www.palermotourism.com.

Auch am Flughafen, zusätzlich Info-Kioske in der Altstadt.

Norden/Monti Madonie

Cefalù: Presidio Turistico Parco delle Madonie, Corso Ruggero 116, ☎ 092 1923327.

Cefalù: Corso Ruggero 77, ☎ 092 1 421458, strcefalu@regione.sicilia.it, www.comune.cefalu.pa.it.

Petralia Sottana: Parco delle Madonie, Corso Paolo Agliata 16, ☎ 092 1684035, www.parcodellemadonie.it.

Nordosten/Monti Nébrodi

Capo d'Orlando: Via G. Amendola 20, ☎ 094 1912784, www.turismocapodorlando.it.

Milazzo: Piazza C. Duilio 20, ☎ 090 9222865, www.aastmilazzo.it.

Patti: Piazza G. Marconi 11, ☎ 094 1241136, www.pattitindari.com.

Sant'Ágata di Militello: Parco dei Né-brodi, Piazza Duomo (Palazzo Gentile), ☎ 094 1702524, www.parcodeinebrodi.it.

Zentrum/Monti Erei

Enna: Piazza Napoleone Colajanni 6, ☎ 093 5500875, www.welcometoenna.com. ∎

▶ **Bus:** Es lassen sich zwar fast alle Orte Siziliens, aber nur wenige Ausgangspunkte der Wanderungen mit öffentlichen Bussen erreichen. Einen Überblick über die Busgesellschaften bietet z. B. die Webseite **www.orariautobus.it**. Hier lassen sich die einzelnen Busgesellschaften anklicken und Fahrpläne aufrufen. Fahrpläne hängen nur selten aus, Auskunft erhält man meist in der nächsten Bar (hier oft auch die Tickets). Über Rückfahrzeiten sollte man sich vorab informieren! ∎

▶ **Spezielle Internetseiten für Sizilien-Wanderer:**

www.caisicilia.it: Die sizilianischen Sektionen des italienischen Alpenvereins Club Alpino Italiano (CAI) bieten Infos vor Ort und organisieren geführte Wanderungen. CAI-Sicilia betreut mehrere Naturschutzgebiete, in denen man auch wandern kann. Nur Italienisch.

www.clubalpinosiciliano.it: Der Sizilianische Alpenverein unterhält bewirtschaftete Hütten und Schutzhütten, die meisten in der Provinz Palermo. Geführte Wanderungen werden organisiert. Nur Italienisch.

www.ct.ingv.it: Offizielle Site des Vulkanologischen Instituts Catania mit Infos zum Ätna und die Isole Eolie.

www.festedisicilia.it: Festkalender fürs ganze Jahr, nur Italienisch.

www.ilmeteo.it/portale/medie-climatiche/Sicilia: Klimadaten für alle Provinzen und alle Monate des Jahres, aktuelle Wettervorhersagen auf der Hauptseite. Nur Italienisch.

www.italien-aktiv.info, www.walksicily.de: Seiten des Autors Peter Amann mit Tipps und Links für den Aktivurlaub in Süditalien und auf Sizilien. Aktuelle Ergänzungen zu diesem Wanderführer.

www.legambienteriserve.it: Der italienische Umweltverband Legambiente betreut auf Sizilien mehrere Grotten

(Tour 19), die unter Naturschutz stehen. Speläologische Führungen gratis. Nur Italienisch.

www.mare-mundi.eu: Das von Robert Hofrichter publizierte dreibändige Wissenschaftswerk „Das Mittelmeer" und die dazugehörige Website sind die besten Informationsquellen zum Thema und allen ambitionierten Strandläufern und Tauchern zu empfehlen.

www.michael-mueller-verlag.de: aktuelle Infos nach Redaktionsschluss dieser Ausgabe, lebendiger Austausch im Forum und GPS-Tracks der im Buch beschriebenen Touren als Download.

www.parks.it: Die italienischen Naturschutzgebiete im Netz. Viele Informationen auch auf Deutsch.

www.siciliaparchi.com: informatives Portal der Naturparks und Naturschutzgebiete Siziliens, leider nur Italienisch.

www.sizilien-rad.de: Die gepflegte Privatseite hält auch für Wanderer gute Tipps bereit. Für Radfahrer ist sie eine Fundgrube.

www.wetteronline.de: umfangreicher Wetterservice, Klimadaten. www.wwf.it/oasi/sicilia/: Der World Wildlife Fund betreut auf Sizilien mehrere Naturschutzgebiete (Tour 18), in denen man auch wandern kann. ∎

▶ **Straßen-, Land- und Wanderkarten:** Im Buchhandel gibt es eine Reihe brauchbarer Straßenkarten, z. B. **Regionalkarte Nr. 15 Sizilien,** Maßstab 1:200.000 von Kümmerly+Frey, eine Lizenzausgabe des italienischen Touring Club Italiano (TCI). Für Autofahrer ist die Sizilienkarte im Maßstab 1:400.000, die dem **MMV-Reisehandbuch Sizilien** beiliegt, eine gute Hilfe.

Die für diesen Wanderführer mithilfe des GPS (Global Positioning System) erstellten **Wanderkarten** sollten für die Durchführung der Touren ausreichen, sie zeigen natürlich nur den Ausschnitt der jeweiligen Wanderung.

Unter der Marke **Global Map** (www.lac-cartografia.it) sind vor Ort **topografische Wanderkarten** der wichtigsten Naturschutzgebiete Siziliens erhältlich – meist im Maßstab 1:50.000, beispielsweise für die Touren 8, 9 und 11 „Monte Etna" oder für Tour 30 „Parco delle Madonie".

Die Militärkarten des **Istituto Geografico Militare (IGM)** in den Maßstäben 1:25.000 und 1:50.000 sind in vielen Fällen hoffnungslos veraltet. Es gibt sie in ausgewählten Buchhandlungen; Bezugsquellen finden Sie auf der Webseite www.igmi.org (→ „vendite" anklicken, unter „Rivenditori autorizzati prodotti IGM" lassen sich Region für Region, Provinz für Provinz autorisierte Wiederverkäufer finden).

Fremdenverkehrsämter und Parkverwaltungen überraschen immer wieder durch die Herausgabe nützlicher (Gratis-)Wanderkarten, die allerdings auch schnell wieder vergriffen sein können. ∎

▶ **Literaturtipps:** Amann, Peter: Liparische Inseln. Insel- und Wanderführer. Iwanowski's Reisebuchverlag, 2010 (5. Aufl.). Der komplette Reiseführer zu einem der schönsten mediterranen Insel- und Wanderziele. Dafür gab es auf der Frankfurter Buchmesse 2005 den ENIT-Preis für den „Besten Reiseführer Italien".

Bonaviri, Giuseppe: Die Blaue Gasse. C. H. Beck, 2006. Das Alters-und Meisterwerk des 2000 für den Literaturnobelpreis nominierten Sizilianers. Leise Töne und genaue Naturbeobachtungen errinnern an den

Alltag im bäuerlichen Sizilien der 1930er-Jahre, einer untergegange-
nen Welt, die noch auf einigen der Wanderungen aufscheint.

Burnie, David: Mediterrane Wildpflanzen. Dorling Kindersley, 2007.
Über 500 Arten, nach Familien geordnet und in guten Detailauf-
nahmen präsentiert.

Cappuccio, Massimo und Giuseppe Gallo: Di Roccia Di Sole. Klettern
auf Sizilien. Edizioni Versante Sud, 2012. Der zuverlässige Führer stellt
zahlreiche Klettergebiete detailliert vor.

Dittelbach, Thomas: Geschichte Siziliens. Von der Antike bis heute.
C. H. Beck, 2010. Große Geschichte, klug und kurz(weilig) erzählt.

Finley, Moses I., Denis Mack Smith und Christopher Duggan: Kleine
Geschichte Siziliens und der Sizilianer. C. H. Beck, 2010 (4. Aufl.). Anspruchsvolle Bettlektüre vor, während und nach der Reise.

Nestmeyer, Ralf: Sizilien – Literarische Streifzüge. Artemis & Winkler,
2008. Eine geschickte Literaturauswahl weckt den Appetit auf die viel-
seitige Insel und stillt den Lesehunger unterwegs.

Oelze, Karsten und Harald Röker: Sicily Rock. Gebro, 2012 (2. Aufl.).
Weit über 600 Sportkletterrouten um San Vito lo Capo.

Schröder, Thomas: Liparische Inseln. Michael Müller Verlag, 2013
(6. Aufl.). Hier steht alles drin, was man auf einer Reise zu diesem
faszinierenden Archipel wissen muss, auch Wanderbeschreibungen.

Schröder, Thomas: Sizilien. Michael Müller Verlag, 2013 (8. Aufl.). Das
rundum informative Reisehandbuch aus unserem Haus ist der zuver-
lässigste Begleiter auf einer Sizilienreise.

Seume, Johann Gottfried: Spaziergang nach Syrakus im Jahre 1802.
U. a. Insel Verlag, 2010. Inspirierend: 250 Tage war Seume unterwegs
von Leipzig über Wien, Venedig, Rom und Neapel nach Syrakus und
wieder zurück über Mailand, Zürich und Paris – zu Fuß! ■

*** Von Taormina auf den Monte Veneretta

Der Ausflug von Taormina in das nahe Bergstädtchen Castelmola, ebenso beliebt für das weite Panorama wie für den bittersüßen Mandelwein, ist ein Klassiker. Folgt man zu Fuß den alten Maultierpfaden weiter bis auf den Gipfel des Monte Veneretta, erlebt man den grandiosen Ätna-Blick garantiert touristenfrei.

►► Ausgangspunkt ist der zinnenbewehrte **Palazzo Corvaja**  **1** an der Piazza S. Caterina, in dem sich das Fremdenverkehrsamt und ein amüsantes Volkskundemuseum befinden. Vorbei am römischen Odeon, folgen wir ein kurzes Stück der Via Timeo, um auf Höhe des Hotels Victoria auf dem Treppenweg rechts zur Via Circonvallazione aufzusteigen. Die Tankstelle im Rücken, geht es 50 m nach links. Bergseitig zweigt der ausgeschilderte Treppenweg **2** nach Castelmola ab, ausgebaut als Via Crucis. Tolle Blicke auf Taormina, das antike Theater und die Bucht von Naxos begleiten den Aufstieg. Die steilen Felswände präsentieren sich als exotischer Garten.

Erfrischung im Meer

Am schönsten ist die Spiaggia dell'Isola Bella. Aus Taormina führt vom Belvedere an der Via Luigi Pirandello – schnell zu erreichen aus dem Stadtpark oder vom Busbahnhof – ein Treppenweg in ca. 0:20 Std. zum Meer hinunter. Für Faule gibt es die Seilbahn (auch zurück).

Der steingepflasterte Weg endet auf dem aussichtsreichen Vorplatz der barocken Wallfahrtskapelle **Madonna della Rocca**. Im Rücken der Felskirche gibt es einen Trinkwasserbrunnen. Mit Blick auf Castelmola und den dahinter aufragenden Monte Veneretta (auch Monte Venere) folgen wir

Die Wallfahrtskapelle Madonna della Rocca, die Bucht von Naxos und den Ätna im Blick

der asphaltierten Via Madonna Rocca nach Nordwesten. Unterwegs zweigt rechts der kurze Stichweg **3** ab, der uns in 5 Min. zum **Castello Saraceno** **4** bringt.

Wieder zurück bei **3** und am Hotel Sole Castello vorbei, stoßen wir auf die befahrene Via Leonardo da Vinci (weiter vorne halten Linienbusse), der wir rechts bis auf Höhe der **Casa Gigi Samperi** **5** folgen, einer originell dekorierten Keramikwerkstatt. Gegenüber der Werkstatt biegen wir links in die steil ansteigende Straße, die als Fußweg nach Castelmola ausgeschildert ist. Auf der scharf rechts abzweigenden Via Cuculonazzo **6**, die in einen zementierten Treppenweg übergeht, setzt sich der schattenlose, steile Anstieg fort. Gut 1 Std. nach Start ist die Straßenunterführung **7** unterhalb von Castelmola erreicht.

Links führt eine Treppe hoch in den Ort (sie führt direkt zum Tourende ⌷16⌷). Wir biegen stattdessen rechts ab, unterqueren die Straße und folgen Treppenstufen und einem kurzen Straßenabschnitt am Hotel Villa Sonia vorbei bergab. Von der Kreuzung **8** unterhalb des **Kriegerdenkmals** weist das Metallschild „M. Venere" in die schräg links abbiegende Straße. An der Gabelung auf Höhe des Friedhofes geht es geradeaus weiter hoch, vorbei an der Antennenanlage. Der geschotterte, teils betonierte Fahrweg steigt in raschen Serpentinen zwischen den Häusern an. Oberhalb von der **Contrada Roccella** verschmälert sich die Fahrspur, schwenkt nach rechts und führt eben an aufgelassenen ▶

Länge/Gehzeit: hin und zurück (bis Castelmola) 7,5 km, ca. 4:15 Std.
Charakter: sportliche Streckenwanderung mit steilen Auf- und Abstiegen in meist schattenlosem Gelände. Kurze Abschnitte auf Asphalt, sonst Treppen und alte steingepflasterte Maultierwege. Die Pfade im Gipfelbereich sind unmarkiert. Tolle Fernsicht.
Markierung: Hinweisschilder und rote Wegzeichen.
Ausrüstung: feste Bergschuhe, evtl. Stöcke, Sonnen- und Windschutz.
Verpflegung/Unterkunft: Wasser mitnehmen. In Taormina fürs Picknick einkaufen, Wasserbrunnen unterwegs. Churchill trank seinen Mandelwein in der Bar S. Giorgio in Castelmola, Piazza Sant'Antonio, ☎ 094 228228. Eleganten Essgenuss bietet das Ristorante Bocciola, Piazza Duomo 19, Mo Ruhetag, ☎ 094 228181, www.ristorantebocciola.com. In Taormina sei das Hotel Villa Schuler nicht nur Wanderern empfohlen. Der deutschsprachige Besitzer hält Tipps bereit, das tolle Frühstück à la carte ist die beste Stärkung für den Tag, Top-MTB für Gäste gratis. Piazzetta Bastione 16, ☎ 094 223481, www.hotel villaschuler.com. Eine entspannte Adresse in Mazzarò über dem Meer, in Seilbahnnähe und mit Parkplatz: Villino Gallodoro, Via Nazionale 147, ☎ 094 223860, www.hotelgallodoro.it.
Hin: Linienbusse z. B. aus Catania oder Messina, www.orariautobus.it. Autofahrer parken am besten in einem der beiden Parkhäuser von Taormina oder gleich unterhalb von Castelmola ⌷16⌷. Vom Parkhaus Porta Catania auf dem Corso Umberto I gen Osten bis zur Piazza S. Caterina (ca. 15 Min.). Vom Parkhaus Lumbi mit dem Gratis-Shuttlebus zur Piazza S. Pancrazio, dann zu Fuß den Corso Umberto I gen Süden (ca. 5 Min.).
Zurück: von Castelmola/Piazza Sant' Antonio tägl. u. a. 15.15, 16.15, 17.15, 18.15 und 19.15 Uhr zurück nach Taormina (über Pirandello), www.inter bus.it.

▶ Terrassen vorbei. Aus einem **Sattel** – kurz vorher zweigen seitlich zwei private Hauszufahrten ab – biegen wir links auf den rot markierten Pfad **9**, der in einen breiten Treppenweg übergeht.

Die schöne alte Mulattiera, ein steingepflasterter Maultierweg, folgt der Gratlinie. Baumförmige Wolfsmilch (Euphorbia dendroides) wächst in riesigen Kugeln aus den Trockensteinmauern. Kurz bevor der Weg zum ersten Mal von der Straße unterbrochen wird, lädt eine steingemauerte Bank zur Rast. Der schmalen Straße folgen wir anschließend ein kurzes Stück bergauf, vorbei an einer Antenne. Unterhalb des Wasserspeichers **10** kürzen wir links auf einer Wegspur ab,

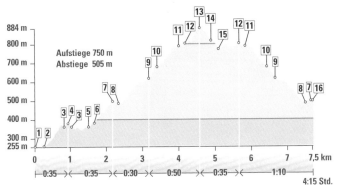

queren kurz darauf die Straße und folgen weiter dem alten Wirtschaftsweg, vorbei an der rosa Ruine der ehemaligen Bar Scalia, bis in die 1950er-Jahre ein beliebtes Ausflugslokal. Geblieben ist der Ausblick. Einmal noch queren wir die Asphaltstraße. Das nächste Mal, wenn wir auf sie treffen **11**, folgen wir ihr nach links bis in den **Sattel 12**.

Auf Höhe einer Ruine zweigt rechts der gekennzeichnete Wanderweg „Sentiero Forza d'Agrò" ab – unser Rückweg. Der rot markierte Weg zum Monte Veneretta, dem wir folgen, beschreibt eine scharfe Rechtskurve und führt, anfänglich über Felsplatten, in ca. 0:15 Std. zum Gipfel. Unterwegs quert der Pfad eine Sattelmulde und steigt zwischen verkarstetem Kalkgestein bis zum Gipfel **13** des **Monte Veneretta** an, den eine Steinpyramide und ein Vermessungspunkt markieren. Der Rundumblick ist grandios und macht Lust auf weitere Wanderungen! ▶

Kugelförmige Wolfsmilchbüsche säumen den alten, steingepflasterten Maultierweg

Auch Ziegen genießen den Ausblick vom Monte Veneretta

▶ Im Norden locken die Monti Peloritani mit der Rocca Novara (→ Tour 5) und dem Monte Scuderi (→ Tour 3), im Osten erstreckt sich jenseits der Straße von Messina der kalabrische Aspromonte, uns zu Füßen breiten sich Taormina und die Bucht von Naxos aus. Im Süden erhebt sich majestätisch der fast ganzjährig schneebedeckte Ätna.

Vom Gipfel wäre es am einfachsten, auf bekannter Strecke nach Castelmola zurückzukehren, reizvoller ist folgende Variante: Ohne eindeutigen Weg folgen wir dem Grat über aufgelassene Ackerterrassen in Nordrichtung bergab. Dabei fällt der Blick auf die Orte Mongiuffi Melia, Gallodoro und Forza d'Agrò (→ Tour 2). Wir erreichen die Scharte **14**, an der ein kurzer Abstecher rechts auf eine **Felsanhöhe** führt. Erklimmt man die Anhöhe, zeigen sich Castelmola und der Monte Veneretta besonders schön.

Von der Scharte aus folgen wir dem in Serpentinen abfallenden Pfad in nordwestliche Richtung, zur Linken sieht man terrassierte Hänge. Von oben treffen wir auf einen querenden Weg **15**, der rechts zur Portella del Giasso absteigt – der ausgeschilderte „Sentiero Forza d'Agrò". Gegen den Uhrzeigersinn folgen wir der alten Mulattiera nach links zurück.

Zu Fuß bis Forza d'Agrò

Die roten Wegzeichen auf den Monte Veneretta und die Markierung des ca. 20 km langen Wanderweges Taormina – Forza d'Agrò gehen auf eine lokale Privatinitiative zurück. Eine Karte der 8-stündigen Tour ist mit Glück in den lokalen Fremdenverkehrsämtern erhältlich. Infos auf http://forzadagro taormina.weebly.com/. Die Kommune Taormina plant, unterstützt vom Geografen Prof. Dr. Rolf Mohnheim, die Veröffentlichung einer Wanderkarte von Taormina und Umgebung.

An der **Ruine** im Sattel **12** schließt sich der Kreis, und jetzt geht es auf bekanntem Weg nach **Castelmola** zurück. Dort macht es Spaß, durch die Gassen zu streifen. Stille Plätzchen mit schönem Ätna-Blick bieten die Treppen der Kirche Chiesa Madre. Von der **Piazza Sant'Antonio 16** am Ortseingang bzw. von der Haltestelle unterhalb des Hotels Villa Sonia (nahe **7**) fahren Linienbusse nach Taormina zurück – Abfahrtszeiten sind angeschlagen. ∎

Das Bergstädtchen Forza d'Agrò liegt in Sichtweite zu Taormina und befindet sich doch in einer anderen Welt. Francis Ford Coppola drehte hier Szenen seines „Paten". Weltvergessen ist das bäuerliche Hinterland mit seiner wundervollen Terrassenlandschaft, weite Ausblicke bietet nicht nur der Monte Recavallo.

✳✳ Von Forza d'Agrò auf den Monte Recavallo

▶▶ Ausgangspunkt ist die **Piazza Cammereri** ❶, hier halten Linienbusse aus Taormina. Oberhalb der Piazza liegt eine Bar. Wir wenden uns nach Nordwesten und gehen unterhalb der Kirche SS. Annunziata vorbei. Die barocke Kirchenfassade im Rücken, folgen wir der Via SS. Annunziata durch den alten Ortskern an einer Bar mit guter Eisdiele und zwei kleinen Lebensmittelläden vorbei.

Unterwegs besteht die Möglichkeit, links über Treppengassen ❷ zum Kastell aufzusteigen. Jenseits der Piazza Sant'Antonio erreichen wir am nordwestlichen Ortsrand die Umgehungsstraße, der wir nach links folgen. Der gelb markierte Weg parallel unterhalb der Straße ist nur eine kurze Variante, die später wieder auf die Straße führt.

Vorbei am alten Fußballplatz, folgen wir der asphaltierten Straße in einem Rechtsbogen. Kurz darauf zweigt linker Hand im Schatten einiger **Flaumeichen** ❸ der gelb markierte, mit „Rocca Scala – Recavallo" gekennzeichnete alte Maultierweg ab – unser Rückweg. Weiter auf der breiten Straße, begleitet uns rechts der Blick auf die Fiumara d'Agrò. Mit einem Fernglas lässt sich das filigrane Mauerwerk der normannischen Kirche SS. Pietro e Paolo am nördlichen Ufer unterhalb von Casalvecchio Sìculo erkennen. Den Abzweig links zum modernen Friedhof lassen wir unbeachtet.

An der nächsten **Gabelung** ❹ steigen wir auf Höhe eines gepflegten Olivenhains links auf. Die ersten steilen Serpentinen sind asphaltiert, dann geht der Weg in eine sandige Fahrspur über. Im Frühjahr blühen zahlreich Orchideen, Alpenveilchen ▶

Länge/Gehzeit: 8,3 km, ca. 3:05 Std.
Charakter: einfache Rundwanderung auf Schotterpisten und verkehrsfreien Asphaltstraßen. Wenig Schatten, weite Ausblicke.
Markierung: Hinweisschilder und gelbe Wegzeichen.
Ausrüstung: feste Wanderschuhe, Sonnenschutz.
Verpflegung/Unterkunft: Wasser mitnehmen. In Forza d'Agrò Einkaufsmöglichkeiten, kein Wasser unterwegs! Zur Stärkung nach der Wanderung empfiehlt sich die Osteria Agostiniana, Via delle Rimembranze 1, Di Ruhetag, ✆ 094 2721074. Unter gleicher Leitung steht das gepflegte Hotel Agostiniana, Via A. De Gasperi 54, ✆ 094 2721608, www.agostinianahotel.com. Nette Unterkunft bietet auch das B&B La Bougainville, Via De Joannon 8/10, ✆ 094 2721115, www.bbcarnabuci.it.
Hin & zurück: Linienbusse von Taormina nach Forza d'Agrò 3x tägl., 9.45, 11.45, 15.45 Uhr, zurück von Forza d'Agrò tägl. nur 11.55, 17.55 Uhr, www.interbus.it. Mit dem Auto von der SS 114 auf 4 km Länge steile Kurven bis Forza d'Agrò. Parkplätze auf der Piazza Cammereri ⬜1⬜ gebührenpflichtig.

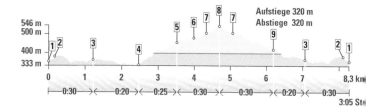

▶ und Schachbrettblumen im lichten Eichenschatten. Eine rechts abzweigende Fahrspur lassen wir unbeachtet.

Nach weiteren Serpentinen schwenkt der Weg nach links und führt an einem Steinhaus **5** vorbei, das auf einem auffälligen Sandsteinfelsen thront. Es handelt sich um eine alte Weinkelter, wie sie in dieser Gegend häufig vorkommt. Die Kelterwanne ist in den Fels geschlagen. Im Westen liegt zu Füßen des exakt 1.000 m hohen Monte Galfa der Ort Roccafiorita. Weiter nordwestlich erhebt sich die auffällige Felspyramide der Rocca Novara (→ Tour 5).

Über Weiden und durch einen Olivenhain führt der Weg zu einer **T-Kreuzung 6**. Links auf der querenden Fahrspur ansteigend, erreicht unser Weg seinen Scheitelpunkt **7**. Als kurzer Abstecher führt rechts ein markierter Pfad in etwa 10 Min. bis auf den kleinen Gipfel des **Monte Recavallo 8**. Zu den beeindruckenden Blicken auf Forza d'Agrò, die Küste und die terrassierten Hänge im Tal des Torrente

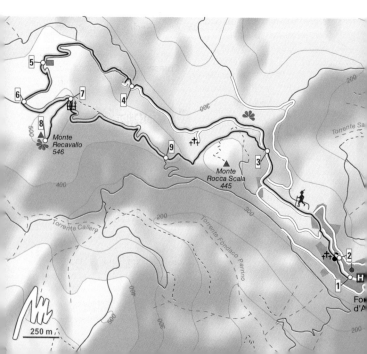

Fondaco Parrino gesellt sich bei klarer Sicht auch der auf den imposanten Ätna.

Zurück im Sattel **7**, folgen wir der breiten **Schotterpiste** nach rechts durchs Gatter. Mit Blick auf Forza d'Agrò geht es in weiten Schwüngen bergab. (Alternativ kann man ein Stück weit dem rot markierten alten Maultierpfad folgen, der die Piste mehrfach schneidet.) Am Fuße einer steilen Felsflanke verlassen wir die Schotterpiste nach links auf einen Maultierweg (Mulattiera) **9**, noch bevor die Straße rasch in Serpentinen abfällt und, vorbei an der Müllkippe, in den Ort zurückführt.

Blicke reichen über die Straße von Messina bis Kalabrien

Auf dem schmalen, gekennzeichneten Felspfad geht es mit wenigen Schritten in einen Sattel hoch und mit Blick auf Forza d'Agrò den Hang schräg hinab. Die alte Mulattiera schwenkt nach links, führt oberhalb des modernen Friedhofes vorbei und trifft wenige Minuten später von oben auf die breite Asphaltstraße **3**. Hier schließt sich der Kreis. Rechts geht es in den Ort zurück. Durch die engen Gassen leuchtet einem die barocke Fassade der **Chiesa SS. Annunziata** auf der Piazza Cammereri **1** entgegen. ∎

Der „Pate" besucht Forza d'Agrò

In Forza d'Agrò und im Nachbarort Sávoca, wo die Bar Vitelli cineastische Erinnerungen pflegt, hielt Francis Ford Coppola bei den Dreharbeiten 1971 zum „Paten" archaische Sizilienbilder fest. In Forza d'Agrò lieferte die barocke Kirche SS. Annunziata die perfekte Kulisse, eine, die heute noch gerne von vielen Hochzeitspaaren genutzt wird – auch jenen, die aus den USA anreisen.

*** Auf den Monte Scuderi

Der Monte Scuderi ist der beste Aussichtsberg der Peloritani-Berge. Manch einer klettert vielleicht auch wegen der Aussicht auf Gold auf den Berg. Eine alte Legende berichtet von einem vergrabenen Schatz. Ohne Fleiß kein Preis: Der Anstieg über den steilen Südostgrat setzt Kondition und Kraxelgeschick voraus.

▶▶ Die Wanderung beginnt an einem Abzweig westlich der Schotterstraße, an der wir das Fahrzeug parken. Den Einstieg **1** markieren ein **grünes Blechschild** des Naturschutzgebiets „Riserva Naturale Orientata Fiumedinisi e Monte Scuderi" und ein rustikaler Padre-Pio-Schrein. Auf der breiten Schotterpiste steigen wir im Kastanien-Eichen-Wald auf und treffen ca. 0:25 Std. später am Sattel **Portella Spiria 2** auf eine querende Piste.

Forza d'Agrò (→ Tour 2), das Gipfelplateau des Monte Veneretta (→ Tour 1) und der Ätna tauchen als markante Landmarken im Südwesten auf. Vor uns öffnet sich der tief eingeschnittene Talkessel des Torrente Corvo, den wir auf dem Rückweg durchschreiten. Auf den terrassierten, ehemals landwirtschaftlich genutzten Hängen hat sich eine Erika-Macchia ausgebreitet, dazwischen kleine Reste der ursprünglichen Eichenwälder.

Wir folgen der einspurigen **Schotterpiste** nach rechts, die mit dem Grat leicht ansteigt und dabei auf das markante Gipfelplateau des Monte Scuderi zuhält. Vom nächsten Sattel aus sehen wir rechter

> ### Gelato und Granita
>
> Wahre Erben der kalten Kunst sind Eleonora und Stefano Santoro, die wie Parfumeure zarteste Düfte und Fruchtaromen in Sorbets einfangen. Die Bar De Stefano (☎ 090 630275) im Peloritani-Dorf Santo Stefano di Briga, wenige Kilometer südwestlich von Messina, ist ein Mekka für Gelato-Freunde.

Auf dem steilen Grat zum Gipfel träumen manche von kühlem Eis

Hand ins Vallone Cufolia und auf Italà. Die Schotterstraße steigt in Serpentinen weiter an, die Blicke fallen abwechselnd in beide Täler.

An der **Gabelung** ❸ gehen wir rechts hoch – die links aus dem Tal herfführende Piste ist der Rückweg. Die hier aufgestellte Tafel des Naturschutzgebiets ist zur Orientierung wenig dienlich. Etwa 100 m vor dem nächsten Sattel biegen wir links in die wenig benutzte, von einer Kette versperrte Fahrspur ❹, die auf einem kleinen Plateau vor einem verfallenen Steinhaus endet. Kurz vorher biegen wir von der Fahrspur rechts auf einen Pfad ❺, der mit dem Grat rasch ansteigt.

Verwaschene rot-weiße CAI-Zeichen auf den Felsen dienen als Orientierungshilfe. **Leichte Kletterstellen** und kurze **ausgesetzte Passagen** erfordern zwischendurch unsere Aufmerksamkeit. Stellenweise verbreitert sich der Hang, und auf ehemaligen Ackerterrassen wachsen Adlerfarn und Wildbirnen, im Frühjahr in eine Wolke weißer Blüten gehüllt. Der Pfad hält sich links der Kammlinie und läuft parallel zu einem Maschendrahtzaun. Zwischendurch quert der Weg durch eine Zaunöffnung nach rechts, um ca. 0:20 Std. später zurück auf die andere Seite des Zaunes zu schwenken.

Durch ein natürliches Felsentor, die **Porta del Monte** ❻, betreten wir das Gipfelplateau des Monte Scuderi. Nicht ein Baum steht auf der verkarsteten Hochfläche. Mauerbruchstücke und Terrakottascherben sind die Reste einer mittelalterlich-byzantinischen Siedlung. Durch einen Einschnitt fällt der Blick rechts auf die Meeresstraße von Messina und den 1.127 m hohen Dinnamare (→ Tour 4), den Hausberg von Messina.

Linker Hand öffnet sich eine Grotte mit einer Statue der Sant'Agata. In nordwestlicher Richtung, weiter auf den Gipfel zu, treffen wir auf eine **Neviera**. In solchen gemauerten Gruben wurde noch bis Anfang des 20. Jh. im Winter Schnee gesammelt und zu Eis gepresst (→ Touren 9 und 24). Vorbei an einer zweiten Schneegrube und einer Mauerbresche ❼ – diese Stelle merken wir uns für den Abstieg! –, folgen wir der Geländekante hoch zum Gipfel des **Monte Scuderi** ❽ (1.253 m), den eine kleine ▶

Länge/Gehzeit: 12,5 km, ca. 4:50 Std.
Charakter: anspruchsvolle Rundwanderung auf meist breiten Schotterpisten, im Anstieg ab ⑦ zum Gipfel ⑧ und auch im Abstieg ist **Trittsicherheit** erforderlich. Überwiegend der Sonne ausgesetzt, grandiose Ausblicke v. a. vom Gipfel.

Markierung: verwaschene rot-weiße Zeichen des italienischen Alpenvereins (Club Alpino Italiano, CAI). Die von der Verwaltung des Naturschutzgebiets aufgestellte Wandertafel ③ ist keine große Hilfe.

Ausrüstung: feste Bergschuhe, evtl. Stöcke, Sonnen- und Windschutz.

Verpflegung/Unterkunft: unbedingt genügend Wasser mitnehmen. Kein Wasser unterwegs! Albergo-Ristorante Le Giare (das gute Restaurant öffnet nur abends) in Italà, Via S. Caterina 17, ✆ 090 9595006, www.legiare.org. Der Padrone Lillo Crisafulli ist CAI-Mitglied und kennt sich mit Wanderwegen bestens aus.

Hin & zurück: kein Busverkehr! Anfahrt von der SS 114 über Italà und den Ortsteil Croce. Der Ausschilderung „Monte Scuderi" folgen und nach 9,5 km an der Schotterstraße am Blechschild „Riserva Naturale Orientata Fiumedinisi e Monte Scuderi" parken.

Tour 3

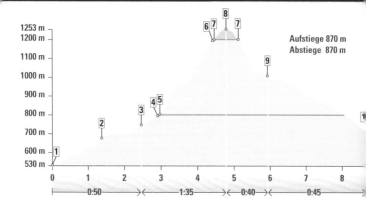

Aufstiege 870 m
Abstiege 870 m

▶ Steinpyramide markiert. Weniger der steile Anstieg, sondern vielmehr der Ausblick raubt einem den Atem: Im Süden erhebt sich der Ätna, im Südwesten die markante Rocca Novara (→ Tour 5). Die Monti Peloritani zeigen sich als eine Abfolge papierdünner Grate, dazwischen die tief eingeschnittenen Fiumara-Täler. Herrlich die Sicht auf Messina, die Meerenge und den kalabrischen Aspromonte. An klaren Tagen vervollständigen die Liparischen Inseln das Panorama.

Wir kehren zur **Mauerbresche 7** in der Nähe der oberen Neviera zurück und steigen rechts auf dem anfangs rutschigen Pfad in kleinen Serpentinen den Hang in Südrichtung ab. Von der Porta del Monte kommend, stößt von links ein Pfad dazu. Wir behalten die Gehrichtung bei und folgen dem Felsgrat weiter bergab. Nach ca. 0:20 Std.

Die wahren Schätze des Monte Scuderi

Einer alten Legende zufolge liegt am Gipfel des Monte Scuderi ein Schatz vergraben. Entweder ist er so gut versteckt, dass ihn bislang keiner gefunden hat, oder bei dem Gold handelt es sich um Katzengold, Glimmerschiefer, wie er hier häufig vorkommt. Tatsächlich sind die Monti Peloritani so reich an Metallen, dass sie auch als Monti Metalliferi bezeichnet wurden. Noch bis ins Mittelalter trug der Monte Scuderi den Namen Mons Saturnius. (Im Saturntempel des antiken Roms wurde der Staatsschatz verwahrt!) In zahllosen Minen wurden z. T. noch bis in die Neuzeit Kupfer, Silber, Zink, Eisen, Blei und Antimon abgebaut. Bis Anfang des 20. Jh. waren die Berge der Provinz Messina auch die Quelle weiteren Reichtums: Eis. Über den Winter wurde Schnee in Neviere (Schneegruben) zu Eis gepresst, um im Sommer in Stroh verpackt auf Maultierrücken ins Tal gebracht zu werden. Dieses Eis diente bereits im Mittelalter sizilianischen Emiren zur Bereitung köstlich erfrischender Granita, geeister Fruchtsäfte in der Art persischer Scherbets (Sorbets).

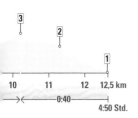

queren wir mit wenigen Schritten nach rechts zur Fahrspur **9** hinab, der wir geradeaus weiterfolgen.

Die einspurige Piste steigt kurz an, führt durch ein Gatter und fällt dann beständig ab, während wir einen weiten Linksbogen um den **Puntale Puzzu** beschreiben. Mit Blick zurück auf den Monte Scuderi geht es in weiten Schwüngen talabwärts. Im auffällig engen Taleinschnitt halten wir uns links und treffen nach wenigen Schritten von oben auf eine querende Schotterpiste **10**, der wir nach links folgen. Die Piste quert kurz darauf die Talsohle **11** und steigt erneut an. An der Gabelung **3** schließt sich der Kreis. Rechts geht es auf bekanntem Weg zur **Portella Spiria 2** und von dort zum Ausgangspunkt **1** zurück. ■

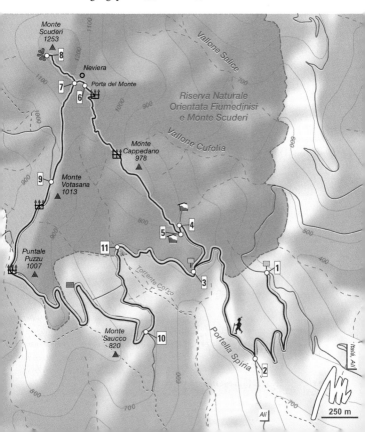

** Vom Santuario di Dinnamare auf den Sentiero Girasì

Fantastische Blicke auf zwei Meere, die Liparischen Inseln, Kalabrien und den Ätna begleiten diesen abwechslungsreichen Waldlehrpfad. Das aussichtsreiche Santuario di Dinnamare am Ausgangspunkt der Wanderung ist eines der wichtigsten Pilgerziele der Gegend.

▶▶ Am Abzweig **1**, der rechts zum **Santuario di Maria SS. di Dinnamare** hochführt, setzt sich unsere als Fernwanderweg Sentiero Italia (S. I.) markierte Zufahrtstraße, nun geschottert, in südliche Richtung fort. Es handelt sich um eine alte Militärstraße, die über den Hauptkamm der Peloritani-Berge führt, der Wasserscheide zwischen Tyrrhenischem und Ionischem Meer. Ihr folgen wir zu Fuß und umschreiten dabei den 1.127 m hohen Dinnamare (auf Karten auch Antennamare) im Osten. Am Sattel **Portella Larderia** **2** zweigt rechts eine Piste Richtung Rifugio Portella del Vento ab (direkter Weg zu 6).

Im leichten Auf und Ab, bald darauf im Halbschatten, folgen wir der breiten Schotterstraße weiter geradeaus, zur Linken der Blick auf die Meerenge und den Naturhafen von Messina, in der Antike treffend Sichel genannt. Unterwegs zweigt meerseitig eine unbezeichnete Piste Richtung Larderia ab, die wir ignorieren. Knapp 1 Std. nach Start erreichen wir den Abzweig **3** links zu einer Forsthütte (Anfahrt bis hierher mit geländegängigen Fahrzeugen möglich).

Wir folgen der Piste, oberhalb vorbei am **Rifugio Casemaressa**, vor uns die 1.067 m hohe Puntale Bandiera mit einem Feuerbeobachtungsturm. An der nächsten Gabelung **4** biegen wir rechts auf die abfallende breite **Schotterpiste**, auf der wir mit Blick auf Rometta, die Halbinsel von Milazzo und die Liparischen Inseln wandern. Bald be-

Wallfahrt zum Santuario di Maria SS. di Dinnamare

In der Antike militärischer Ausguck, wurde in byzantinischer Zeit auf dem Gipfel des Dinnamare der Schutzpatronin von Messina, Maria, ein Heiligtum errichtet. Eine Legende berichtet von zwei Seeungeheuern, die ein Bildnis der Madonna an den Strand brachten, wo Fischer es fanden. In einer Prozession gelangte die Ikone in das kleine Kirchlein auf dem Berg mit dem Zwei-Meere-Blick (lat. bimaris), bald Ziel von Wallfahrten aus weitem Umkreis. Im 17. Jh. stahlen Unbekannte das Madonnenbild. An seine Stelle kam ein Relief. 1837 vom Blitz getroffen, wurde es durch das Marmorrelief ersetzt, das heute noch hinter dem Altar zu sehen ist. Jeden 3. August versammeln sich die Gläubigen in Larderia, um noch vor dem Morgengrauen ein anderes Marienbild auf den Dinnamare zu tragen, wo es bis zum 5. August verbleibt. Sternförmig strömen die Pilger aus den Talorten am Bergheiligtum zusammen, um die Nacht hier durchzufeiern.

Blick auf die Meerenge von Messina

schreibt die Piste eine scharfe Linkskurve **5**. Hier biegen wir rechts ab auf den abfallenden, bald sich verschmälernden Weg und folgen dabei dem Naturlehrpfad „Sentiero Girasì" in Gegenrichtung. Wenige Minuten später schwenkt der Pfad auf Höhe einer Neviera (Schneegrube; als P.O. 2 bezeichnet) scharf nach links. Auf einem Abschnitt der alten Mulattiera (Maultierpfad), die einst Rometta mit den Orten an der ionischen Küste verband, geht es nun über viele Stufen im Waldschatten bergab. Mit Blick auf das Tyrrhenische Meer und die Liparischen Inseln führt der Weg zwischenzeitlich kurz ins Freie. Links zweigt an dieser Stelle ein Stichweg zum Pizzo Corvo ab. Auf dem Hauptweg erreichen wir etwa 0:30 Std. nach dem letzten Wegpunkt die **Forststraße 6** im Rücken des **Rifugio Portella del Vento**. Eine hier aufgestellte Wanderkarte bietet Orientierung. (Nördlich quert die Piste, die von Rometta aufsteigend zur Portella Larderia 2 führt.) ▶

Länge/Gehzeit: 13,8 km, ca. 5 Std.
Charakter: abwechslungsreiche Rundwanderung auf Forstpisten, alten Maultierwegen und einem Naturlehrpfad. Überwiegend Halbschatten, zwischendurch grandiose Ausblicke.
Markierung: rot-weiße CAI-Zeichen (Club Alpino Italiano) auf dem Sentiero Italia (S. I.), z. T. verfallene Schilder auf dem Naturlehrpfad Sentiero Girasì.
Ausrüstung: feste Wanderschuhe.
Verpflegung: Wasser mitnehmen. Unterwegs gibt es Quellen (bei **7** und danach), wo man Trinkwasser nachfüllen kann. Am Colle San Rizzo gibt es die legendären Panini von Don Minico als Proviant für unterwegs, tägl. 8–24 Uhr, mobil ✆ 330 849212, www.donminico.com.
Hin & zurück: kein Busverkehr! Anfahrt von der SS 113 (aus dem Süden A 18, Ausfahrt „Messina Centro", ca. 1,5 km in die Stadt und vor der Eisenbahnbrücke scharf links, das Santuario Dinnamare ist ab hier ausgeschildert) über Colle San Rizzo zum gut ausgeschilderten Santuario di Dinnamare 1. Mit Vorsicht kann man auf der Schotterstraße weitere 3 km bis zum Rifugio Casemaressa (nach 3) fahren und dort parken.

Tour 4

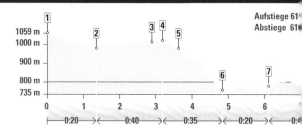

▶ Wir umschreiten die Forsthütte und folgen der eben verlaufenden Forststraße nach Süden mit Blick auf den Monte Scuderi (→ Tour 3) und die anderen Peloritani-Gipfel – und mit Glück sogar auf den Ätna. Zur Rechten ist der Golf von Patti zu sehen. Nach einer gefassten Quelle **7** mit gutem Trinkwasser beginnt einer der schönsten Wegabschnitte. Von Holzgeländern begleitet, bietet der aufwendig angelegte Felsweg immer wieder Blicke in tief eingeschnittene grüne Täler. In einer Talmulde treffen wir auf die nächste gefasste Quelle. Danach durchschreiten wir eine Reihe weiterer Tälchen. An einer unbezeichneten Gabelung **8** im Wald wählen wir den nach links aufsteigenden Pfad (geradeaus erreicht man mit einem kleinen Abstecher nach rechts in knapp 10 Min. das lauschig unterhalb einer Wiesenlichtung gelegene Rifugio Girasì). In kleinen Serpentinen gewinnen wir rasch an Höhe und erreichen einen Sattel – unterhalb quert eine

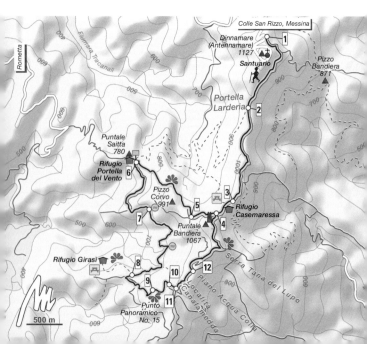

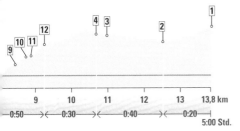

Forststraße. Ohne den Pfad zu verlassen, steigen wir mit der Gratlinie nach links weiter bergauf. Der nächste Aussichtspunkt **9** als **Punto Panoramico No. 15** markiert, bietet an klaren Tagen den optimalen Ätna-Blick.

Nach verdienter Rast treffen wir etwa 10 Min. später von unten auf eine hier endende Fahrspur **10**, der wir nach links folgen. Kurz darauf erreichen wir in der **Località Canalamedda** eine Kreuzung **11**, an der die alte Militärstraße vorbeiführt (vorher noch führt ein bezeichneter Abstecher in Nordrichtung talwärts zur Quelle Sorgente del Soldato). Die Schotterstraße zunächst ignorierend, setzen wir den Aufstieg links auf dem als „Sentiero Girasì" markierten Pfad fort, um am **Piano Acqua Colla 12** erneut auf die alte Militärstraße zu stoßen, die wir ab jetzt nicht mehr verlassen.

Wir folgen der Schotterpiste in Nordrichtung nach links. Der (undeutlich) abzweigende „Sentiero Girasì" bleibt links liegen. Der Rückweg bietet fantastische Blicke auf die Meerenge von Messina, das schönste Licht fällt am späten Nachmittag! Bei der Gabelung **4** am Fuße der Puntale Bandiera schließt sich der Kreis, und vorbei am Rifugio Casemaressa erreichen wir unseren Ausgangspunkt **1** unterhalb des Santuario. ■

Der Naturlehrpfad Sentiero Girasì

*** Klettersteig auf die Rocca Novara

Stolz trägt der schroffe Kalkfels den Beinamen Matterhorn Siziliens. Obwohl nur 1.340 m hoch, überragt die Rocca Novara die meisten anderen Peloritani-Gipfel, und Blicke reichen von den Liparischen Inseln bis zum Ätna. Der Gipfelsturm fällt dann doch leichter als gedacht.

▶▶ Die Wanderung beginnt am Straßenkilometer 24,600 der **SS 185** **1**. Bergseitig zweigt die breite Schotterstraße zu einer Picknickzone ab. In langgezogenen Serpentinen folgen wir ihr im Eichenmischwald

Genuss ohne Gipfel

Nicht so aufregend, aber auch bereits mit herrlichen Ausblicken, ist die Wanderung, wenn man auf den Anstieg zum Gipfel **7** verzichtet und sein Picknick bereits auf dem Plateau **6** am südlichen Hangfuß der Rocca Novara verzehrt.

weiter bergauf und erreichen nach ca. 10 Min. die **Gratlinie** **2**. Linker Hand öffnet sich als natürliches Belvedere ein Plateau. Nach Norden sehen wir über den Ort Novara di Sicilia und die tief eingeschnittenen Fiumara-Täler auf die tyrrhenische Küste mit dem Capo Tíndari.

Die markante Rocca Novara im Blick, steigen wir auf dem Weg links vom Grat in östliche Richtung weiter an. Auf den Weideflächen wachsen Adlerfarn und vereinzelt Schwarzerlen. Der Weg quert unterhalb einer Felsgruppe und anschließend unter einer Hochspannungsleitung

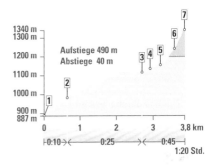

durch. Nach kurzem Zwischenabstieg zu einer flachen Mulde knickt die Wegspur nach rechts und trifft hinter einem Gatter **3** auf eine querende Forststraße.

Ihr folgen wir durch das Aufforstungsgebiet bergauf bis zu einer **Kreuzung 4** im Sattel zwischen Rocca Novara und Monte Ritagli di Lecca. Auf der Fahrspur geht es rechts, bis wir ca. 5 Min. später im nächsten ▶

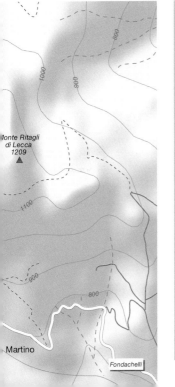

Länge/Gehzeit: einfach 3,8 km, 1:20 Std., hin und zurück 7,6 km, ca. 2:15 Std.

Charakter: leichte, schattenlose Streckenwanderung; nur der Anstieg zum Gipfel (ab 6) ist etwas für Sportliche. Schöne Aussicht gibt es auch schon vorher.

Markierung: auch ohne Markierung leicht zu finden, im letzten Abschnitt weisen Steinmännchen und rote Farbzeichen den Weg.

Ausrüstung: feste Bergschuhe, Sonnen- und Windschutz.

Verpflegung/Unterkunft: Wasser mitnehmen. Kein Wasser unterwegs! In Novara di Sicilia kann man für ein Picknick einkaufen; von Slow Food empfohlen ist die Trattoria La Pineta, Mo Ruhetag, Via Nazionale 159, ☎ 094 1650522. Direkt neben der Trattoria liegt in einem Palazzo das B&B Sganga Kondè King, Via Nazionale 163, ☎ 094 1650100, mobil ☎ 333 9368242 (Signora Angela Orlando).

Hin & zurück: kein Busverkehr! Der Ausgangspunkt der Wanderung liegt südlich von Novara di Sicilia bei Km 24,600 1 der SS 185. Am Straßenrand parken.

▶ Sattel links auf den Pfad **5** abbiegen, der mit dem Grat auf die Rocca Novara zuläuft.

Der letzte, steile Teil des Anstiegs beginnt auf einem verkarsteten **Plateau 6** am südlichen Hangfuß der Rocca. Steinmännchen und verblasste rote Farbzeichen markieren den Einstieg. Der Pfad steigt in engen Serpentinen über teilweise lockeres Felsgestein an. Hier ist etwas **Vorsicht** angebracht! Vorbei an einer Felsnische mit Madonnenfigur und einem Kreuz, erreichen wir auf 1.340 m den Gipfel **7** der **Rocca Novara**, den eine flache Steinpyramide markiert.

An klaren Tagen liegt einem Sizilien zu Füßen. Ausblicke, die wir bereits von anderen Bergen (→ Touren 1, 2, 3, 4 und 6) genossen haben, fügen sich zum neuen Bild: im Süden die alles überragende Silhouette des dampfenden Ätnas, im Westen die bewaldeten Nébrodi-Berge, im Osten die vielfach zerklüfteten Peloritani-Berge mit dem kalabrischen Aspromonte jenseits der Straße von Messina. Im Norden sehen wir auf das hübsche Novara di Sicilia hinab, erkennen an der Küste die Lagunen von Tíndari und die im Meer ausgebreitet liegenden Liparischen Inseln.

Auf bekanntem Weg kehren wir zum Plateau **6** und von hier zum Ausgangspunkt **1** an der SS 185 zurück. ■

Ein sizilianischer Bergort mit Prädikat

Novara di Sicilia trägt als eines von nur sieben sizilianischen Städtchen das Prädikat „I Borghi più belli d'Italia" (Infos unter: www.borghitalia.it, www.comune.novara-di-sicilia.me.it). Ausgezeichnet werden Kleinstädte mit gut erhaltenen Altstadtkernen. Während Cefalù (→ Tour 28) weltberühmt und Castelmola (→ Tour 1) aufgrund seiner Nähe zu Taormina ein viel besuchtes Ausflugsziel ist, schläft Novara noch seinen touristischen Dornröschenschlaf. Dabei ist alleine die Staatsstraße 185 eine Reise wert, und dabei spielt es keine Rolle, ob man dem Tyrrhenischen Meer entgegenfährt oder sich in umgekehrter Richtung auf der 1.125 m hohen Passhöhe Portella Mandrazzi unversehens Aug in Aug mit dem Ätna wiederfindet.

Novara hat antike Ursprünge, der arabische Name Nouah bedeutete „Garten, Blume". Im Gefolge der normannischen Eroberer siedelten hier Ende des 11. Jh. norditalienische Lombarden, und 1171 gründete der hl. Ugo die erste Zisterzienserabtei auf sizilianischem Boden. Seine Blütezeit erlebte der Ort im 17. Jh., und aus dieser Zeit stammen die meisten Kirchen, Palazzi, Brunnen und die steingepflasterten Gassen. Feinschmecker kommen wegen des Maiorchino, eines lang gereiften Pecorino.

Rocca Novara: Sieht unbezwingbar aus, ist sie aber nicht

** Durch den Bosco di Malabotta und auf die Rocca Voturi

Verwunschene Waldwanderung, die mit überraschenden Ätna- und Nébrodi-Blicken aufwartet. Im Mai blühen wilde Pfingstrosen, im Oktober die Alpenveilchen.

Der Bosco di Malabotta mit seinen jahrhundertealten Eichen ist einer der letzten „Urwälder" Siziliens.

▶▶ Wir starten am **Kiesparkplatz 1** und biegen rechts auf die abfallende asphaltierte Straße ab, die nach 100 m an einer Brückenunterführung endet. Nach rechts und an der Schranke vorbei führt die einspurige Forststraße in den Zerreichenwald. Kurz darauf an der Gabelung **2** beginnt (und endet) der bezeichnete Wanderweg „**Sentiero No. 1**", dem wir auf dieser Tour im Wesentlichen folgen.

Wir gehen links weiter (die talseitig von rechts dazustoßende Forstpiste ist unser Rückweg). Vorbei an einem **Picknickplatz**, geht es an

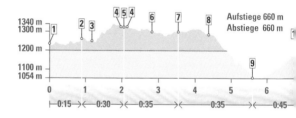

Patriarchi del Bosco, die Waldpatriarchen

der nächsten Gabelung **3** auf der ansteigenden Forststraße gerade-aus. Mächtige, flechtenbehangene Flaumeichen säumen den Weg. Ein Schild bezeichnet sie als „Patriarchi del Bosco". Links am bewaldeten Monte Croce Màncina vorbei, erreicht der Weg seinen Scheitelpunkt. Hier bietet sich zum ersten Mal der Blick auf den dampfenden Ätna.

Über einen Zauntritt **4** führt ein kurzer Abstecher links auf die An-höhe der **Rocca Voturi 5**. Die Liparischen Inseln, die Rocca Novara (→ Tour 5) und der kalabrische Aspromonte vervollständigen das be-eindruckende Landschaftsbild.

Zurück auf der Forststraße **4**, setzen wir unseren Weg in südli-che Richtung fort. Von oben tref-fen wir auf eine querende Piste **6**, der wir nach rechts folgen, zur Rechten der bewaldete Grat. Linker Hand fällt der Blick in ▶

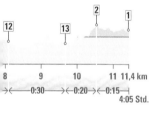

Länge/Gehzeit: 11,4 km, ca. 4:05 Std.

Charakter: einfache Rundwande-rung auf breiten, schattigen Forst-wegen. Der unmarkierte Abschnitt ab [7] durch das Vallone Ca De-vanne erfordert mehr **Kondition** und etwas **Orientierungsgeschick**.

Markierung: Wegweiser und simp-le Übersichtskarten der Forstver-waltung.

Ausrüstung: feste Wanderschuhe.

Verpflegung/Unterkunft: Trinkwas-ser und Proviant mitnehmen. Am Bivio Favoscuro, dem Abzweig der SP 112 von der SS 116 Randazzo – Floresta, macht die Trattoria Don Santo, Einheimischen als Trattoria Favoscuro bekannt, seit 1947 hung-rige Reisende satt und glücklich, Mo Ruhetag, ☎ 094 1662030, www. donsanto.it. In Randazzo, strate-gisch an der Nahtstelle der Natur-parks Etna, Nébrodi und Alcàntara gelegen, ist das B&B Ai Tre Parchi zu empfehlen, Via Tagliamento 49, ☎ 095 7991631, mobil ☎ 329 8970901, www.aitreparchibb.com. Matteo Feretti, ein passionierter Wanderer und Mountainbiker, hält gute Tipps bereit.

Hin & zurück: kein Busverkehr! An-fahrt von Randazzo über S. Dome-nica Vittoria auf der SS 116 bis C. da Favoscuro. Hier rechts auf SP 112 und SP 110 Richtung Montalbano Elicona. Von der Passhöhe Portella Zilla rechts auf die SP 115 „Trip-piciana" und kurz nach dem Km „21" am Schild „Riserva Naturale Orien-tata Bosco di Malabotta" halb rechts abbiegen und an den Rocche dell'Argimusco vorbei ca. 3 km bis zum Ende der asphal-tierten Straße, hier ist ein Kies-parkplatz [1].

▶ den Talkessel der Fossa Scavuzzo und über das Valle Alcàntara auf den Ätna.

An der nächsten **Gabelung** **7** ließe sich die Wanderung abkürzen, indem man auf dem „Sentiero No. 1" rechts im Buchenwald zur nächsten Kreuzung ⑪ absteigt. In jedem Fall lohnt jedoch der kurze Abstecher auf den Piano Tartaro. Dazu folgen wir der aussichtsreichen Forststraße weiter geradeaus. Talseitig stößt eine Piste **8** aus Malvagna dazu, und durch ein Gatter betreten wir das ausgedehnte Wiesenplateau. Der Blick vom **Piano Tartaro** über das Valle Alcàntara zum Ätna und über Randazzo auf den Hauptkamm der Nébrodi-Berge ist grandios.

Wir setzen die Wanderung fort (nach der Schneeschmelze und bei Regen empfiehlt sich die kürzere Wegvariante!), indem wir den Piano Tartaro in westliche Richtung queren. Die auch vom Vieh benutzte

Bosco di Malabotta und Parco Fluviale dell'Alcàntara

Der Bosco di Malabotta, der größte zusammenhängende Eichenmischwald Ostsiziliens, steht als Teil des Parco Fluviale dell'Alcàntara (→ Tour 7) unter Naturschutz. Einige der jahrhundertealten Zerreichen (Quercus cerris), die vorherrschende Baumart dieses Urwaldes, erreichen beachtliche Ausmaße. Stellenweise dominieren Buchen, im Unterwuchs finden sich Stechpalmen (Ilex aquifolium) als Relikt der wärmeren Tertiärzeit. Im Mai stehen wilde Korallen-Pfingstrosen (Paeonia mascula) in voller Blüte, etwas versteckter blühen im Herbst die Alpenveilchen (Cyclamen hederifolium).

Bosco di Malabotta: Urwaldfeeling in Sizilien

Jeepspur fällt rasch ab und entfernt sich dabei vom Waldsaum. Zwischen Rosen- und Brombeerhecken führt eine alte **Mulattiera** (Maultierpfad) in den Eichenwald und in Serpentinen weiter bergab.

Von oben treffen wir auf einen querenden Weg **9**, linker Hand eine Eisenschranke. Dem Talverlauf des **Vallone Ca Devanne** folgend, biegen wir rechts ab und erreichen nach ca. 10 Min. auf Höhe eines einzeln stehenden Feigenbaums die Talsohle. Der Weg steigt wieder an und hält sich dabei in der Nähe des sommertrockenen Bachbetts.

Nach weiteren ca. 0:30 Std. Wegzeit weitet sich das Tal. Links steigen wir über eine Lichtung den Hang hinauf und treffen im Buchenwald auf eine Forststraße **10**, der wir nach rechts folgen. Es geht zwischen zwei gemauerten Pfeilern durch. Kurz danach stoßen wir auf eine querende Forstpiste **11**.

Damit haben wir wieder Anschluss an den „Sentiero No. 1" und folgen der breiten Piste durch hohen Buchenwald nach links. Auf Höhe der **Caserma Forestale Malabotta** treffen wir auf eine Kreuzung **12**, linker Hand ein Picknickplatz mit Quelle. Wir setzen den Weg nach rechts fort. In leichtem Auf und Ab geht es in Nordrichtung durch Zerreichenwald.

An der Gabelung **13** auf Höhe eines verfallenen Forsthauses folgen wir dem Hauptweg nach rechts und steigen in Serpentinen zwischen moosbewachsenen Felsen und mächtigen Baumstämmen weiter auf. An der nächsten Gabelung **2** schließt sich der Kreis. Nach links erreichen wir in wenigen Minuten unseren Ausgangspunkt **1**. ∎

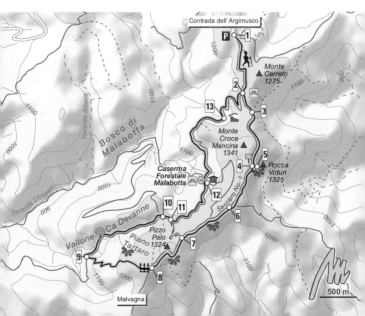

* Von Francavilla di Sicilia zu den Gurne dell'Alcàntara

Am Fuße des Burgberges von Francavilla hat der Fiume Alcàntara bizarre Gumpen (ital. gurne) in den Basalt geschliffen. Einem Bad im kühlen Wasser steht nichts im Weg. Im Juli blüht am Ufer üppig der Oleander. Ein Naturlehrpfad öffnet die Augen auch für historische Details.

▶▶ Ausgangspunkt ist die **Piazza San Francesco** 1 in Francavilla di Sicilia. Im Palazzo Cagnone präsentiert eine kleine archäologische Sammlung lokale Ausgrabungsfunde. Am Trinkwasserbrunnen vorbei, verlassen wir die Piazza nach rechts auf der Via San Francesco, die zwischen Häusern leicht ansteigt. Im Süden kommt Castiglione di Sicilia zum Vorschein. Vorbei am Ausgrabungsgelände, stoßen wir auf eine T-Kreuzung 2 und biegen links ab.

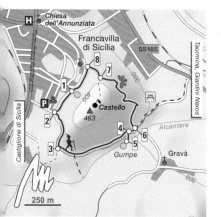

Der anfänglich asphaltierte ehemalige Maultierweg (Mulattiera) führt eng zwischen hohen **Lavasteinmauern** zum Fluss. Zur Linken erhebt sich der Burgberg von Francavilla mit den Ruinen des Normannenkastells. Am Beobachtungspunkt Nr. 3 „Le saje" 3, der an die von den Arabern im Mittelalter eingeführte Bewässerungstechnik erinnert, schwenkt der Weg nach links. Zwischen Obsthainen setzt sich die sanft abfallende Mulattiera geschot-

Am Alcàntara-Fluss: ein herrlicher Platz für eine Rast

tert fort. Jenseits des Alcàntara-Tals thront Motta Camastra wie ein Adlerhorst auf einem der südlichen Ausläufer der Peloritani-Berge.

Auf Höhe einer eingestürzten Brücke **4** machen wir vom Hauptweg einen kurzen Abstecher nach rechts zum Fluss **Alcàntara** und klettern über ausgewaschene Basaltfelsen ein Stück flussaufwärts bis zu einer der großen Gumpen **5**, die im lokalen Dialekt „gurne" genannt werden. Einheimische baden hier, auch wenn es mit der Wasserqualität nicht immer zum Besten steht. Auf jeden Fall ein herrlicher Platz für eine Rast! Ab Juli blüht der Oleander, und durch die Talschlucht blickt man auf Castiglione di Sicilia.

Zurück beim Wegpunkt **4**, setzen wir die Wanderung auf dem Hauptweg fort und biegen an der nächsten T-Kreuzung **6** links ab (der Weg geradeaus führt zu einer Picknickzone und erreicht später die SS 185).

An den **Ruinen einer Mühle** vorbei, steigt der in Stufen angelegte alte Maultierweg an, begleitet von einem kleinen Bewässerungskanal. Wir queren diese sog. Saja nach links und steigen in Serpentinen weiter an, vorbei an einem schönen Aussichtspunkt. Dann geht es sanft bergab durch einen **Olivenhain**.

An der Gabelung **7** gehen wir rechts bergab (links steigt ein verwachsener Weg zur Burgruine auf). Vorbei an den ersten Häusern des Ortes, erreichen wir die T-Kreuzung **8** unterhalb der **Chiesa Matrice**. Hier biegen wir links ab, queren den Kirchplatz und gelangen auf die steingepflasterten Via Matrice, vorbei an den bescheidenen Häusern des mittelalterlichen Borgo, zurück zur **Piazza San Francesco 1**. ∎

Länge/Gehzeit: 2,2 km, ca. 1:10 Std.
Charakter: leichte Rundwanderung um den Burgberg mit einem Abstecher zum Fluss. Kurze asphaltierte Abschnitte, sonst Naturwege. Für Kinder ein Spaß.
Markierung: Der angelegte Naturlehrpfad ist mit Tafeln bestückt, die zu Beobachtungspunkten (Punti d'Osservazione, P.O.) führen.
Ausrüstung: leichte Wanderschuhe, evtl. Badesachen.
Verpflegung/Unterkunft: Bar Caprice in Francavilla di Sicilia gegenüber der Chiesa SS. Annunziata, Via Roma 2, ☎ 094 2982225. Das Bergstädtchen Castiglione di Sicilia ist einen Besuch wert, alleine schon wegen der Trattoria La Porta del Re, Mo Ruhetag, Via V. Doberdò 2, mobil ☎ 328 6559572, www.laportadelre.it. Gut essen und stilvoll übernachten kann man hier auch im Hotel Federico II, Via M. Baracca 2, ☎ 094 2980368, www.hotelfedericosecondo.com.
Hin & zurück: Linienbusse von Taormina Mo–Sa 9.15, 11.45 Uhr, So 9.45 Uhr nach Francavilla di Sicilia, zurück Mo–Sa 12.25, 14.00, 19.40 Uhr, So 14.30 Uhr, www.interbus.it. Der Ausgangspunkt der Wanderung ist von der Bushaltestelle/Piazza Annunziata über die Via Regina Margherita in ca. 10 Min. zu erreichen. Anfahrt mit dem Auto über die SS 185. Landschaftlich schön ist auch die Strecke über Castiglione di Sicilia. Parkmöglichkeiten auf der Piazza San Francesco [1] und nahe dem Ausgrabungsgelände bei [2].

Aufstiege 150 m
Abstiege 150 m
389 m
300 m
295 m
0 — 1 — 2,2 km
├─0:30─┤├─0:40─┤
1:10 Std.

Tour 7

**** Auf der Schiena dell'Asino zur Cisternazza

Diese anspruchsvolle Gratwanderung bietet tiefe Einblicke in die Caldera des Valle del Bove und ein Bilderbuch-Panorama von den aktiven Gipfelkratern. Nach Besteigung eines der jüngsten Eruptivkegel, ist der anschließende Abstieg über langgezogene Sandfelder ein (staubiges) Vergnügen mit weiterhin viel Belvedere.

Ausgangspunkt ist der kleine Parkplatz vor dem Ristorante Crateri Silvestri (Bar mit WC). Der sich talseitig erhebende Monte Silvestri Inferiore (1.911 m) ist für viele Bustouristen bereits der „Gipfel" ihres Ätna-Ausflugs, während wir zuletzt im Rücken des bergseitig aufragenden Monte Silvestri Superiore (1.998 m) wieder unseren Ausgangspunkt erreichen werden. Die beiden Schlackekegel entstanden während einer großen Flankeneruption im Jahr 1892 und sind nach dem Vulkanologen Orazio Silvestri (1835–1890) benannt.

▶▶ Vom **Parkplatz 1** folgen wir für ca. 1 km der Asphaltstraße nach Osten in Richtung Zafferana Etnea. Dabei sind uns zur Linken schöne Blicke über die Monti Calcarazzi (2.057 m) und langgezogene Sandfelder (später unsere Abstiegsroute) hoch zur Montagnola (2.644 m) vergönnt. Rechter Hand sehen wir über ausgedehnte Lavafelder und eine kraterübersäte Landschaft hinab auf den Golf von Catania. Am **Piano dei Pompieri** gabelt sich die Straße. Linker Hand öffnet sich ein Kiesparkplatz. Hier verlassen wir die Straße nach links, um vor-

Kinderleicht
Steigt man „nur" bis zur Lapide Malerba 4 auf, ist das eine tolle Tour (2 Std.) für kleine Bergsteiger! Das Auto kann vor der Eisen-schranke 2 geparkt werden.

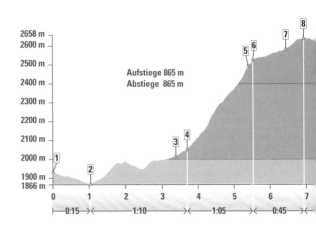

bei an einer Eisenschranke **2** dem ausgeschilderten breiten Forstweg in Richtung Schiena dell'Asino zu folgen. Im Schatten aufgeforsteter Schwarzkiefern zieht sich der Weg angenehm bergauf. Unterwegs geben Lichtungen den Blick über die Küstenebene frei. Dann geht es über offene Tragant-Fluren (Astragalus siculus), die entfernt an Almlandschaften erinnern, in sanften Serpentinen weiter hoch. Linker Hand rückt die Gipfelzone des Ätna in unser Blickfeld. Besonders markant zeigt sich der neue Cratere Sud-Est, der in den letzten Jahren die meiste Aktivität gezeigt hat.

Oberhalb einer Messstation erreichen wir nach insgesamt etwa 1:15 Std. den **Rand des Valle del Bove 3**. Vor uns öffnet sich mit einem Durchmesser von rund 6 km die riesige Caldera, die sich infolge eines katastrophalen Ausbruchs vor etwa 64.000 Jahren gebildet hat. Seit Menschengedenken hatte das ehemals grüne Tal als Viehweide gedient, daher der Name „Ochsental". Die Ausbrüche 1991/92 und folgende Eruptionen haben den Boden des weiten Talkessels vollständig mit frischer Lava überzogen. An den Seitenwänden fallen Dykes auf, senkrecht verlaufende ▶

Länge/Gehzeit: 11,7 km, ca. 5:20 Std.

Charakter: Der erste Abschnitt auf deutlichem Weg bis zur Lapide Malerba **4** ist mit Kindern gut machbar (ab hier dann auf bekannter Strecke zurück!). Der weitere Anstieg über die Schiena dell'Asino erfordert Kondition sowie etwas Orientierungsgeschick und sollte keineswegs vor Ende Mai in Angriff genommen werden (Schneefelder am Osthang der Montagnola!). Technisch unkomplizierter Abstieg über Sandfelder, die jedoch zur Orientierung gute Sichtverhältnisse voraussetzen.

Markierung: Der erste Abschnitt bietet kaum Orientierungsprobleme, danach weisen vereinzelt Sprühmarkierungen entlang der Schiena dell'Asino den Weg (diesen Abschnitt plant der CAI besser zu markieren).

Ausrüstung: feste Bergschuhe, warme Kleidung, Wind- und Sonnenschutz!

Verpflegung: ausreichend Wasser (!) und Proviant mitnehmen. Bars und Restaurants am Rifugio Sapienza (nordwestlich von **1**) bzw. am Fuß der Crateri Silvestri. Gute Küche und Vulkantipps von Davide Corsaro im Hotel Corsaro, Piazza Cantoniera (westlich des Rifugio Sapienza), ☎ 095 914122, www.hotelcorsaro.it.

Hin & zurück: AST-Bus tägl. 8.15 Uhr ab Catania/Piazza Giovanni XXIII (gegenüber Bhf.) über Nicolosi bis Etna/Rifugio Sapienza, Rückfahrt um 16.30 Uhr, ☎ 095 7230511, www.aziendasicilianatrasporti.it. Mit dem Auto über Nicolosi bzw. Zafferana Etnea in Richtung Etna Sud, vor dem Ristorante Crateri Silvestri **1** parken. Seilbahn ab Rifugio Sapienza zum Piccolo Rifugio (einfach ca. 17 €) auf 2.504 m und evtl. weiter mit Allradbus (in Kombination einfach ca. 30 €) zum Torre del Filosofo auf 2.920 m, ☎ 095 914141, www.funivia etna.com.

```
6

10

1

   9      10     11   11,7 km
─0:30─┤ ┼─────0:55─────
              5:20 Std.
```

▶ Lavaplatten. Dabei handelt es sich um Risse und Förderspalten, die mit hartem Lavagestein gefüllt sind. Über das Valle del Bove hinweg erkennen wir die Serra delle Concazze (→ Tour 11) und am unteren Rand des Einbruchkraters den Monte Fontana (→ Tour 9). Weiter nördlich sind Taormina (→ Tour 1) und die Meerenge von Messina zu sehen.

Im weiteren Aufstieg folgen wir dem anfänglich noch deutlichen Pfad parallel zur Geländekante bergauf und erreichen nach ca. 10 Min. den **Gedenkstein Lapide Malerba** ◢. Bis hierher ist die Tour auch mit Kindern und auch schon im Frühjahr gut zu gehen. **Der folgende Aufstieg sollte erfahrenen Bergsteigern vorbehalten bleiben** und erst deutlich nach der Schneeschmelze, am besten nicht vor Anfang Juni erfolgen!

Wir befinden uns am oberen Ende einer schrägen Hochfläche, auf der im Frühsommer Tragant, Ätna-Kamille, Sauerampfer und Gräser in Blüte stehen. Der nächste Wegabschnitt folgt mehr oder weniger deutlich ausgetretenen Wegspuren, und es ist möglich, dass in Zukunft eine dieser Spuren vom CAI als Idealroute markiert wird. Frisch gefallene Asche und Schlacke machen den Anstieg etwas mühsam.

Wir halten uns anfänglich rechts vom Lavagrat, zu dem wir nach ca. 0:15 Std. an geeigneter Stelle hochqueren. In einer sandigen Gelände-

Kinderfreundliche Übernachtungen

Der **Agriturismo Azienda Trinità** von Marina und Salvatore Bonaiuto in Mascalucia bietet einen schönen Garten, einen Pool und gute Küche, Via Trinità 34, ☎ 095 7272156, www.aziendatrinita.it. Eine edle, ebenso kinderfreundliche Bleibe am Fuß des Ätnas mit höchstem kulinarischen Anspruch ist der von den Schweizern Zora und Franz Hochreutener betriebene **Palazzo Pozzillo** direkt über dem Meer im Fischerborgo Pozzillo, Via Altarellazzo 8, ☎ 095 57641500, www.pallazzo pozzillo.it. Und das Beste: Von der Terrasse aus hat man die Schiena dell'Asino mit den dampfenden Gipfelkratern im Blick. Nach der Tour kann man direkt vom Palazzo zur Erfrischung ins Meer springen!

Blick von unten auf die Montagnola, Sommerblüte

mulde setzen wir den Anstieg fort. Etwas leichter geht es dann auf dem felsigen Grat, wobei wir darauf achten, dem Rand des Valle del Bove nicht zu nahe zu kommen. Dabei zielen wir auf die Montagnola hin. Im Südwesten erkennen wir das Rifugio Sapienza und die Crateri Silvestri (nahe ①) Die Vegetation beschränkt sich auf vereinzelte Pflanzenpolster, ausgedehnte Sand- und Schlackeflächen prägen das Bild.

Unsere nächste Wegmarke, die wir etwa 1 Std. nach dem Gedenkstein erreichen, ist ein **Basaltkreuz** ⑤, das an den 2008 verunglückten Skifahrer Stefano Nicotra erinnert. Die zum Valle del Bove hin steil abfallenden, im Winter und Frühjahr oft vereisten Hänge geraten immer wieder zur tödlichen Falle!

Unsere Gehrichtung auf die Montagnola zu beibehaltend, queren wir über schwarze Asche- und Schlackefelder, bis wir ca. 5 Min später auf eine **querende Wegspur** ⑥ treffen. Auf dieser steuern wir nach rechts in Nordrichtung auf den Einbruchkessel der Cisternazza zu. Linker Hand erhebt sich die Montagnola (2.644 m), weiter vorne der 2001 entstandene Cono del Lago (2.670 m), den wir noch vor dem Abstieg erklimmen werden, und weiter oben, auf Höhe des verschütteten Rifugio Torre del Filosofo, die von Touristen stark frequentierten Eruptivkegel aus den Jahren 2001/02 (bis dorthin fahren die Allradbusse!). Dahinter sieht man die aktiven Gipfelkrater. ▷

▶ Mit einem leichten Rechtsschwenk erreichen wir den **unteren Rand der Cisternazza** **7**. Dann suchen wir uns nach weiteren 0:15 Std. ein sicheres Plätzchen am **Steilabfall des Valle del Bove** **8**, um noch einmal die grandiose Aussicht zu genießen.

Parallel zur Jeep-Spur, die von der Bergstation zum Torre del Filosofo führt, queren wir nach Südwesten auf den Cono del Lago zu und streifen diesmal die Cisternazza an ihrem oberen Rand. An der Nordflanke des **Cono del Lago**, der offiziell nach Josemaría Escrivá, dem Gründer der katholischen Laienorganisation Opus Dei benannt wurde, entdecken wir eine Wegspur, die uns in wenigen Minuten bis an den Kraterrand führen wird. Achtung: Bei starkem Wind sollte man auf den Aufstieg verzichten! Wir umrunden den perfekten Schlackekegel gegen

Sicherheitshinweise für den Ätna

Der Aufstieg zu den aktiven Gipfelkratern des Ätna ist ein einzigartiges Naturerlebnis, setzt jedoch **Bergerfahrung**, **Kondition** und **stabiles Wetter** voraus. Im Spätsommer sind plötzlich einsetzende Wärmegewitter eine oft unterschätzte Gefahr. Ab Oktober und bis in den Juni ist im Gipfelbereich mit Schneefall zu rechnen. Vereiste Schneeflächen, z. T. unter langgezogenen Aschefeldern verborgen, sind bis in den Frühsommer hinein ein weiteres ernst zu nehmendes Gefahrenmoment. Durch aufziehende Wolken und im Nebel kann man schnell die Orientierung verlieren. Selbstverständlich muss man sich vorab über die vulkanische Aktivität informieren (→ Webseiten unten).

Seit Frühjahr 2013 gelten die **neuen Sicherheitsbestimmungen** am Ätna. Es wurde eine **gelbe Zone** eingerichtet, die nur noch in Begleitung autorisierter Vulkan-Bergführer betreten werden darf. Sie wird nach unten von der Verbindungspiste begrenzt, die sich in einem Westbogen vom Torre del Filosofo (2.920 m) auf der Südseite bis zum Osservatorio Etneo auf dem Piano delle Concazze (2.800 m) auf der Nordseite um die aktiven Hauptkrater zieht. Darüber hinaus wurden Sicherheitsstufen benannt, die abhängig vom Grad der aktuellen vulkanischen Aktivität den Zugang weiter einschränken können. Zuverlässig geführte Ätna-Touren bieten ab Rifugio Sapienza (nordwestlich von [1] u. a. Gruppo Guide Alpine Etna Sud (✆ 095 7914755, www.etnaguide.com) an. Absolut zu empfehlen sind Vulkantouren mit dem Deutsch sprechenden Bergführer Andrea Ercolani (www.vulkane-erleben.info).

Gute Infos unter www.vulkane.net, www.vulkan-etna-update.de und www.walksicily.de. Das Vulkanologische Observatorium informiert auf www.ct.ingv.it. Die tolle Webseite www.swisseduc.ch/stromboli macht sogar virtuelle Ätna-Besteigungen möglich! Das Büro des Parco dell'Etna liegt etwas außerhalb von Nicolosi in einem ehemaligen Konvent, Mo–Fr 9–14 Uhr, Mi auch 15–17.30 Uhr, Via del Convento 45, ✆ 095 821111, www.parcoetna.ct.it.

den Uhrzeigersinn bis zur Hälfte. Vom **höchsten Punkt** 🄆 genießen wir noch einmal einen perfekten Blick Richtung Gipfelkrater.

Auf bekanntem Weg steigen wir wieder ab, halten uns rechts und steuern zurück zu unserer Aufstiegsspur. Rechts abzweigende Wegspuren, die zwischen Montagnola und Cono del Lago nach Westen führen, lassen wir unbeachtet. Es sei denn, wir wollen auf schnellem Weg die Bergstation erreichen und mit der Seilbahn ins Tal fahren.

Auf dem Rückweg queren wir die Ostflanke der **Montagnola**, und oberhalb des Basaltkreuzes **schließt sich der Kreis** 🄅. Unsere Wegspur beschreibt nun einen leichten Rechtsschwenk, und es öffnet sich der Blick auf den Golf von Catania. Dabei queren wir einen breiten Schlackehang und verlieren rasch an Höhe. Am Fuß eines **rötlichen Lavariegels** 🄉 verlassen wir die Wegspur nach links und steigen jetzt mit der Falllinie senkrecht über ein langgezogenes Sandfeld zu den Monti Calcarazzi ab. Seitlich werden wir von zwei mit niedriger Vegetation bedeckten Lavarücken flankiert. Im Rücken der Monti Calcarazzi queren wir über das Sandfeld nach rechts und erreichen bald einen deutlichen Weg, der seitlich eines Lavastroms (von 2001) und im Rücken des Monte Silvestri Superiore zurück auf die Straße und mit wenigen Schritten zu unserem Ausgangspunkt am **Parkplatz** 🄀 führt. ■

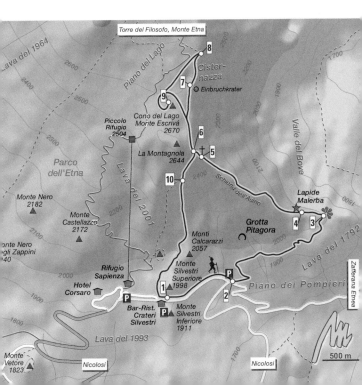

* Von der Casa Pietracannone auf den Monte Fontana

Der Monte Fontana ist ein perfekter Aussichtsbalkon mit Sicht auf die Caldera des Valle del Bove und die Gipfelkrater des Ätnas – und ist auch noch kinderleicht zu erklimmen. Ein kurzer Abstecher führt zu einer der größten Schneegruben am Ätna.

Eine kleine Warnung vorweg: Die Pisten zum Monte Fontana berühren privaten Grund und können daher ohne Einschränkung mit geländegängigen Fahrzeugen befahren werden. Das machen sich lokale Reiseveranstalter zunutze und verkaufen den Ausflug als Offroad-Abenteuer. Der Parco dell'Etna versucht dem einen Riegel vorzuschieben. Beliebt ist der „nur" 1.278 m hohe Aussichtsberg, v. a. wenn die Gipfelkrater ausbrechen. Bei bester Sicht kann man dem Naturfeuerwerk dann aus sicherer Distanz beiwohnen.

▶▶ Ausgangspunkt ist die enge **Straßenkurve** **1** der **Strada Mareneve** unmittelbar oberhalb der Casa Pietracannone. Hier steht auch ein verwittertes Blechschild des Parco dell'Etna. Aus der Kurve führt eine basaltgepflasterte Fahrspur bergab und verzweigt sich nach wenigen Metern. Wir biegen parallel mit dem Talverlauf des Torrente Sambuco nach rechts und erreichen nach ca. 100 m den Talboden. Jenseits des meist trockenen Tals steht leicht erhöht ein ehemaliges Bauernhaus, die **Casa Pietracannone** (1.150 m). Der Name „Steinkanone" bezieht sich auf eine Lavaformation vor dem Haus, in der ein längst verwitterter Baumstamm einen Hohlraum hinterlassen hat.

(Vom Talgrund führt eine ehemals basaltgepflasterter Maultierpfad nach Norden hoch in Richtung Pineta della Cubania. Folgt man ihm durch den Wald, erreicht man in etwa 0:20 Std. die Stelle, an der rechts vom Weg eine der größten **Neviere** des Ätnas liegt. In der steingemauerten Grube wachsen heute Zitterpappeln. Im 19. Jh. wurde hier noch Schnee gesammelt, zu Eis gepresst und nach dem Winter auf Maultie-

Valle del Bove – eine komplexe Caldera

Das hufeisenförmige Hochtal am Südosthang des Ätnas, Valle del Bove, ist das Ergebnis großer Zusammenstürze und explosive Ausbrüche, die sich über einen Zeitraum von mehreren Tausend Jahren ereignet haben. Wo sich vor 64.000 Jahren noch ein mächtiger Stratovulkan erhob, öffnet sich heute die ebenso gewaltige Caldera. Das Zentrum der vulkanischen Aktivität hat sich sukzessive von West nach Ost verlagert und zeigt sich in den heute aktiven Gipfelkratern. Während heftiger Hangrutschungen vor 8.000 Jahren büßte die Caldera ihre Ostwand ein, ein Super-Tsunami war die Folge. Die Ausbrüche von 1991/93 überzogen das einst grüne Tal mit schwarzer Lava.

Nordöstlich des Monte Fontana: Lava vom Ausbruch 1979

ren ins Tal transportiert. Die Gelato- und Scherbett-Kultur Siziliens, die ihre Wurzeln im arabischen Mittelalter hat, wäre ohne solche Neviere undenkbar. Schneegruben → Touren 3 und 24.)

Der Weg zum Monte Fontana führt aus dem Talgrund nach Süden. Ein paar Schritte weiter, und wir biegen im 90°-Winkel links **2** ab. Vorbei an schattig stehenden Picknicktischen geht es, die ersten Meter über Basaltpflaster, leicht bergauf. Auf der breiten, sandigen Piste setzt sich der Weg fort. Hinter Mauern stehen zur Linken Obstbäume, auf dem Hang zur Rechten wachsen Kastanien. Die Wälder werden wirtschaftlich genutzt, überwiegend zur Brennholzgewinnung. Seitlich abzweigende Forstpisten ignorieren wir. Zwischen zwei brusthohen Lavasteinmauern fällt der breite Weg zwischenzeitlich sanft ab, um dann erneut anzusteigen. ▶

Länge/Gehzeit: einfach 2 km, ca. 0:50 Std., hin und zurück 4 km, ca. 1:30 Std.

Charakter: einfache Streckenwanderung auf meist breiten, deutlichen Wegen.

Markierung: keine; die Orientierung ist einfach.

Ausrüstung: feste Bergschuhe, warme Kleidung, Windschutz.

Verpflegung/Unterkunft: Wasser und Proviant mitnehmen. Empfehlenswert sind zwei Agriturismi bei Sant'Álfio: Case Perrotta mit gutem Ristorante, eine ehemalige Benediktinerabtei aus dem 16. Jh. an der Straße Richtung Fornazzo, ☎ 095 968928, www.caseperrotta.it, und La Cirasella, ein Bauernhaus aus dem 19. Jh. mit einfachen Zimmern, lokale Vollwertküche und Yoga-Kurse. Anfahrt vorbei am Castagno dei Cento Cavalli, ☎ 095 968000, www.cirasellaetna.com.

Hin & zurück: kein Busverkehr! Der Ausgangspunkt liegt direkt an der Strada Mareneve, ca. 5 km nach Fornazzo in Richtung Rifugio Citelli/ Piano Provenzana, Auto am Straßenrand bzw. unterhalb der Kurve **1** parken.

Tour 9

▶ Nach insgesamt 0:15 Std. treten wir ins Freie **3**. Die **Lava von 1979** hat hier eine breite Schneise geschaffen, über die wir nach rechts aufsteigen. Kurz darauf queren wir den Lavafluss. Neben Flechten, haben sich Pionierpflanzen wie Ätna-Schildampfer (Rumex scutatus aetnensis) und vereinzelt Ätna-Ginster (Genista aetnensis) angesiedelt. Während des Anstiegs rücken die Silhouetten der Gipfelkrater ins Blickfeld.

Etwa 0:20 Std. nach der Schneise erreichen wir eine **Kreuzung 4** im Lavafeld. Darüber erhebt sich ein einzelnes Haus, das beim Ausbruch 1979 verschont blieb. Hier steigen wir nach links und in den nächsten 10 Min. auf breiter Piste Richtung Monte Fontana auf. Am **Scheitelpunkt 5** der Piste biegen wir rechts auf eine sandige Wegspur, die zwischen Kastanien rasch den bewaldeten **Monte-Fontana-Gipfel 6** erreicht. Noch ein paar Schritte – und wir stehen an der Geländekante. Hier öffnet sich ein tolles Panorama der mächtigen Caldera des Valle del Bove. Im Süden ist der Talkessel eingefasst von der Serra del Salifizio und der Schiena dell'Asino (→ Tour 8) mit der Montagnola. Die aktiven Gipfelkrater erheben sich hoch im Westen, und im Norden rahmen die Steilflanken der Serra delle Concazze (→ Tour 11) den lavaerfüllten Kessel. Bei guter Fernsicht kann man über den Golf von

Sant'Álfio hat drei Heilige zum Feiern

Am ersten Maisonntag feiert Sant'Álfio seine drei Patrone Álfio, Filadelfo und Cirino. Das Fest beginnt bereits am letzten Aprilsonntag mit einem Feuerwerk, das Punkt 12 Uhr mittags eindrucksvoll wie ein Ätna-Ausbruch abgebrannt wird. Am darauf folgenden Donnerstag und Freitag werden im Ort kleine Scheiterhaufen entzündet. Am Samstag präsentieren sich die Heiligenstatuen auf dem Altar der reich geschmückten Chiesa Madre, um am Sonntag in einem festlichen Umzug durch den Ort getragen zu werden. Die drei Märtyrerheiligen werden am 9. und 10. Mai im nahen Ätna-Städtchen Trecastagni ebenfalls mit großem Pomp und grandiosem Feuerwerk gefeiert.

Blick in Richtung Ätna-Gipfelkrater

Catania hinweg im Südosten das Kalktafelland der Monti Iblei ausmachen.

Auf bekanntem Weg kehren wir zurück und genießen im Abstieg den Blick auf Taormina (→ Tour 1) mit den Monti Peloritani (→ Tour 3), die Straße von Messina und Kalabrien. Bald haben wir wieder unseren Ausgangspunkt **1** nahe der Casa Pietracannone erreicht. ■

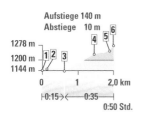

* Durch Birkenwälder um die Monti Sartorio

Die sieben Eruptionskrater an der Nordflanke des Ätnas entstanden während eines Ausbruchs 1865. Sie liegen aufgereiht wie auf einer Knopfleiste. Ein kinderleicht zu begehender Naturlehrpfad führt durch zauberhaft schöne Birkenwälder und eine der hübschesten Kraterlandschaften.

▶▶ Ausgangspunkt ist die eiserne **Forstschranke** **1** an der Stichstraße zum Rifugio Citelli. Wir folgen dem breiten Sandweg in den lichten Birkenwald. Nach ca. 10 Min. stößt auf einer Lichtung von rechts ein Pfad **2** dazu. Von den schwarzen Schlackekegeln der Monti Sartorio herabkommend, dient er uns später als Rückweg.

Zwischen hellen Birkenstämmen taucht links der mächtige Flankenkrater des Monte Frumento delle Concazze auf, darüber die Pizzi Deneri (→ Tour 11). Der Weg steigt sanft bis zu einer größeren **Lichtung** **3** an. Rechter Hand liegen unter Schwarzkiefern Lavabomben, die Stele „P.O. 2 Le bombe vulcaniche" weist darauf hin. (Auch hier führt ein Pfad rechts zu den Monti Sartorio.)

Der breite Hauptweg fällt anschließend leicht ab und quert ein Schmelzwassertälchen. Auf Höhe einer aus Lavasteinen errichteten, verfallenen **Schäferhütte** **4** verlassen wir den breiten Sandweg nach

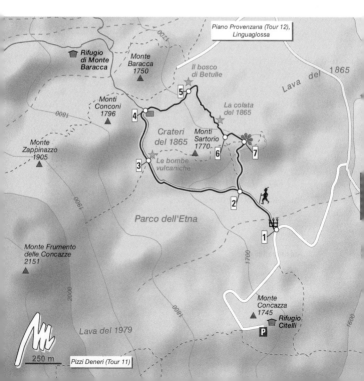

rechts und folgen dem ausgetretenen Pfad in den Birkenwald. Der in diesem Abschnitt nicht mehr sehr deutlich markierte Naturlehrpfad beschreibt einen Rechtsbogen und folgt dann dem sanft abfallenden Talgrund einige Hundert Meter bis kurz hinter den „P.O. 4 Il bosco di Betulle" **5** (der Birkenwald).

Hier verlassen wir die Talmulde nach rechts und halten über eine größere Lichtung direkt auf die Monti Sartorio zu. Zwischen zwei **Vulkankegeln** steigt der Pfad an und quert das Lavafeld

Birken an den Monti Sartorio

von 1865. Vorbei am „P.O. 5 La colata del 1865" (der Lavafluss von 1865) erreichen wir einen kleinen Sattel **6**.

Vor dem Abstieg machen wir noch einen kurzen Schlenker nach links und genießen vom Kraterrand eines der Sartorio-Kegel das Panorama: Im Südwesten erheben sich die Gipfelkrater des Ätnas, im Nordwesten sieht man den Monte Nero (→ Tour 12) und im Nordosten die Monti Peloritani.

Kurz danach steigen wir aus dem nächsten Sattel **7** rechts mit Blick auf das Rifugio Citelli ab und treffen von oben auf den breiten Sandweg **2**. Hier schließt sich der Kreis. Nach links geht es zurück zum Ausgangspunkt an der Forstschranke **1**. ■

Länge/Gehzeit: 3,3 km, ca. 1:20 Std.
Charakter: kinderfreundliche, einfache Rundwanderung auf einem sandigen Naturlehrpfad. Zauberhafte Lichtstimmungen erlebt man im Herbst, wenn das Laub sich golden färbt.
Markierung: Auf dem offiziellen Sentiero natura (Naturlehrpfad) des Parco dell'Etna lässt die Markierung zu wünschen übrig. Die Wegspuren sind jedoch klar, und unterwegs weisen Lavastelen auf Beobachtungspunkte (Punti d'osservazione, P.O.) hin.
Ausrüstung: feste Wanderschuhe.
Verpflegung/Unterkunft: Wasser mitnehmen. Das auf 1.741 m gelegene Rifugio Citelli (📞 095 930000, www.rifugiocitelli.net) ist eine der offiziellen Bergrettungsstationen am Ätna, ganzjährig geöffnet und mit dem Auto zu erreichen. Solide Bergküche, Bar und einfache Übernachtungsplätze. Die Hüttenwirte Riccardo (mobil 📞 348 9546409) und Giuseppe (mobil 📞 330 693057) sind mit Tipps behilflich (→ Tour 11).
Hin & zurück: kein Busverkehr! Von der Strada Mareneve zwischen Fornazzo di Milo und Linguaglossa zum Rifugio Citelli abbiegen und nach ein paar Hundert Metern vor der Eisenschranke No. C 13 **1** parken. Sicherer steht das Auto auf dem ca. 2 km entfernten Parkplatz des Rifugio Citelli.

Tour 10

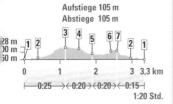

Aufstiege 105 m
Abstiege 105 m

28 m
00 m
60 m

3 **4** **5** **6** **7**
1 **2**   **2** **1**

0   1   2   3 3,3 km
├─0:25─┤├0:20─┤├0:20─┤├0:15─┤
1:20 Std.

**** Über die Serra delle Concazze zu den Pizzi Deneri

Der Aufstieg von knapp 1.750 m auf über 2.840 m hat es in sich – auch in puncto Belvedere. Wir stehen Aug in Aug mit den dampfenden Gipfelkratern, und (fast) ganz Sizilien liegt uns zu Füßen. Unterwegs durchschreiten wir eine bizarre Lavalandschaft.

▶ ▶ Vom Parkplatz **1** am **Rifugio Citelli** gehen wir die Asphaltstraße ca. 150 m zurück und biegen am Ende der Leitplanke **2** linker Hand in den lichten Wald. Rote Holzpflöcke markieren den deutlichen Pfad, der über schwarzen Sand zwischen Birken, Ätna-Ginster und Kiefern in westliche Richtung ansteigt. Vorbei an den Resten eines aus Lavastein errichteten **Hirtenunterstandes** **3** erreichen wir eine Lichtung. Von rechts stößt unser späterer Rückweg dazu. Linker Hand fällt der Blick aufs Meer und den Hafen von Riposto.

Den roten Pfählen folgend, halten wir uns halb links und schwenken mit dem deutlichen Pfad in Südrichtung. Dabei queren wir in Folge

Basaltlandschaft, durchzogen von Schmelzwasserrinnen

eine Serie von Schmelzwassertälchen. Steter Tropfen schleift den Basaltstein! Abschnitte im Birkenschatten wechseln sich mit offenen, schwarzen Sandflächen ab, auf denen endemischer Ätna-Tragant (Astragalus siculus) ausgedehnte Dornpolster bildet, die im Frühjahr grün und im Sommer goldgelb leuchten. Zwischendurch genießen wir Blicke Richtung Taormina (→ Tour 1), Monti Peloritani (→ Tour 3) und über den Stretto di Messina hinweg auf Kalabrien.

Nach Durchschreitung einer breiteren Talmulde führt der Weg direkt über die **Grotta di Serracozzo** ▉ hinweg, die sich in Folge des Ausbruches 1971 gebildet hat. Eine nähere Erkundung der faszinierenden Lavahöhle sollte man am besten in kundiger Begleitung unternehmen!

Während wir rasch an Höhe gewinnen, nimmt die Wuchshöhe der Birken ab, bis sie schließlich vollständig den niedrigen Dornpolstern Platz machen. Nach ▶

Länge/Gehzeit: 11,3 km, ca. 7 Std.

Charakter: Der CAI-Weg N° 723 ist eine sportliche Tour, die jedoch bei gutem Wetter für (fast) jeden zu schaffen ist. Mehr **Kondition** und **Orientierungsgeschick** verlangt einem der steile Aufstieg zu den Pizzi Deneri ⏄ ab. Lockere Schlacke auf dem Untergrund erschwert zusätzlich den Aufstieg.

Markierung: Holzpflöcke mit roter Markierung und Sprühzeichen auf Fels. Der Rundweg ist als CAI-Weg N° 723 gekennzeichnet.

Ausrüstung: feste Bergschuhe, warme Kleidung, Wind- und Sonnenschutz.

Verpflegung/Unterkunft: ausreichend Wasser mitnehmen! Proviant nicht vergessen. Das auf 1.741 m gelegene Rifugio Citelli ⏄, eine der Bergrettungsstationen am Ätna (→ Tour 10), ist ganzjährig geöffnet und mit dem Auto gut zu erreichen. Solide Bergküche, Bar und einfache Übernachtungsplätze. Die engagierten Hüttenwirte Riccardo und Giuseppe sind Bergführer und mit Tipps behilflich. Giuseppe betreibt in Zafferana Etnea auch das schicke EtnaGlo B&B (Via Monte Grappa 28, mobil ✆ 330 693057, www.etna-bedandbreakfast.com). Dort stehen den Gästen Profi-MTB zur Verfügung. Weitere Übernachtungstipps → Tour 12.

Hin & zurück: kein Busverkehr! Startpunkt zu erreichen auf der zwischen Fornazzo di Milo und Linguaglossa verlaufenden Strada Mareneve. Wenige Kilometer südöstlich des Piano Provenzana zum Rifugio Citelli abbiegen, vor dem Rifugio ⏄ parken.

Tour 11

Auf dem Grat der Serra delle Concazze

▶ insgesamt 1:45 Std. erreichen wir die **Serra delle Concazze** 5. Vom Grat öffnet sich ein fantastischer Blick ins Valle del Bove. Kaum vorstellbar, dass dieser riesige, heute vollständig von Lava bedeckte Talkessel jahrtausendelang eines der wichtigsten Weidegebiete am

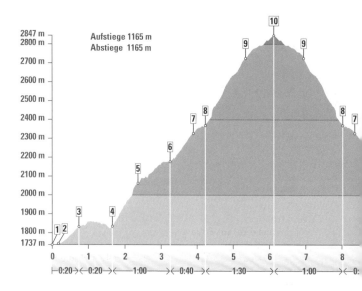

Ätna war. Daher der Name „Ochsental". Bei klarer Sicht scheinen die dampfenden Gipfelkrater im Westen zum Greifen nah. Auch kann man in Phasen erhöhter vulkanischer Aktivität von Weitem das Fauchen und Grollen hören.

Mit dem Grat steigen wir weiter an, rote Holzpfähle markieren die Idealroute, die einen sicheren Abstand zum Steilabfall zu unserer Linken wahrt. Rechter Hand blicken wir über das Alcàntara-Tal (→ Tour 7) hinweg auf die Monti Peloritani.

Nach weiteren 0:45 Std. beschreibt die Wegspur eine kleine Rechtskurve weg vom Grat, und ein Holzpfahl markiert an dieser Stelle den **Einstieg für die Abstiegsroute** ⑥. Hier kann man entscheiden, ob man bereits den Rückweg antreten oder vorher noch ein weiteres Stück mit dem Grat aufsteigen oder gar die Pizzi Deneri erklimmen möchte.

Wir setzen den Anstieg fort und erreichen, diesmal ohne eindeutig markierten Weg, in wenigen Minuten auf Höhe des Monte Simone (ein sich aus dem Valle del Bove erhebender Vulkankegel) erneut die Gratlinie.

Auf der nächsten **Anhöhe** ⑦ haben Bergsteiger als Windschutz niedrige Mauern aus Lavasteinen aufgeschichtet. Im Norden sehen wir auf den Piano Provenzana (→ Tour 12) hinab.

Nach kleinem Zwischenanstieg über einen aus größeren Lavabrocken geformten Rücken erreichen wir die Stelle ⑧ am Fuße der Rocca della Valle, an der die Wegspur im 90°-Winkel von der Geländekante wegführt. Die ersten Minuten zieht sich die Spur schräg den Hang hinauf. Danach geht es frei ▶

Sicherheitshinweise für Ätna-Touren in die Gipfelregion

Seit Frühjahr 2013 gelten **neue Sicherheitsbestimmungen** am Ätna. Es wurde eine **gelbe Zone** ausgewiesen, die nur noch in Begleitung autorisierter Vulkan-Bergführer betreten werden darf. Sie wird nach unten von der Verbindungspiste begrenzt, die sich in einem Westbogen vom Torre del Filosofo (2.920 m) auf der Südseite bis zum Osservatorio Etneo auf dem Piano delle Concazze (2.800 m) auf der Nordseite um die aktiven Hauptkrater zieht.

Darüber hinaus wurden Sicherheitsstufen benannt, die abhängig vom Grad der aktuellen vulkanischen Aktivität den Zugang weiter einschränken können.

Auch beim Aufstieg zur **Serra delle Concazze** gibt es einiges zu beachten. Plötzlich einsetzende **Wärmegewitter** im Spätsommer sind eine oft unterschätzte Gefahr. Von Oktober bis in den Juni ist in höheren Lagen mit Schneefall zu rechnen. **Vereiste Schneeflächen**, z. T. unter Feldern frisch gefallener Asche verborgen und daher unsichtbar, sind in dieser Zeit ein weiteres, sehr ernst zu nehmendes Gefahrenmoment. Durch **aufziehende Wolken und im Nebel** kann man schnell die Orientierung verlieren.

Unbedingt muss man sich vorab über die vulkanische Aktivität informieren, z. B. im Rifugio Citelli. Ohnehin gehört es zum guten (Berg-)Ton, **vor dem Aufstieg** im Rifugio Bescheid zu geben und auch im Auto einen Zettel mit Angabe der Tour, Personenzahl und evtl. Mobilnummer zu hinterlassen.

11

3

2 1

10   11,3 km

0:40

6:15 Std.

▶ Schnauze nach links in Serpentinen den sand- und geröllbedeckten Hang steil bergauf. Die gelegentlich aufgestellten Steinmännchen sind nur schwer auszumachen. Etwa 1:40 Std. nach ⑧ erreichen wir, ein wenig außer Atem, die als **Rocca della Valle** ⑨ (auf manchen Karten Bocca della Valle) bezeichnete Anhöhe.

Der Gratlinie folgend, setzt sich der Aufstieg sanfter fort, obwohl auch hier lockere Schlacke des Gehen erschwert. Bald überschreiten wir den ersten der beiden **Pizzi Deneri**, dem sein Gipfelkreuz abhandengekommen ist (nur kurzfristig?). Die zweite ⑩, höhere der beiden Spitzen zieren Messantennen. Von oben blicken wir auf die weißen, igluförmigen Gebäude der Forschungsstation Osservatorio Etneo hinab. Als schwarze Wüste breitet sich die Sandebene des Piano delle Concazze im Westen aus. Bis hierher kommen die Jeep-Exkursionen vom Piano Provenzana hoch. Die Piste setzt sich im Rücken der Gipfelkrater fort bis zum Torre del Filosofo (nahe Tour 8) auf der Südseite. Nach einem letzten Rundumblick, der diesmal neben den Hauptkratern auch die Kette der Nébrodi mit dem Monte Soro (→ Tour 32) im Westen umfasst, kehren wir auf bekanntem Weg zurück. Im Abstieg genießen wir den Blick über den Monte Frumento delle Concazze (2.151 m) auf die Kraterlandschaft der Monti Sartorio (→ Tour 10).

Nach etwa 1:05 Std. haben wir den bereits bekannten Wegpunkt ⑥ erreicht. Hier ist unser **Einstieg in den Abstieg:** Mit dem Lavagrat geht es ein paar Schritte bergab, dann queren wir ein breites Sandfeld in Nordrichtung nach links und halten dabei auf den Kegel

Grotta
delle
Vanelle

▲ Punta
Lucia
2931

Etna ▲
3323 ▲3329

Cratere NE

Voragine

Bocca Nuova

▲
3323

Cratere

Torre del
Filosofo

Schnelle Runde

Der Aufstieg bis zu den Pizzi Deneri (2.847 m) sollte, beste Wetterbedingungen und die entsprechende Jahreszeit vorausgesetzt (Gefahr vereister Schneeflächen von Oktober bis Juni!), sportlichen Naturen vorbehalten bleiben. Grandiose Landschaftsblicke und ausreichend Wandervergnügen bietet auch die faszinierende Runde bis zum Wegpunkt 5 als Scheitelpunkt (entspricht dem CAI-Weg N° 723) – auch der Aufstieg bis zu den aussichtsreichen Windburgen am Wegpunkt 6 ist noch locker zu bewältigen. Damit verkürzt sich die Wanderung deutlich auf ca. 3:20 bzw. 4:50 Std.

des Monte Frumento delle Concazze zu. Auf diesem Hang wachsen besonders prächtige Astragalus-Polster!

Bei einem letzten Blick auf den Monte Frumento delle Concazze schwenken wir mit dem Weg talwärts **11** und halten zu aufs Rifugio Citelli. Einige Minuten später queren wir ein 1979 entstandenes Lavafeld nach rechts, steigen parallel zum Lavafluss ab und schwenken im Rücken eines kleinen Kraters erneut nach rechts. Eine größere Steinpyramide erleichtert hier die Orientierung. Kurz darauf schließt sich der Kreis, und vorbei am bekannten **Hirtenunterstand** **3** erreichen wir erneut die Straße und das **Rifugio Citelli** **1**. ▪

> ### Geführte Ätna-Touren
>
> Zuverlässig geführte Ätna-Touren an der Nordseite bieten ab Piano Provenzana Gruppo Guide Etna Nord (☎ 095 7774502, www.guidetnanord.com/de/) und der deutschsprachige Bergführer Andrea Ercolani (www.vulkane-erleben.info).

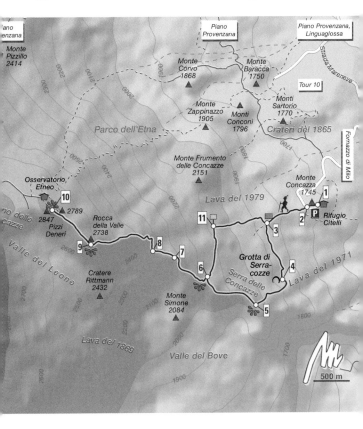

**** Um den Monte Nero und hoch zur Grotta del Gelo

Der Ätna hält viele Überraschungen bereit – z. B. eine Lavahöhle auf 2.043 m Höhe und darin den südlichsten Gletscher Europas. Auf dieser Tour durchqueren wir einige der faszinierendsten Lavafelder am Ätna und erleben hautnah das enorme Zerstörungspotenzial des aktiven Vulkans.

▶▶ Ausgangspunkt der Wanderung ist das S.T.A.R.-Büro auf der Ebene **Piano Provenzana 1**. Gegenüber zweigt von der Asphaltstraße die Jeep-Piste in Richtung Gipfelkrater ab. Ihr folgen wir durch das junge Lavafeld von 2002/03. Bei den gewaltigen Ausbrüchen wurde das Skigebiet am Piano Provenzana mit sämtlichen Hotels, Restaurants, Liftstationen und Souvenirbuden verschüttet. Aus der schwarzen Aa-Lava (→ „Lava ist nicht gleich Lava", S. 94) ragen vereinzelt weiß gebleichte Baumskelette.

Nach ca. 0:15 Std. Aufstieg erreichen wir den beschilderten **Rechtsabzweig 2** in

---

Jeep-Ausflüge und geführte Wanderungen

Vom Piano Provenzana [1] aus bietet die S.T.A.R. (✆ 095 371333, mobil ✆ 347 4957091, www.funiviaetna.com) Ausflüge mit Allradbussen bis auf die Hochfläche Piano delle Concazze mit einem Abstecher zu Fuß auf die Pizzi Deneri (→ Tour 11). Geführte Wanderungen auch zur Grotta del Gelo durch Gruppo Guide Etna Nord (✆ 095 7774502, mobil ✆ 348 0125167, www.guidetnanord.com). Ein zuverlässiger Begleiter ist der Deutsch sprechende Bergführer Andrea Ercolani (www.vulkane-erleben.info). Offiziell ist ein Aufstieg oberhalb 2.800 m nur noch in Begleitung autorisierter Vulkanführer erlaubt. Siehe dazu S. 87!

Neue Wege durch die Lava von 2002/03 oberhalb der Piano Provenzana

Richtung „Monte Nero – Rifugio Timparossa", dem wir folgen. Steinmännchen säumen den Weg durch das junge Lavafeld. Dabei halten
wir auf den kahlen Kegel des Monte Nero zu und queren im Anschluss eine sandige Hochfläche **3**, auf der Ätna-Tragant (Astragalus
siculus) in dornigen Polstern wächst. Im Süden erheben sich die
dampfenden Gipfelkrater.

Am östlichen Hangfuß des **Monte Nero 4** schwenkt der Pfad nach
rechts. Parallel zu einer Serie von Kleinstkratern, die wie auf einer
Knopflochleiste – italienisch „bottoniera" genannt – aufgereiht liegen, geht es mit Blick auf das Alcàntara-Tal, das Peloritani-Gebirge,
Taormina und die Meerenge Stretto di Messina bergab. Von oben
stoßen wir auf einen querenden
Pfad **5**, dem wir nach links – in
leichtem Auf und Ab entlang
der Nordostflanke des Monte
Nero – folgen.

Ein **Steinmännchen** markiert
die nächste Gabelung **6**. Links
ansteigend setzt sich der Weg
gegen den Uhrzeigersinn um den
Monte Nero fort – unser späterer Rückweg bzw. die kürzere
Wegvariante (→ „Einfach um
den Monte Nero"). Richtung
Grotta del Gelo folgen wir dem
rechts abfallenden Pfad quer
durch den schwarzen Lavahang.
Der Weg führt anschließend in
den Buchenwald. Wir behalten
die Gehrichtung bei und treffen
auf einer Lichtung auf das
Rifugio Timparossa 7. Die
Schutzhütte ist jederzeit zugänglich, für Notfälle stehen Feuer-
holz, Wasser und ein Medizin-
schrank bereit.

Vom Rifugio aus führt die Forstpiste im Buchenwald bergab.
Unterwegs löst rötlich-wulstige
Pahoehoe-Lava die schwarze, raue
Aa-Lava ab. Am **Passo dei Dammusi** treffen wir an einer beschilderten Kreuzung **8** auf die breite
Pista Altamontana, die im Westen einen weiten Bogen um ▶

Länge/Gehzeit: 18,4 km, ca. 5:50 Std.
Charakter: anspruchsvolle Tour
durch meist schattenloses Gelände,
die **Kondition** und **Orientierungs-
sinn** voraussetzt. Plant man den
Aufstieg bis zur Grotta del Gelo **12**,
sollte man sich am Tag zuvor – spätestens vor dem Loslaufen – z. B.
im S.T.A.R.-Büro **1** oder Pro-Loco-
Büro von Linguaglossa nach der
vulkanischen Aktivität erkundigen.
Markierung: Hinweistafeln, Farbzeichen und Steinmännchen.

Ausrüstung: feste Bergschuhe,
warme Kleidung, Taschenlampe,
Wind- und Sonnenschutz.

Verpflegung/Unterkunft: Ausreichend Wasser mitnehmen! In Linguaglossa gibt es im Butcher's
Shop Ätna-Spezialitäten fürs Picknick, Via Umberto 33, ☎ 095 643357.
Am Piano Provenzana gibt es eine
Bar. Bergsteigern sei an der Strada
Mareneve das urige Rifugio Ragabo (gute Küche) auch als Über-
nachtungsadresse empfohlen, Pineta Bosco Ragabo, ☎ 095 647841,
www.ragabo.it. Eine Top-Adresse
mit exzellenter Küche im Tal ist das
moderne Albergo Il Nido dell'Etna
in Linguaglossa, Via G. Matteotti,
☎ 095 643404, www.ilnidodelletna.it.
Der Besitzer ist Skilehrer am Ätna.

Hin & zurück: kein Busverkehr! Der
Piano Provenzana ist von Linguaglossa aus auf der landschaftlich
schönen Strada Mareneve zu erreichen. Dort ausreichend Parkplätze
nahe **1**.

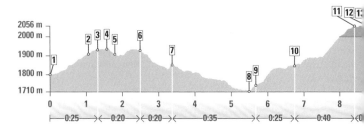

▶ den Ätna schlägt. Dieser Hochgebirgsstrecke folgen wir nur wenige Schritte nach links und biegen gleich darauf links auf den ansteigenden Pfad ab.

Verwaschene weiße Farbzeichen führen zur nahen **Grotta dei Lamponi** **9**, deren Decke an zwei Stellen eingebrochen ist. Auch ohne Taschenlampe lassen sich die ersten Meter der insgesamt 800 m langen, sehr eindrucksvollen Lavagrotte erkunden.

Achtung: Der weitere Aufstieg zur Grotta del Gelo (ca. 1:10 Std.) empfiehlt sich nur bei gutem Wetter! Und sollte man sich zwischendurch verlaufen, immer auf den bekannten Weg zurückkehren, anstatt weglos weiterzugehen!

In weiten Abständen markieren **Steinmännchen** den in südwestliche Richtung ansteigenden Weg. Außer einigen windgebeugten Kiefern haben nur Gräser und Schafgarben in dieser unwirtlichen Lavalandschaft Fuß gefasst. Rechter Hand sehen wir auf Randazzo hinunter, dahinter erstreckt sich der Hauptkamm des Nébrodi-Gebirges.

Etwa 0:20 Std. nachdem wir die Grotta dei Lamponi verlassen haben, führt der Pfad erneut durch Aa-Lava. Kurz darauf queren wir ein kleines Grasplateau **10** mit einem völlig verfallenen Schafs-

Gut informiert

Bei der Touristeninformation Pro Loco in Linguaglossa gibt es nicht nur gute Wanderinfos, sondern auch ein kleines Ätna-Museum, Mo–Sa 9–13 und 15–19 Uhr, So 9.30–12 Uhr, im Sommer auch länger, Piazza Annunziata 5 (an der Durchfahrtstraße), ☎ 095 643094, www.prolocolinguaglossa.it.

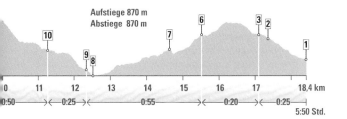

Aufstiege 870 m
Abstieg 870 m

pferch. Durch einen Buchenwaldstreifen und über Aa-Lava geht es weiter hoch. Dann bestimmt erneut Pahoehoe-Lava das Bild, die immer bizarrere Formen annimmt.

Vorbei am Abzweig **11** zur Grotta di Aci (nur mit Seilen zu betreten!), die links oberhalb des Weges liegt, queren wir in einer Geländemulde den schmalen Lavastrom von 1991, der den Eingang zur **Grotta del Gelo 12** nur knapp verfehlt hat. Im Inneren der 125 m langen Grotte liegt ein kleiner Gletscher. Während des Sommers formt sich am Grotteneingang ein kleiner Schmelzwassersee, und es bilden ▶

Einfach um den Monte Nero

Zweigt man auf der Nordseite des Monte Nero gleich an der Gabelung **6** links ab, um ihn nur zu umrunden, verkürzt sich die Tour (um ca. 4:20 Std.) auf eine Dauer von ca. 1:30 Std. Wer doch ein bisschen länger unterwegs sein möchte, nimmt noch den Abstecher zur Grotta dei Lamponi **9** dazu. Die Tour dauert dann insgesamt ca. 3:20 Std.

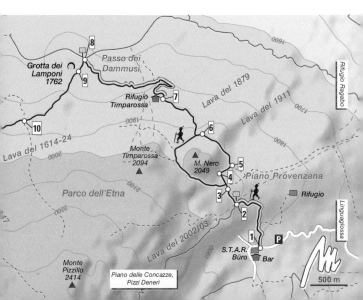

▶ sich Eiszapfen an der Decke. Schafhirten trieben früher ihre Herden bis in diese Höhe zum Tränken.

Einen Rastplatz **13** mit herrlicher Aussicht finden wir ca. 100 m nördlich des Grotteneingangs auf der **Sciara del Follone**. Im Windschatten von Pahoehoe-Schollen genießen wir die Blicke auf den Ätna-Gipfel, die endlosen Weiten Innersiziliens, die Madonie- und Nébrodi-Berge.

Mit einer Fernsicht bis Kalabrien steigen wir auf bekanntem Weg zum **Passo dei Dammusi** **8** ab und kehren, vorbei am Rifugio Timparossa **7**, zur Gabelung **6** am Nordhang des Monte Nero zurück. Hier biegen wir rechts ab und folgen dem ansteigenden Pfad, der in weiten Abständen von verwitterten Holzpflöcken und Farbzeichen markiert ist.

Im Südwesten des Vulkankegels führt der Weg eben weiter. Vor uns breiten sich die schwarzen Lavaströme von 2002/03 aus. Wie ein abstraktes Kunstwerk erscheinen die weißen Stämme abgestorbener Buchen. Auf der sandigen Hochfläche im Südosten des Monte Nero schließt sich der Kreis. Der markierte Pfad **3** führt durch das junge Lavafeld zurück auf die Jeep-Piste **2**, der wir nach links zurück auf den Piano Provenzana **1** folgen. ■

Lava ist nicht gleich Lava

Die basische Lava des Ätnas ist durch ihren geringen Kieselsäureanteil relativ dünnflüssig. Die darin enthaltenen Gase entweichen schnell und bauen keinen Druck auf. Anders als der Vesuv ist der Ätna hochaktiv, aber nur selten explosiv. Am häufigsten trifft man auf blockartig zerbrochene Lava, deren Oberfläche während des langsamen Fließvorgangs erstarrt, dann aber wieder aufreißt und zu rauen Schollen zerbricht. Mit einem hawaiianischen Wort bezeichnet man diese Art der Lava als Aa. Wer versucht, barfuß über ein Aa-Feld zu laufen, versteht die lautmalerische Bedeutung.

Am Ätna viel seltener ist die sogenannte Pahoehoe. Wie eine riesige ausgelaufene Teigmasse formt sich die noch dünnflüssigere Pahoehoe zu ineinander verschlungenen Schnüren und überquellenden Wülsten. Sie wird auch Strick-, Fladen- oder Schollenlava genannt. Während ein Pahoehoe-Lavafluss an der Oberfläche abkühlt, ohne dabei aufzureißen, behält die Lava im Inneren des Stroms ihre hohe Temperatur von etwa 1.000 °C und fließt weiter. Strömt keine neue Lava mehr nach, leert sich der Innenraum, und es bleibt ein Hohlraum zurück. Eine der längsten dieser Höhlen am Ätna ist die Grotta dei Lamponi ⑨. Der Ausbruch von 1614 bis 1624, der die Pahoehoe-Felder am Passo dei Dammusi ⑧ hinterlassen hat, war eine der größten historischen Eruptionen des Ätnas. Insgesamt hatte sich 1 km³ Lava auf einer Fläche von 21 km² ergossen.

An Pudding oder Riesenkuhfladen erinnert die Pahoehoe-Lava, hier im Aufstieg zur Grotta del Gelo

** Um den Monte Rúvolo und den Monte Minardo

Wenige Kilometer südöstlich der Pistazienstadt Bronte liegen einige der schönsten Nebenkrater des Ätnas. Die Anfahrt auf der basaltgepflasterten Straße ist ein vielversprechender Auftakt.

▶▶ Von Bronte kommend, endet die basaltgepflasterte Straße vor der ehemaligen **Casermetta ❶**, einem steingemaueren Gebäude der Forstleute, nördlich des Monte Minardo. Links vom versperrten Tor ist ein Durchlass für Fußgänger, von rechts stößt die Fahrspur vom Monte Minardo dazu – später unser Rückweg. Nach Osten sehen wir über den Krater des Monte Rúvolo auf die Gipfelzone des Ätnas, und in diese Richtung verläuft auch die einspurige Sandpiste, der wir über die Ebene **Piano delle Ginestre** folgen.

Die besten Pistazien

Bronte ist bekannt für Pistazien. Araber haben im Mittelalter den exotischen Baum heimisch gemacht. Von der vielfältigen kulinarischen Verwendbarkeit der grünen Früchte überzeugt man sich am besten vor Ort. Pistazien zum Mitnehmen kauft man z. B. bei Evergreen, Viale J. F. Kennedy (im Gewerbegebiet), ✆ 095 7724121, www.pistacchiobronte.it

Die Hochebene verdankt ihren Namen dem Ätna-Ginster (Genista aetnensis), der hier in baumhohen Exemplaren wächst. Vor uns breitet sich eine überraschend vielgestaltige Landschaft aus. Ältere, längst bewaldete Flankenkrater wie der Monte Minardo und der Monte Rúvolo wechseln sich mit jungen Schlackekegeln wie den schwarzen Monti Nespole oder dem rötlichen Monte Rosso ab.

Ein Blick aufs GPS-Gerät vor einem Pagghiaru

An der beschilderten Gabelung **2** halten wir uns links (die Forststraße rechts in Richtung „M. Egitto, M. Lepre, M. Rúvolo" kürzt ab). Die Piste steigt an der Ostflanke des **Monte Rúvolo** leicht an, die nächsten beiden Abzweige rechts lassen wir unbeachtet. Durch ein Gatter verlassen wir das umzäunte Forstgebiet, linker Hand taucht der Hauptkamm des Nébrodi-Gebirges auf.

Nach Überschreitung des Scheitelpunkts erreichen wir die nächste beschilderte Gabelung **3**. Links führt ein Weg zu den Mandre Vecchie, einer alten Schafweide inmitten ausgedehnter Lavafelder. Wir setzen die Umrundung des Monte Rúvolo im Uhrzeigersinn nach rechts fort.

Während die Piste im Eichenschatten sanft ansteigt, kommen zur Linken nach und nach die Gipfelkrater des Ätnas, die schwarzen Schlackekegel der Monti Nespole, der rötliche Monte Nuovo und die bewaldeten Monti Tre Frati zum Vorschein. An der nächsten Gabelung **4** führt links ein beschilderter Weg zum Monte Lepre. Wir halten uns aber rechts und biegen kurz darauf am beschilderten Abzweig **5** links in Richtung Monti Tre Frati ab.

Die Piste quert den breiten Lavafluss von 1763, nach Westen reichen die Blicke bis weit ins Landesinnere. Vorbei an einer kleinen **Marienkapelle** führt der Weg in den Eichenmischwald am Fuße der Monti Tre Frati. Auf einer Lichtung **6** kreuzen sich mehrere Wege. Dem Schild „M. Tre Frati, Case Zampini" folgend, steigen wir links auf. Bald schließt sich der Wald dichter um uns.

Auf der nächsten **Lichtung 7** gabelt sich der Weg. Hier an der Kreuzung haben Forstleute einen ▸

Länge/Gehzeit: 12,1 km, ca. 3:10 Std.

Charakter: eine kinderfreundliche Rundwanderung um die schönsten Nebenkrater des Ätnas auf sandigen bzw. geschotterten Forststraßen. Sonnige Abschnitte und schattige Waldpassagen wechseln sich ab.

Markierung: Hinweisschilder an den meisten Wegkreuzungen helfen, die Wanderung beliebig zu verkürzen oder zu verlängern.

Ausrüstung: feste Wanderschuhe, Sonnenschutz.

Verpflegung/Unterkunft: Wasser mitnehmen. Köstliches Pistazieneis und Tavola calda (Schnellimbiss) in der Caffetteria Luca am nördlichen Ortsrand an der Durchfahrtsstraße, Via Messina 273, ☎ 095 7724188. Für ein Picknick kann man z. B. in den Supermärkten an der SS 284 einkaufen. Das Hotel La Fucina di Vulcano an der SS 284 wenige Kilometer nördlich von Bronte bietet ein tolles Panorama, prima Zimmer und lokale Pistazienspezialitäten, Contrada Difesa, ☎ 095 693730, www.fucinadivulcano.it. Einfacher, aber ebenfalls mit guter Küche, das Hotel Parco dell'Etna am westlichen Ortsrand von Bronte, Via Alberto Dalla Chiesa, www.hotelparcodelletna.it, ☎ 095 691907.

Hin & zurück: kein Busverkehr! In Bronte am nördlichen Ortsrand in Nähe des Euro-Spin-Supermarktes von der SS 284 nach Osten abbiegen (u. a. Schild „Villa Etrusca"), auf dem Viale Kennedy vorbei am Gewerbegebiet in Südrichtung aus dem Ort und nach 7,5 km am Ende der basaltgepflasterten Straße an der Casermetta **1** (Gebäude der Forstleute) parken. Das Hotel Parco dell'Etna organisiert für seine Gäste den Transfer zum Ausgangspunkt **1** der Wanderung, Preis vorab vereinbaren.

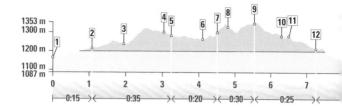

▶ Pagghiaru errichtet, einen binsengedeckten Unterstand, wie ihn früher Köhler und Hirten nutzten. Den Pagghiaru zur Linken, halten wir uns halb rechts. Von rechts stößt kurz darauf ein weiterer Weg dazu, und nach weiteren 50 m geht es an der Gabelung **8** in Richtung Casa Zampini nach rechts durch schönen Steineichenwald.

Auf Höhe der **Casa Zampini** stoßen wir auf eine querende Forststraße **9**. Die Forstbehörde nutzt das große Steinhaus, ein Vordach bietet auch Wanderern bei Regen Schutz. Statt auf breiter Forststraße abzusteigen, wählen wir den rechts davon verlaufenden alten Wirtschaftsweg, den anfangs ein Holzgeländer begleitet. Auf altem Steinpflaster geht es durch ein Gatter und in Serpentinen im Eichenmischwald rasch bergab.

Von oben stoßen wir erneut auf die Forststraße **10**, der wir nach rechts weiter bergab folgen. Kurz darauf mündet links eine weitere Forststraße ein **11**. Geradeaus weiter kommen wir an einem Pagghiaru in einem **Espenhain** vorbei. Auf einer Lichtung stößt von rechts die

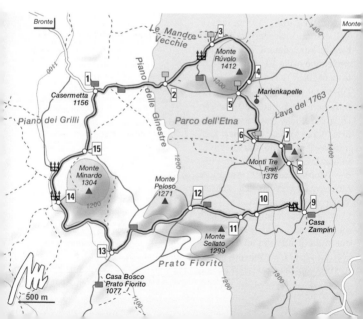

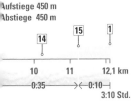

Aufstiege 450 m
Abstiege 450 m

Piste von den Monti Tre Frati dazu. Geradeaus weiter, nach ca. 30 m biegen wir links **12** ab.

Die Forstpiste führt im Sattel zwischen Monte Peloso und Monte Sellato bergab. Von links stößt eine Fahrspur vom Prato Fiorito dazu. Geradeaus geht es weiter sanft bergab, linker Hand hinter dem Zaun aufgelassene **Obsthaine**.

Kurz darauf streifen wir eine Lichtung mit einem weiteren Pagghiaru, von rechts mündet eine Forstpiste ein. Der Weg setzt sich geradeaus fort, und wenige Minuten später biegen wir rechts ab auf den mit „M. Minardo" bezeichneten Weg **13**.

Im Schatten von Steineichen geht es sanft bergauf. Unzählige Alpenveilchen überziehen den Waldboden im Herbst. Einen Abzweig rechts lassen wir unbeachtet. Der Weg fällt dann wieder leicht ab und führt aus dem Steineichenwald auf eine ginsterbestandene Ebene. An einem versperrten Gatter **14** lässt sich seitlich ein Durchlass öffnen. Außen am Zaun entlang, schlagen wir auf dem Hauptweg einen weiten Rechtsbogen um den **Monte Minardo**.

Noch einmal geht es durch ein Gatter, jetzt wieder innerhalb der Forstumzäunung. Nach einem

Die Anfahrt auf der basaltgepflasterten Straße ist ein guter Auftakt

letzten kurzen Anstieg stoßen wir auf eine querende Piste **15**, der wir nach links zurück zu unserem Ausgangspunkt **1** folgen. Im Frühsommer ist die Fläche des **Piano dei Grilli** ein einziges Blütenmeer. ■

Ein britisches Herzogtum am Fuße des Ätnas

13 km nördlich von Bronte liegt am Fuße der Monti Nébrodi die Normannenabtei Maniace, seit dem 19. Jh. auch als Castello di Nelson bekannt. Bourbonenkönig Ferdinand IV. hatte den britischen Admiral Nelson 1799 zum Herzog von Bronte ernannt als Dank für die blutige Niederschlagung der Parthenopäischen Republik in Neapel.

Den dazugehörigen Besitz hat Nelson nie betreten. Seine Erben hingegen verewigten sich bei der brutalen Niederschlagung der Bauernaufstände 1860 unrühmlich in den Geschichtsbüchern. 1981 verkaufte Alexander Nelson Hood, 4. Viscount Bridport und 7. Herzog von Bronte das Schloss und die zugehörigen Ländereien an die Kommune Bronte. Die Abteikirche aus dem 12. Jh., das Schloss und der englische Garten sind tägl. 9–13 und 14.30–17 Uhr, im Sommer bis 19 Uhr zu besichtigen, Eintritt 3 €, ✆ 095 690018, www.comune.bronte.ct.it.

*** Das Plateau von Pantálica und der Canyon des Anapo

Das UNESCO-Weltkulturerbe Pantálica ist mit bronzezeitlichen Felsgräbern in tiefen Schluchten auch für Botaniker ein Hochkaräter. Doch ohne Fleiß kein Preis: Die Tour führt auf und ab, dafür gibt es Erfrischung für heiße Füße im Fluss.

▶▶ Vom Kiesparkplatz **1** geht es in wenigen Schritten zur kleinen Anhöhe mit den Grundmauern des **Anaktoron 2**, der auch als Castello del Principe bezeichnet wird. Auf den ersten Blick sind die archäologischen Reste des bronzezeitlichen Palastes wenig beeindruckend, Standort und Panorama sprechen jedoch für sich.

Wir folgen dem steingepflasterten Weg, der mit einem scharfen Schwenk nach rechts abfällt und dann in südwestliche Richtung vorbei an großen **Kammergräbern** (9./8. Jh. v. Chr.) führt. Talseitig stößt von links ein Pfad **3** dazu – der Rückweg. Geradeaus geht es ausgeschildert weiter in Richtung „Oratorio Bizantino S. Micidario", zur Linken fällt der Blick in die Anapo-Schlucht mit dem hellen Band der ehemaligen Bahntrasse.

Am „Belvedere Necropoli Sud" **4** folgen wir zunächst auf einem Abstecher zur Nekropole (Totenstadt) von Filiporto dem Hauptweg nach rechts. Der hangparallele Weg trifft unterwegs auf eine Gruppe geräumiger Wohngrotten, die sich in byzantinischer Zeit als Dorf um die Felsenkirche **S. Micidario 5** scharten. Weiter vorne durchschreiten wir den ursprünglich 2,5 m breiten und 7 m tiefen antiken Festungsgraben, der Pantálica vor Angriffen aus dem Westen schützte, und erreichen ca. 0:35 Std. nach Start den **Sattel von Filiporto 6** (Sella di Filiporto). Über 500 Felsengräber (9./8. Jh. v. Chr.) hinweg genießen wir einen grandiosen Blick in die Anapo-Schlucht.

Zurück über **5** am Abzweig „Belvedere Necropoli Sud" **4**, geht es über Felsstufen und losen Schotter in raschen Serpentinen talabwärts. Von oben treffen wir auf einen querenden Weg **7**, halten uns links und erreichen kurz darauf die helle Schotterstraße. Bis 1956 verband eine Schmalspurbahn Siracusa mit Vizzini. In Fließrichtung des Anapo (links) erreichen wir mit wenigen Schritten die **Ex-Stazione Necropoli-Pantálica 8**, nebenan ein Toilettenhäuschen. Hinter dem Bahnhof, der heute ein kleines Volkskundemuseum (April bis Okt.) beherbergt, ist eine Übersichtskarte in den Fels gehauen.

Den Bahnhof im Rücken, machen wir einen kleinen Schlenker nach rechts zum Fluss hinab

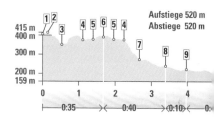

(der geradeaus folgende Abschnitt der alten Bahntrasse ist ohnehin manchmal wegen Steinschlaggefahr gesperrt). Durch Walnuss- und Orangenhaine erreichen wir das Wasser. Eine flache Brücke führt über den **Anapo**. Wir folgen ein kurzes Stück dem südlichen Uferweg, bevor wir über eine weitere Steinbrücke zur Schotterstraße zurückkehren, der wir flussabwärts nach rechts folgen. Nach ca. 50 m zweigt bergseitig der als „Sentiero No. 4" bezeichnete Pfad **9** in Richtung Anaktoron ab.

Wir aber setzen die Wanderung auf der ehemaligen Bahntrasse fort, erst durch einen kurzen Tunnel und anschließend über eine Brücke. Am Fluss gibt es ein paar schöne Picknickplätze. Vor dem Eingang des nächsten Tunnels **10** biegen wir links auf einen in den Fels geschlagenen Pfad, den anfangs ein Holzgeländer säumt. Mit leichten Kletterpassagen über herabgestürzte Felsblöcke folgen wir dem Lauf des Anapo, vorbei an der Einmündung des Baches Calcinara.

Etwa 100 m bevor der Weg wieder auf die Bahntrasse trifft, biegen wir auf Höhe einiger Zitterpappeln links **11** ab zum Fluss. **Trittsteine** führen ans gegenüberliegende Ufer. Bei hohem Wasserstand muss man evtl. die Schuhe ausziehen. Hier bewähren sich Wanderstöcke!

Aus dem Schatten einer mächtigen Maulbeere folgen wir einem Pfad, der sich dann zur Fahrspur verbreitert. Es geht in Serpentinen bergauf, vorbei an einem verlassenen Gehöft und durch einen Hain aus Mandel- und Johannisbrotbäumen bis hoch zur hier endenden, von Sortino kommenden Straße **12**. ▶

Länge/Gehzeit: 9,9 km, ca. 4 Std.
Charakter: mittelschwere Rundwanderung durch zwei der schönsten Schluchten Ostsiziliens. Auf- und Abstiege über Felsstufen, an einigen Stellen ist **Trittsicherheit** und evtl. **Schwindelfreiheit** nötig. Der Weg verläuft überwiegend in der Sonne.
Markierung: Hinweistafeln der Parkverwaltung.
Ausrüstung: feste Bergschuhe, evtl. Trekkingsandalen und Stöcke (zum Durchqueren des Anapo), Taschenlampe, Badesachen, Sonnenschutz.
Verpflegung/Unterkunft: In Ferla bzw. Sortino kann man Proviant einkaufen. Ausreichend Wasser mitnehmen! An der Straße von Ferla nach Pantálica ist ca. 4 km nach Ferla der Agriturismo Porta Pantálica ausgeschildert. Gute Küche, einfache Zimmer, Wandertipps, Contrada Mascà, mobil ☎ 331 3864354, mobil ☎ 338 3726613, www.portapantalica.it. An der Straße Richtung Anaktoron serviert auch das Caffè Pantálica von Okt. bis Mai mittags preiswerte lokale Küche, mobil ☎ 334 7709348.
Hin & zurück: kein Busverkehr! Von Ferla der Stichstraße nach Pantálica folgen und – vorbei an der Sella di Filiporto **6** – nach 11 km unterhalb des Anaktoron parken **1** oder von Sortino der Ausschilderung „Pantálica" folgen und nach 9 km am Ende der asphaltierten Straße parken (bei **12**). Die Tour startet dann am Info-Kiosk der Riserva.

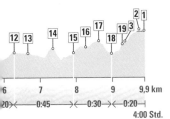

▶ Es geht vorbei an einem **Info-Pavillon** und dann links zwischen Trockensteinmauern bergab. Dabei genießen wir großartige Blicke in die Schlucht des Calcinara. Im Schatten eines Johannisbrotbaums (Ceratonia siliqua) treffen wir auf einen querenden alten Wirtschaftsweg **13**, dem wir talwärts folgen. Karrenräder haben Spuren im Ge-

Pantálica, eine lebendige Stadt der Toten

Pantálica war 500 Jahre lang Zentrum der bedeutendsten bronzezeitlichen Kultur Siziliens. Als im 13. Jh. v. Chr. vom italienischen Festland kriegerische Völker einwanderten, verließ die angestammte Bevölkerung Ostsiziliens ihre Küstensiedlungen und suchte Zuflucht im Landesinneren. Das Plateau von Pantálica bot Schutz, die Wälder Nahrung, und Wasser gab es im Überfluss. Pantálica entwickelte sich zum Zentrum des kleinen Bergstaates Hybla. Daran erinnern der Verteidigungsgraben bei Filiporto und die megalithischen Grundmauern des sog. Königspalastes oder Anaktoron. In einem der Räume des Anaktoron ⟨2⟩ wurden Reste einer Bronzeschmiede entdeckt. Über 5.000 Grabhöhlen, die wie Bienenwaben die steilen Felswände perforieren, machen Pantálica zur größten Nekropole Siziliens. Die schönsten Grabbeigaben sind im Museo Archeologico von Siracusa ausgestellt (Di–Sa 9–19, So 9–13 Uhr, Eintritt 8 €). Eine letzte Blütezeit erlebte Pantálica im 9./8. Jh. v. Chr.

Das Ende der Bergfestung fiel mit dem Aufstieg der jungen Griechenstadt Syrakus zusammen, die bald ihren Einfluss auch ins Hinterland ausdehnte. Pantálica wurde erobert und zerstört. Hunderte von Jahren später wurde Pantálica noch einmal Zufluchtsort. Im 9. Jh. n. Chr. flüchteten byzantinische Mönche vor dem arabischen Ansturm hierher. Ähnlich wie in Kappadokien, wurden Behausungen und Kirchen in den Fels gegraben, z. T. unter Verwendung der alten Grabhöhlen, eine dem Klima und der Landschaft bestens angepasste Bauweise. Die artenreiche Flora und Fauna machen Pantálica zu einer lebendigen Stadt der Toten. Erst 1997 gelang es, diese einzigartige Natur- und Kulturlandschaft unter Schutz zu stellen, seit 2005 steht Pantálica auch auf der Welterbe-Liste der UNESCO.

In den Felshängen von Pantálica öffnen sich die bronzezeitlichen Grabeingänge

stein hinterlassen. Unterwegs kann man einige der Grabhöhlen näher erkunden (das archäologische Museum Syrakus stellt außer reichen Grabbeigaben auch die verzierten Verschlussplatten dieser Gräber aus).

Felsstufen führen zum Talgrund, wo sich das klare Wasser des **Torrente Calcinara** über Kaskaden in Becken ergießt. Ab Ende Mai steht der Oleander in voller Blüte. Es ist der schönste Rastplatz, den man sich nur vorstellen kann, schade, dass die Forstverwaltung ein Badeverbot erlassen hat ... Forellen sollen sich ansiedeln dürfen.

Trittsteine 14 führen ans gegenüberliegende Ufer, und über Felsstufen steigt der Weg erneut an. Von der **Aussichtsplattform** oberhalb der Necropoli Nord-Ovest genießen wir den Blick zurück in die Schlucht. Wir passieren eine vergitterte Höhle und erreichen einen kleinen Parkplatz **15** am Ende der aus Ferla kommenden Straße.

Wir folgen der Asphaltstraße bergauf über eine Brücke **16**. (Links zweigt der kurze Stichweg zum Belvedere Necropoli della Cavetta ab.) Wenige Minuten später beschreibt die Straße eine scharfe Rechtskurve **17**. Wir verlassen die Straße nach links und steigen auf dem schmalen Pfad in Serpentinen rasch ab.

Von oben treffen wir auf einen querenden Weg **18** (er führt von der Schotterstraße ⑨ im Anapo-Tal herauf). Wir steigen rechts auf und halten uns auch an der folgenden Gabelung **19** rechts. Unterhalb der großen **Kammergräber** schließt sich der Kreis beim Abzweig **3**, und in wenigen Minuten kehren wir über **2** zum Kiesparkplatz **1** zurück. ■

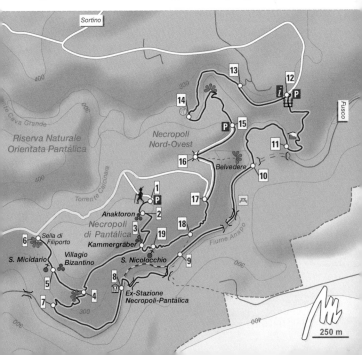

** Durch Noto Antica und die Schlucht Cava del Carosello

Eine Wanderung durch Noto Antica heißt, zwischen Ruinen über ein Monti-Iblei-Plateau zu streifen, wilden Thymian zu riechen und auf uralten Treppenwegen in eine Talschlucht zu steigen, um dort auf Badegumpen, fast tropisch wirkende Vegetation und ein renaissancezeitliches Industriegebiet im Fels zu stoßen.

▶▶ Im Norden des 1693 von einem Erdbeben zerstörten Noto Antica erheben sich immer noch Ehrfurcht gebietende Bastionen. Durch die **Porta della Montagna** **1** betreten wir das ehemalige Stadtgebiet. Vorbei am **Castello Reale** mit trutzigem Rundturm und an einem von rechts einmündenden Weg **2** (unser späterer Rückweg) erreichen wir auf der breiten Kiesstraße eine Kreuzung mit neogotischem **Marienaltar**.

Antike Nekropolen

Im Osten von Noto Antica lassen sich auf verwachsenen Pfaden antike Nekropolen in der Cava del Salitello erkunden. Die siebenarmigen jüdischen Leuchter in der römisch-kaiserzeitlichen Grotta del Carciofo z. B. erinnern an Artischocken.

Links setzt sich die Schotterstraße Richtung Noto fort, mit Mountainbikes eine landschaftlich reizvolle Fahrt. Geradeaus führt die Kiesstraße zum Eremo S. Maria della Providenza, im 18. Jh. zum Gedenken an die Erdbebenkatastrophe erbaut. Kurz vor dem Altar zweigen wir rechts **3**, dem Holzschild „Cava Carosello" folgend, auf eine breite Wegspur ab, die zwischen niedrigen, überwucherten Ruinen ins Freie führt.

Wir verlassen das Plateau und damit das ehemals ummauerte Stadtgebiet. Über einen Zauntritt **4** erreichen wir mit wenigen Schritten die Geländekante (sollte ein Schild nicht autorisierten Personen den Zutritt verwehren, sind damit aus Versicherungsgründen nur Gruppen gemeint). Nach rechts steigt ein Stufenweg im Fels zum Carosello-Tal ab. Vom Belvedere bietet sich ein großartiger Blick in die Schlucht.

Testa dell'Acqua — Noto — Porta della Montagna — Castello Reale — Masseria Cugno Vasco — Timpasole — Cava del Salitello — Gumpe — Marienaltar — Noto Antica — Cava del Carosello — Gumpe — Eremo S. Maria della Providenza — Noto — 250 m

Oleander und Pappeln begleiten den Flusslauf, und in den Felswänden öffnen sich zahlreiche Grotten. Auch lässt sich der weitere Verlauf des Weges von oben gut erkennen.

Vorbei an einem aus dem Fels gehauenen Wachhaus, erreichen wir den Talgrund **5** der **Cava del Carosello**. Ein zauberhafter Naturpool im Halbschatten der Bäume erweist sich als tief genug für ein paar erfrischende Schwimmzüge. Die Schlucht weiter zu erkunden, macht Großen und Kleinen Spaß! Die Forstverwaltung hat eine Reihe weiterer Wege freigelegt. So kann man z. B. flussabwärts in ca. 0:15 Std. eine weitere Gumpe **6** erreichen. Dutzende alter **Grottenwerkstätten** samt Wasserkanälen und aus dem Fels geschlagenen Becken sind zu entdecken. Vom arabischen Mittelalter bis zum Untergang der Stadt Ende des 17. Jh. wurden sie als Gerbereien und Mühlen genutzt. (Die Gerberbecken im marokkanischen Fès sehen heute noch genauso aus, nur dass sich dort alles unter freiem Himmel abspielt.)

Von der oberen Gumpe **5** setzen wir die Wanderung flussaufwärts fort und wechseln ans westliche Ufer. Der Bach lässt sich selbst bei höherem Wasserstand sicher überqueren. Über eine schräge Rampe auf Höhe einer der in den Fels gehauenen Gerbereien beginnt der eigentliche Aufstieg. Etwas höher liegt linker Hand eine ehemalige Mühle, ebenfalls komplett im Fels untergebracht. Darüber steht eine Hausruine **7**. ▶

Aus dem Fels gehauen, ein altes Wächterhaus am Belvedere

Länge/Gehzeit: 4 km, ca. 1:50 Std.
Charakter: einfache Rundwanderung auf breiten ebenen Kiesstraßen und alten Maultier- und Felstreppenwegen durch eine Schlucht. Sonne und Schatten wechseln sich ab.
Markierung: Hinweistafeln der Forstverwaltung, verblasste Farbzeichen.
Ausrüstung: feste Wanderschuhe, Badesachen.
Verpflegung/Unterkunft: Wasser mitnehmen! In Noto kann man gut Proviant einkaufen. Non solo pane am östlichen Stadtrand z. B. macht tolle Panini, Mo–Sa 7–21 Uhr, So 7–13.30 Uhr, Via Napoli 46, ☎ 093 1839866. Sehr zu empfehlen: das etwas teurere Ristorante I Sapori del Val di Noto, Di Ruhetag, Vico Cavour 40, ☎ 093 1839322 www.isaporidelvaldinoto.it, und das Caffè Sicilia, Mo Ruhetag, Corso V. Emanuele 125, ☎ 093 1835013. Eine nette, ruhige Adresse mit einfachen Zimmern am westlichen Stadtrand von Noto ist Villa al Canisello, Via C. Pavese 1, ☎ 093 1835793, www.villacanisello.it. Etwas außerhalb im Westen in Richtung Noto Antica empfehlenswert: Agriresidence Valle degli Dei (www.valle deglidei.com) und Agriturismo Timpa del Sole (www.timpadelsole.it).
Hin & zurück: kein Busverkehr! Anfahrt von Noto auf der SS 287 Richtung Palazzolo Acréide, nach 10 km links Richtung Convento S. Maria della Scala, und nach 2 km in Noto Antica vor der Porta della Montagna **1** parken.

Cava del Carosello

▶ Nach kurzem Aufstieg erreichen wir ein Plateau mit dem Betonschacht eines modernen Kanals. Wir halten uns rechts und gehen eben durch einen Eukalyptushain. In die Stämme sind Richtungspfeile geschnitzt. Nach wenigen Minuten verlassen wir das Plateau nach rechts **8** auf einem Pfad (evtl. steht hier ein Schild mit der Aufschrift „Sentiero"), der den meist trockenen Talboden quert und zwischen Felsblöcken und Steineichen ansteigt. Durch eine Mauerbresche **9**

Badeausflug zur Cava Grande del Cassibile

Wem die Cava del Carosello Freude bereitet hat, wird von der Cava Grande del Cassibile (östlich von 5/6, www.cavagrandedelcassibile.it) restlos begeistert sein. Das gleichfalls von der Azienda Foreste in Siracusa betreute Naturschutzgebiet lässt sich von der SS 287 nördlich Noto Antica auf dem beschilderten Abstecher Richtung Avola Antica schnell erreichen. Am Belvedere gibt es einen Parkplatz, und Forstbeamten regeln hier den Zutritt zur 250 m tiefen Talschlucht (Ausweis bereithalten, Einlass im Sommer 7.30–18 Uhr, im Winterhalbjahr kürzer; nach starken Regenfällen und bei Brandgefahr kann der Zugang gesperrt sein, Info unter ✆ 093 167450).

Im Laufe der Jahrtausende hat der Fluss eine Reihe tiefer Becken in den Fels geschliffen, die sogenannten Laghetti. In den Talwänden öffnen sich bronzezeitliche Grabhöhlen, so wie in Pantálica (→ Tour 14). Und genau wie dort blüht auch hier im Sommer üppig der Oleander. Der schattenlose Abstieg ins Paradies auf der „Scala Cruci" dauert 0:30 Std., mit dem ca. 1-stündigen, steilen Wiederaufstieg wartet man am besten bis zum späten Nachmittag. Also: Neben Badesachen auch genügend Wasser und Proviant einpacken!

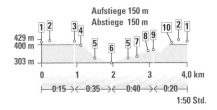

stoßen wir auf einen querenden Maultierpfad, eine Mulattiera. Hier steigen wir nach rechts ab.

Im Anschluss queren wir die Talsohle des **Carosello**, rechter Hand eine Futterkrippe im Fels. Über Felsstufen steigt der alte Wirtschaftsweg wieder an. Es geht über einen Zauntritt **10** und dann nach rechts, außen an den niedrigen Resten der Stadtmauer entlang. Kurz darauf biegen wir an der Stelle, wo der Mauerzug aufhört, scharf nach links und folgen dem Pfad am Rand der Schlucht in Richtung Norden. Dieser Wegabschnitt trägt den Namen „Via dei Saccari". Mit Kornsäcken beladene Männer stiegen hier einst ins Tal hinab, und mit Mehlsäcken kehrten sie auf demselben Weg zurück. In Nähe des königlichen Kastells schließt sich der Kreis bei **2**, und mit wenigen Schritten kehren wir zur **Porta della Montagna 1** zurück. ■

Noto und das Erdbeben von 1693

Ähnlich wie Pantálica (→ Tour 14) liegt Noto Antica auf einem 400 m hohen Plateau. Sikulische, griechische, jüdische und christliche Katakomben belegen eine durchgehende Besiedlung auf der herzförmigen Hochebene des Monte Alveria spätestens seit der Bronzezeit. Mitte des 5. Jh. v. Chr. führte der Sikulerkönig Duketios aus dem damaligen Neas den letzten verzweifelten Widerstand gegen Syrakus an. Vergebens, die Stadt wurde als Neaton griechisch. Unter den Römern hieß sie Netum. Araber machten Noto im 9. Jh. zur Hauptstadt ihrer Verwaltungsprovinz Val di Noto, die ein Drittel Siziliens umfasste. Als letztes muslimisches Bollwerk fiel Noto 1091 in die Hand der normannischen Eroberer. In spanischer Zeit galt Noto als uneinnehmbare Festung. König Ferdinand der Katholische ließ 1500 folgende Inschrift an der Porta della Montagna anbringen: „Netum ingenosa. Urbs nunquam vi capta". Nicht Feinde eroberten die Stadt, sondern das furchtbare Erdbeben vom 11. Januar 1693 machte Noto über Nacht dem Erdboden gleich. Anfang des 18. Jh. wurde Noto als barocke Planstadt nahe der Küstenebene neu errichtet. Als Stadtbaumeister setzte Rosario Gagliardi mit seinen geschwungenen Kirchenfassaden optische Glanzpunkte. Seit 2002 ist das neue Noto UNESCO-Weltkulturerbe. Über den Ruinen von Noto Antica liegt ein stiller Friede.

✱✱ Die Küste von Vendicari – ein Naturreservat am Meer

Acht Kilometer unberührte Küste und die Pantani – Strandseen, die zum Sommer hin austrocknen, um sich im Winter erneut mit Regenwasser zu füllen – machen Vendicari zu einem wichtigen Nist- und Vogelrastplatz. Ein Paradies auch für Vogelbeobachter, Wanderer und Badefreunde.

▶▶ Am Haupteingang des Naturschutzgebiets „Riserva Naturale Orientata di Vendicari" steht ein **Info-Kiosk 1**, und hier beantworten freundliche Ranger auch gerne Fragen. Nach 100 m steht an einer Gabelung **2** zur Orientierung eine Übersichtskarte, und linker Hand kann man aus einem Unterstand die Kormoran- und Seidenreiherkolonien auf dem Lagunensee Pantano Grande beobachten. Auch Flamingos und Pelikane sind zu allen Jahreszeiten anzutreffen.

Wir folgen geradeaus dem breiten Holzsteg trockenen Fußes durch die feuchte Schilf- und Quellerzone Richtung Meer und treffen wenige Meter vor dem Sandstrand auf den uferparallelen Wanderweg **3**, der das Naturschutzgebiet von Nord nach Süd durchmisst. Der **trittempfindliche Dünengürtel** darf nur an dieser Stelle überschritten werden! Im Norden der weit gespannten Bucht erhebt sich der Küstenwachturm Torre di Vendicari. Der Punta d'Isola im Süden ist eine kleine Insel vorgelagert. Im Sommer, wenn Meeresschildkröten Eier deponieren, sind einige Strandabschnitte gesperrt.

Vorbei am **Pantano Grande**, der noch bis Anfang der 1950er-Jahre als Saline genutzt wurde, erreichen wir die ehemalige Thunfischfabrik Tonnara di Vendicari **4**. Der hohe Ziegelschornstein und die Öfen erinnern daran, dass hier bis zur Landung der Alliierten 1943 Thunfisch

Sommerliche Gelassenheit am Strand von Calamosche

verarbeitet und eingedost wurde. Daneben trotzt der Turm **Torre di Vendicari** auf einem flachen Felsvorsprung Wind und Wellen. Der Küstenwachturm, historisch nicht sehr zutreffend auch als Torre Sveva („schwäbischer" Stauferturm, das hieße 13. Jh.) bezeichnet, wurde im 15. Jh. zum Schutz des Hafens errichtet, über den Noto große Mengen Getreide, Karuben (Früchte des Johannisbrotbaums) und Mandeln verschiffte.

Den Turm im Rücken, kommen wir an Fischerunterkünften aus dem 20. Jh. vorbei. Die auf den ersten Blick unscheinbaren Felsbecken an der Küste beweisen, dass Fischfang und Fischverarbeitung in Vendicari eine jahrtausendealte Tradition besitzen. In der Antike wurden hier Fische eingesalzen und Fischreste zu Garum vergoren, für Römer eine unverzichtbare Würzpaste und Bestandteil fast jeder Speise.

Der annähernd ebene Weg setzt sich oberhalb der wild zerklüfteten Felsküste fort, landseitig von einer Trockensteinmauer begleitet. Vom Wind niedrig gehalten, überziehen duftender Stechginster, Mastix, kugeliger Thymian und Zwergpalmen den verkarsteten Boden. Vom Vorplatz einer verlassenen Kaserne bietet sich ein weiter Blick auf den Golf von Noto. Bis in die 1950er-Jahre hatte die Guardia di Finanza hier alle Hände voll zu tun, den Zigaretten- und Kaffeeschmuggel über See zu kontrollieren.

Kurz darauf kommen wir an einem **Capanno d'osservazione** **5** (Vogelbeobachtungshütte) vorbei, und mit Blick auf den Pantano Piccolo, Noto und das Plateau der Iblei-Berge geht es in sanften Schwüngen bergab. Der Weg entspricht in diesem Abschnitt dem Verlauf der antiken Via Elorina, die Syrakus via Eloro mit Kamarina verband. Teilweise sind alte ▶

Länge/Gehzeit: 14,6 km, ca. 4:15 Std.
Charakter: kinderfreundliche Streckenwanderung auf sonnigen, ebenen Naturwegen. Die Tour kann beliebig verkürzt oder mit einem Abstecher nach Eloro verlängert werden. Die offiziellen Wege dürfen nicht verlassen werden! Gute Badegelegenheiten.
Markierung: Hinweisschilder und -tafeln der Parkverwaltung.
Ausrüstung: feste Wanderschuhe oder Trekkingsandalen, Wind- und Sonnenschutz, Badesachen.
Verpflegung/Unterkunft: Wasser und Proviant einpacken! Gute Trattorien in Noto und Marzamemi (Fisch!), leckere Bauernküche im Agriturismo Calamosche, www. agriturismocalamosche.it. Nicht billig, aber wunderschön zum Übernachten in der Nähe: Monteluce Country House, Anfahrt vorbei an der Villa Romana del Tellaro, C. da Vaddeddi, mobil ☎ 335 6901871, www.monteluce.com. Günstig und nett: Bio-Agriturismo Torre Vendicari, Anfahrt auf der SP 19 zwischen Km 6 und Km 7 Richtung Calamosche, Contrada Roveto, mobil ☎ 335 1570214, www.torrevendicari.it.
Hin & zurück: mit dem Bus schwierig! Interbus (☎ 093 166710, www.interbus.it) auf der Strecke Noto – Pachino hält auf Verlangen am Abzweig Vendicari. Eine Garantie gibt es nicht, da eine offizielle Haltestelle fehlt (das Problem stellt sich v. a. bei der Rückfahrt!). Mit dem Auto von Noto auf der SP 19 Richtung Pachino, kurz vor Km 9 links abbiegen und auf der 1,3 km langen Stichstraße zum Haupteingang des Naturschutzgebiets „Riserva Naturale Orientata di Vendicari". Von April bis Oktober ist der Parkplatz (nahe **1**) am Ende der Straße gebührenpflichtig.

▶ Karrenspuren im Gestein zu erkennen.

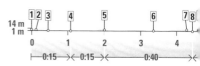

Wir queren einen Schotterweg **6**, der aus dem Landesinneren zur Küste führt, und folgen dem schmalen küstenparallelen Pfad in Richtung „Calamosche" (ausgeschildert). Aus dem Landesinneren stoßen weitere Fahrspuren dazu. Nach einem kurzen Linksschwenk steigen wir an einer Gabelung **7** rechts in einem Trockental zum Sandstrand von **Calamosche 8** ab. Traumhaft!

(Die Wanderung ließe sich für ca. 0:45 Std. bis Eloro fortsetzen. Der Weg dorthin quert eine kleine Anhöhe, führt an einem alten Steinbruch vorbei und erreicht die Mündung des Tellaro, die zu überschreiten nur bei niedrigem Wasserstand möglich ist. Auf dem gegenüberliegenden

Mysteriöse braune Bälle am Strand

See- oder Neptungras (Posidonia oceanica), die einzige Blütenpflanze des Meeres und im Mittelmeer endemisch, bildet an Sandküsten in Tiefen von bis zu 40 m ausgedehnte Unterwasserwiesen. Seegraswiesen haben eine große ökologische Bedeutung, sie sind die „Kinderstube" unzähliger Fischarten, dienen dem Küstenschutz und produzieren große Mengen an Sauerstoff. Zugleich reagieren sie empfindlich auf Wasserverschmutzung und mechanische Schädigung. Damit sind sie ein wichtiger Umweltindikator. Man muss nicht Schnorcheln, um das Vorhandensein von Seegraswiesen zu erkennen. An ungesäuberten Stränden werden die bei Herbst- und Winterstürmen abgerissenen Blätter zu hohen Matten aufgeworfen. Auf- und ablaufende Wellen zermahlen die Blätter und formen aus den Fasern kleine braune Bälle. Vom Spülsaum verfrachtet der Wind die Meerbälle weiter landeinwärts, wo sie das Fundament der Sanddünen bilden.

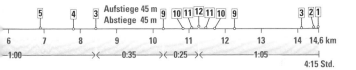

Plateau liegen die Ausgrabungen des griechischen Eloro, im 7. Jh. v. Chr. von Syrakus als südlicher Vorposten gegründet. Die Stadt wurde im Mittelalter verlassen.)

Von der Calamosche-Bucht kehren wir auf bekanntem Weg zurück bis **3**. Von der dieser T-Kreuzung auf Höhe des Haupteingangs führt uns jetzt der küstenparallele Hauptweg in die Südhälfte des Naturschutzgebiets. Im Frühjahr kann der Weg nach Regenfällen abschnittsweise überflutet sein. Zwischen Dünengürtel und Ostufer des **Pantano Roveto** erreichen wir einen Strand **9**. Bei hohem Wasserstand waten wir durch den Abfluss des Pantano Roveto. Der Weg setzt sich auf der anderen Seite im Rücken der Dünen fort.

Auf einer Halbinsel im Pantano Roveto sehen wir die Citadella dei Maccari, ein alter Gutshof mit Resten einer byzantinischen Ansiedlung. An der nächsten Kreuzung **10** biegen wir rechts ab. Auf der Anhöhe geht es von einer T-Kreuzung **11** rechts (links käme man zu einer bronzezeitlichen Nekropole) zum verlassenen Gutshof **Citadella dei Maccari** mit den eindrucksvollen Resten einer byzantinischen Kirche **12** aus dem 6./7. Jh., La Trigona. Auf bekanntem Weg kehren wir zum Haupteingang **1** zurück. ∎

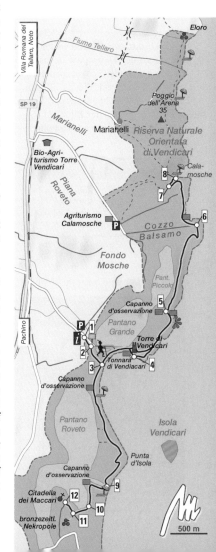

*** Von Ragusa in die Schlucht Cava della Misericordia

Ragusa – zwei Städte und eines der schönsten Barockensembles Südostsiziliens. Auf der Wanderung von dem Städtchen durch die Schlucht Cava della Misericordia und wieder zurück erleben wir, wie gut sich das alte, in der Anlage noch mittelalterliche Ragusa Ibla in die Landschaft der Monti Iblei einfügt. Auf dem darüberliegenden Plateau wurde nach dem Erdbeben von 1693 das neue Ragusa als barocke Planstadt errichtet.

▶▶ Wir starten in der Oberstadt Ragusa Superiore auf Höhe der Piazza Matteotti **1** und folgen der Hauptstraße Corso Italia bergab, vorbei an der Hauptpost in faschistischer Architektur und barocken Stadtpalazzi mit exzentrischem Figurenschmuck. Der Corso Italia geht in die schmale Via 24. Maggio über, die wir auf Höhe des Belvedere **2** nach rechts verlassen. Von der großen Aussichtsterrasse bietet sich ein fantastischer Blick auf Ragusa Ibla. Die alte Stadt erhebt sich auf einem Bergsporn zwischen zwei Talschluchten, zu allen Seiten erstreckt sich das weite Plateau der Monti Iblei. Im Norden liegt tief unten die Schlucht Cava di San Leonardo, die wir im Anschluss queren.

Das beste Gelato

In Ragusa Ibla gibt es gleich zwei Eisdielen der Extraklasse: Mastrociliega in der Via XXV Aprile 96 in der Nähe des Stadtparks Giardino Ibleo und – etwas höher gelegen und noch ausgefallener – Gelati DiVini an der Piazza Duomo 20.

Vorbei an der Kirche **S. Maria delle Scale**, steigen wir über viele Stufen

Ragusa Ibla: eine beliebte Filmkulisse für Commissario Montalbano

nach Ragusa Ibla ab und unterqueren dabei den asphaltierten Corso Mazzini. Die Kirche Anime del Purgatorio im Blick, machen wir auf Höhe des opulenten Palazzo Nicastro einen Schlenker nach links, vorbei an der Kirche S. Maria dell'Idria mit majolikaverziertem Glockenturm. Von oben trifft die Treppengasse Salita Commendatore auf den Corso Mazzini. Der **Palazzo Cosentini** 3 an der Ecke zählt mit seinem ebenso prunkvollen wie skurrilen Fassadenschmuck zu den besten Beispielen des sizilianischen Barocks.

Auf der anderen Seite erreichen wir mit wenigen Schritten die **Piazza della Repubblica** mit einer Bar, einem Getränkekiosk und Trinkwasserbrunnen. Über einer Freitreppe erhebt sich die skelettverzierte Barockfassade der Kirche Anime del Purgatorio. An der Nordseite der Piazza della Repubblica biegen wir in die schmale Discesa San Leonardo und verlassen – vorbei am öffentlichen WC – durch einen Torbogen die Stadt.

Der breite Treppenweg verläuft unterhalb einer alten Spinnerei. Auf dem querenden Treppenweg steigen wir rechts weiter ab, vor uns die Schlucht **Cava di San Leonardo**. Im Talgrund sind Gemüse- und Obstgärten, der Gegenhang ist von früherer Nutzung terrassiert. Auf Trittsteinen überschreiten wir den klaren Fluss, folgen am gegenüberliegenden Ufer der Schotterstraße wenige Meter nach links und biegen dann rechts 4 ab auf den steingepflasterten Treppenweg.

In der Breite zweier beladener Maultiere steigt die mustergültig restaurierte Mulattiera zwischen hohen Steinmauern an, vorbei an Johannisbrot- und Olivenhainen. Die beiden Ragusa bleiben hinter uns zurück. Zur Rechten öffnet sich ein kleines Seitental des San Leonardo. Vorbei an einem einzeln stehenden Haus, treffen ▶

Länge/Gehzeit: 12,4 km, ca. 5:10 Std.
Charakter: Die Tour kombiniert einen Stadtgang durch Ragusa und Ragusa Ibla mit einer Rundwanderung durch eine Iblei-Schlucht, wo wir gekiesten Forststraßen, alten steingepflasterten Maultierwegen und Naturpfaden folgen. Sonne und Schatten unterwegs.
Markierung: Hinweisschilder der Forstverwaltung. Rot-weiße CAI-Zeichen (Club Alpino Italiano).
Ausrüstung: feste Bergschuhe, Wind- und Sonnenschutz.
Verpflegung/Unterkunft: Wasser mitnehmen. In Ragusa Superiore kann man am Corso Italia in Alimentari Proviant einkaufen, Wasser auch unterwegs. Mehrere gute Restaurants in Ragusa, z. B. Locanda Don Serafino mit Michelin-Stern oder das unkompliziertere La Rusticana, beide in Ragusa Ibla. Auch an Übernachtungsmöglichkeiten herrscht kein Mangel, empfehlenswert ist die modern gestylte Pension Le Stanze del Sole, Via Diaz 15, ☎ 093 2686282, mobil ☎ 368 3179601, www. lestanzedelsole.it. Die sympathischen Besitzer kennen die Monti Iblei auch bestens zu Fuß.
Hin & zurück: Ragusa ist durch öffentliche Verkehrsmittel (Interbus, AST) gut angeschlossen, www.inter bus.it, www.aziendasicilianatrans porti.it. Von der Piazza della Repubblica (nahe 3) in Ragusa Ibla fahren Stadtbusse nach Ragusa Superiore zurück, Tickets in der Bar. Hier ist auch ein Taxistand. Mit dem Auto ist Ragusa Superiore aus westlicher Richtung (z. B. Comiso) auf der SS 514 bzw. SS 115 und von Osten (Modica) auf der SS 194 zu erreichen. Bewachtes Parkhaus an der Piazza Matteotti 1 vor der Hauptpost.

▶ wir auf einen Wendeplatz. Wir folgen der Asphaltstraße ein kurzes Stück bergauf und biegen dann links ab auf die anfangs betonierte Forststraße **5**, die in die vor uns liegende Talschlucht hinabführt.

Die Piste setzt sich geschottert fort, führt an einer gefassten Quelle **6** vorbei und kurz darauf durch ein tagsüber geöffnetes Tor der Forstverwaltung. Wir folgen für knapp 0:40 Std. der Forstpiste auf der südlichen Talseite der **Cava della Misericordia** sanft bergauf. Rechts abzweigende Wege und Fahrspuren zum Fluss ignorieren wir vorerst. In den zahlreichen heute verfallenen Mühlen wurde das Korn für Ragusa gemahlen, und noch bis in die 1950er-Jahre war die Schlucht eine blühende Gartenlandschaft. Im Tal stehen verwilderte Obstbäume, und die Hänge sind z. T. mit Kiefern aufgeforstet.

Die Piste beginnt steiler anzusteigen, kurz danach zweigen wir rechts ab auf den gekennzeichneten Weg **7** No. 721 „Sentiero degli Eremiti". Nach wenigen Minuten erreichen wir den Fluss,

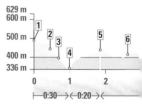

Blick auf Ragusa Ibla über das Tal des San Leonardo

am Ufer steht ein mächtiger Lorbeerbaum. Wir gehen ca. 10 m flussaufwärts und queren hier auf die gegenüberliegende Seite. **Vorsicht**,
die Felsen sind rutschig!

Wir steigen, anfangs über Holzstufen, zum **Romitorio S. Maria della
Misericordia** auf. Die ehemalige Einsiedelei ist renoviert und wird vom
italienischen Alpenverein (Club Alpino Italiano, CAI) als Schutzhütte
betrieben. Oberhalb des Romitorio treffen wir auf eine breite Piste, der
wir nach links folgen. Sie endet kurz darauf im Westen des Romitorio
auf einer Wiese. ▶

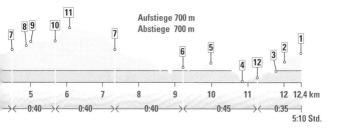

▶ Wir steigen links **8** auf dem alten, abschnittsweise verfallenen Maultierweg (Mulattiera) ab und queren ein kleines Seitental. Vor den Ruinen einer Kapelle geht es rechts wieder hoch. Von unten stoßen wir auf einen querenden Weg **9**, linker Hand liegt ein alter Dresch-

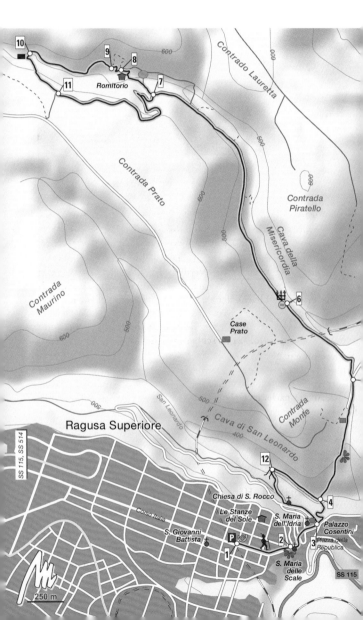

Früher arbeiteten zahlreiche Mühlen in der Schlucht Cava della Misericordia

platz. Wir folgen dem Weg talaufwärts auf einer breiten Mauerkrone. Auf Höhe einer Pumpenstation queren wir das Bachbett **10** (Abenteuerlustige erkunden vorher das flussaufwärts gelegene Quellgebiet).

Am südlichen Ufer führt eine schöne alte Mulattiera bergauf und stößt von unten auf eine breite Schotterpiste **11**. Damit ist der höchste Punkt der Tour erreicht. Wir folgen der sanft abfallenden Piste nach links. Über die Hochfläche der Iblei-Berge hinweg sehen wir im Norden auf den Monte Láuro, Rest eines erloschenen Vulkans. Mit Blick auf die Einsiedelei fällt die Forststraße in Serpentinen rasch ab. Am Abzweig des Weges No. 721 **7** schließt sich der Kreis.

Auf bekanntem Weg kehren wir zurück. Im Tal des Flusses San Leonardo **4** entscheiden wir uns für eine kleine Variante und folgen der Schotterstraße talaufwärts nach rechts. An der nächsten Gabelung **12** biegen wir links zum Bach ab, den wir über eine Holzbrücke queren, vorbei am Mulino San Rocco, einer alten Mühle. Auf der Via Mulini steigen wir nach Ragusa Ibla auf und erreichen den Corso Mazzini auf Höhe des Palazzo Cosentini **3**.

Bummel durch Ragusa Ibla

Die Wanderung wäre unvollständig ohne einen Streifzug durch Ragusa Ibla. Außer der berühmten Barockfassade der Cattedrale di S. Giorgio ist der Stadtpark Giardino Ibleo am unteren Stadtrand einen Abstecher wert – nebenbei ein prima Picknickplatz!

Rechts zweigt die bereits vertraute Straße Salita Commendatore ab. Entweder wir kehren hier treppensteigend zur Piazza Matteotti **1** nach Ragusa zurück oder wir warten auf der nahen Piazza della Repubblica auf den nächsten Stadtbus. ∎

* Die Gipsklippen von Torre Salsa

Der World Wildlife Fund Sicilia hat sich dem Schutz einer der letzten unberührten Küstenabschnitte am Mar d'Africa verschrieben. Goldgelbe, paradiesisch leere Sandstrände zu Füßen glitzernder Gipsklippen sind der Lohn dieser leichten Wanderung.

▶▶ Die Wanderung beginnt an der Kreuzung **1** zweier Schotterstraßen 400 m westlich des WWF-Besucherzentrums in der **Località Omomorto**. Zur Orientierung ist eine Karte des Naturreservats „Riserva Naturale Torre Salsa" aufgestellt. Wir folgen der sanft ansteigenden Schotterstraße in Richtung Küste. Kurz darauf an der Gabelung **2** gehen wir geradeaus weiter auf dem als **Sentiero F. Galia** bezeichneten Weg (die rechts abzweigende Piste führt zu einem Feuerbeobachtungsturm).

Der Blick über das Meer reicht im Westen vorbei am Kap Torre Salsa bis zu den weißen Klippen von Eraclea Minoa. Die Steppenlandschaft verrät die Nähe zu Nordafrika. Zwischen Esparto-, Feder- und Mauretanischem Riesengras wachsen Zwergpalmen neben duftenden Thymian- und Rosmarinbüschen. Wo das Gestein zutage tritt, glitzern

Das Capo Bianco bei Eraclea Minoa ist einen Ausflug wert

Gipskristalle in der Sonne. Soweit das Auge reicht, sind keine menschlichen Ansiedlungen zu sehen, nur einzelne verstreut liegende Weinberge oder Olivenhaine.

An der nächsten Gabelung **3** biegen wir rechts ab. Die zum Meer hin sanft abfallende Fahrspur führt über einen geschotterten Parkplatz **4**. Weiter geradeaus; der Naturlehrpfad setzt sich in Richtung Küste fort. An einer Reihe schattenspendender Oliven vorbei erreichen wir den Steilabbruch. Die Erosion hat bizarre Spuren im weichen Gips hinterlassen. Über den zerklüfteten **Steilhang** sehen wir auf weite Sandstrände hinab. Im ▶

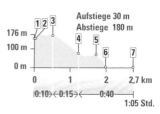

Aufstiege 30 m
Abstiege 180 m

176 m
100 m
0 m

0   1   2   2,7 km

|0:10|←0:15|←——0:40——|
1:05 Std.

Länge/Gehzeit: einfach 2,7 km, ca. 1:05 Std., hin und zurück 5,4 km, ca. 2:20 Std.

Charakter: leichte, kinderfreundliche Tour. Selbst der Abstieg zum Strand ist nicht allzu schwierig. Die Wanderung entlang der Küste lässt sich beliebig ausdehnen. Kein Schatten.

Markierung: Hinweistafel des WWF.

Ausrüstung: leichte Wanderschuhe bzw. Trekkingsandalen, Badesachen inkl. -schuhe, Sonnenschutz.

Verpflegung/Unterkunft: Wasser und Proviant mitnehmen. Mit Spitzenküche und Top-Zimmern überrascht in Montallegro das Relais Briuccia, Via Trieste 1, mobil ☎ 339 7592176, www.relaisbriuccia.it. Eine nette Strand-Adresse in Siciliana Marina ist das B&B La Casa sulla Spiaggia, Conrada Lampiso, ☎ 092 2815072, www.bblacasasullaspiaggia. it. Die Villa Deleo, ein wunderschönes B&B mit direktem Strandzugang (Camilleri-Romane zum Lesen einpacken!), liegt in Gehdistanz zur Scala dei Turchi (Foto S. 121), Contrada Punta Grande, Realmonte, ☎ 092 2816206, mobil ☎ 349 8526756, www.villadeleo.it.

Hin & zurück: kein Busverkehr! Aus Agrigent auf der SS 115, an der Ausfahrt Siciliana Marina ca. 2 km auf der SP 75 den Schildern „Riserva Naturale Torre Salsa/Centro visite" bis zum (oft geschlossenen) Besucherzentrum in der Località Omomorto folgen, links ab auf die Schotterstraße und nach 400 m parken 1. Aus Richtung Sciacca bei Km 159,700 von der SS 115 ab und ca. 2 km auf der SP 75 Richtung Siciliana Marina zum Besucherzentrum.

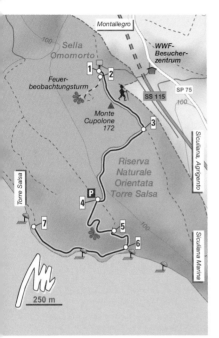

▶ Südosten taucht Siculiana Marina auf.

Der Weg folgt der Geländekante ein Stück weit nach links und steigt dann über Stufen **5** rasch zum **Strand 6** ab. Wir folgen der Küstenlinie am Fuße des Kliffs nach rechts in Richtung des alten Küstenwachturms Torre Salsa (Ruine). Niedrige Felskaps trennen die einzelnen Buchten. In flachen Felsbecken bleiben während der Ebbe kleine Fische und Krebse gefangen, mit Badeschuhen (!) kann man ihnen nachstellen.

Hinter dem nächsten Kap **7** öffnet sich ein langgezogener **Dünenstrand**. Der Meeresboden fällt flach ab, ein idealer Badeplatz für Kinder. Die Strandwanderung lässt sich

Wo Meeresschildkröten Eier deponieren

Das Naturreservat Riserva Naturale Orientata Torre Salsa ist das ganze Jahr über frei zugänglich. Von Mitte Juni bis August legen Meeresschildkröten (Caretta caretta) ihre Eier in den goldgelben Sand, und zwei Monate später schlüpfen die jungen Tiere. Das World-Wildlife-Fund-Büro in Siculiana organisiert auf Anfrage naturkundliche Führungen und von Mai bis September am Strand 10-tägige Meeresschildkröten-Camps. Infos beim WWF in Siculiana, Via Roma 156/D, ☎ 092 2818220, mobil ☎ 328 6367584, www.wwftorresalsa.com.

bis zur Mündung des Salso und noch weiter fortsetzen. Auf bekanntem Weg kehren wir zurück zum Ausgangspunkt **1**. ■

Als das Mittelmeer verschwand

Das europäische Mittelmeer ist ein Überrest der Tethys, jenes weltumspannenden Ur-Ozeans, der den Superkontinent Pangäa umgab. In der Kollisionszone der Afrikanischen und Eurasischen Platte gelegen, ist die starke Gliederung des Mittelmeers eine Folge komplexer tektonischer Vorgänge. Die Alpen und der italienische Apennin wurden seit dem Ende der Kreidezeit aus Sedimenten der Tethys aufgefaltet. Vor etwa 12 Millionen Jahren unterbrach die Kollision von Afrika und Asien die östliche Verbindung zum Indischen Ozean. Vor etwa 6 Millionen Jahren verursachten Vereisungen am Südpol die weltweite Absenkung der Meeresspiegel um bis zu 50 m und zeitgleich hob sich die Gibraltarschwelle aufgrund der plattentektonischen Kollision Afrikas mit Europa. In der Folge trocknete das Mittelmeer beinahe vollständig aus, und es bildete sich eine große Salzwüste mit bis zu 3.000 m mächtigen Evaporitablagerungen. Die Gips- und Schwefellagerstätten Siziliens sind Zeugen jener katastrophenartigen Umweltveränderung. Geologen gehen davon aus, dass sich der beinah unvorstellbare Prozess in 2 bis 3 Millionen Jahren wiederholen könnte.

Seit der Antike wurde im Gebiet der heutigen Provinzen Agrigent, Caltanissetta und Enna Schwefel gewonnen. Im 19. Jh. förderte Sizilien 90 % der gesamten Weltproduktion, bis Anfang des 20. Jh. die billigere Konkurrenz aus den USA zu einem Rückgang führte. Heute sind alle Schwefelgruben stillgelegt.

In Felstümpeln tummeln sich kleine Fische und Krebse

✱✱✱ Von Sant'Ángelo Muxaro auf den Monte Castello

Sant'Ángelo Muxaro liegt auf einem Plateau. Der benachbarte Monte Castello beherrscht das mittlere Plátani-Tal. Aus dem freundlichen Landstädtchen führt der Weg vorbei an antiken Felsgräbern auf den sagenumwobenen Gipfel der Sicani-Berge.

▶▶ Start ist an der zentralen **Piazza Umberto I** **1**. Auf der Zufahrtsstraße Via Libertà geht es ein kurzes Stück in Nordrichtung bergab und auf Höhe der Bar Eden **2** links in die Via E. Fermi. Rechter Hand geben die Häuser den Blick bald frei über das Plátani-Tal. Von unten treffen wir auf die gepflasterte Via Matarella, der wir nach rechts folgen. Von links stößt ein Treppenweg aus der Ortsmitte dazu, und kurz darauf biegen wir rechts ab auf einen alten Maultierpfad (Mulattiera) **3**.

Daidalos baut König Kokalos eine Burg

Daidalos, Urvater aller Ingenieure, ist vor allem als Erbauer des Labyrinths bekannt. Wie alle griechischen Mythen, ist auch seine Geschichte ziemlich verwoben. Aus Neid hatte er seinen weitaus begabteren Neffen Perdix umgebracht und war daraufhin aus Athen verbannt worden. König Minos von Kreta bot dem großen Erfinder gerne Asyl. Nachdem Daidalos durch die Konstruktion einer Art gynäkologischen Stuhls Pasipahae, der Gemahlin des Minos', den Beischlaf mit einem Stier ermöglicht hatte, musste er die monströse Ausgeburt jenes Seitensprungs vor der Welt verbergen und erfand für diesen Minotauros das Labyrinth.

Im weiteren Verlauf dieser komplizierten Geschichte tötete der athenische Königssohn Theseus den Minotauros und fand dank des „Ariadnefadens" den Weg zurück ins Freie. Aus Wut sperrte König Minos Daidalos und dessen Sohn Ikarus ins Labyrinth. Den Plan des Labyrinths und den Faden seiner Tochter Ariadne hatte Minos sicherheitshalber kassiert. Den beiden Männern gelang dennoch die Flucht mithilfe von Flügeln, gefertigt aus Vogelfedern und Kerzenwachs. Die Warnungen des Vaters missachtend, kam Ikarus der Sonne zu nahe – mit bekannten Folgen. Daidalos aber landete auf Sizilien und fand gastfreundliche Aufnahme beim Sikanerkönig Kokalos. Als Minos die Flucht seines „Wernher von Brauns" entdeckte, rüstete er die Kriegsflotte und nahm die Verfolgung auf. Nur waren die Sikaner inzwischen gut gerüstet, Daidalos hatte ihrem König die Festung Kamikos erbaut. Minos sollte den Kriegszug in Sizilien nicht überleben, seine Männer blieben. Das antike Eraclea Minoa an der Küste und Reste einer großen Sikanerstadt bei Sant'Ángelo Muxaro deuten auf einen wahren Kern des Mythos hin. Auch das antike Engyon (→ Tour 34) bei Gangi, auf halber Strecke zwischen Cefalù und Enna, gilt als minoische Gründung.

Wir verlassen den Ort, und vorbei an Hühnerställen, Gärten und Mandelhainen geht es über Felsfluren und blankes Gipsgestein bergab. Jenseits des Plátani-Tals ist der Ort S. Biágio Plátani zu sehen, im Westen erhebt sich der Monte Castello.

Von oben stoßen wir auf einen querenden Schotterweg **4**, dem wir nach rechts Richtung Monte Castello folgen. (Der Weg nach links führt direkt zu den bronzezeitlichen Nekropolen unterhalb der Stadt, an denen wir auf dem Rückweg vorbeikommen; → „Kurzer archäologischer Rundgang".)

Kurz darauf geht es links hoch auf der querenden Asphaltstraße **5**. Nach einem längeren steilen Anstieg aus dem Vallone del Ponte verlassen wir die asphaltierte Straße auf Höhe einer Eisenschranke **6** nach rechts. In der Felswand zur Linken öffnen sich die Grabkammern der bronzezeitlichen Nekropole Grotticelle.

Die Forststraße führt durch einen Eukalyptushain in den Sattel **7** zwischen Pizzo dell'Aquila und Monte Castello, Kreuzungspunkt mehrerer Wege. Wir gehen geradeaus und biegen kurz darauf an der Gabelung **8** rechts ab. Bevor die Forststraße abfällt, zweigen wir rechts ab auf eine wenig genutzte Forstpiste **9** und queren einen Feuerschutzstreifen.

Die Gehrichtung beibehaltend, erreichen wir einen **Sattel 10**. S. Biágio Plátani taucht auf und, folgen wir der Geländekante ein paar Schritte nach rechts **11**, ▶

Tomba del Principe,
Grab mit Aussicht

Länge/Gehzeit: 9,9 km, ca. 3:40 Std.
Charakter: mittelschwere Rundwanderung, überwiegend in der Sonne. Kürzere Abschnitte auf wenig befahrenen Asphaltstraßen, ansonsten alte Maultierwege (Mulattiera) und Naturpfade. Der Aufstieg ab 11 zum Gipfel verlangt ein bisschen Orientierungsgeschick.
Markierung: keine.
Ausrüstung: feste Bergschuhe, Wind- und Sonnenschutz.
Verpflegung/Unterkunft: Wasser mitnehmen. Bars und Alimentari an der Piazza Umberto I; im Panificio Tirrito, Via Dante 13, gibt es Brot und Honigkekse aus dem Holzofen, guten Käse im Caseificio Greco, Via Cesare Battisti 34. Pierfilippo Spoto und „Val di Kam" organisieren Unterkünfte und auch weitere Wanderungen in den Monti Sicani, Via Libertà 1, ☏ 092 2919670, mobil ☏ 338 6762491, www.valdikam.it.
Hin & zurück: aus Agrigent/Piazzale Rosseli 3x tägl. Lattuca-Busse, ☏ 092 236125, www.autolineelattuca.it. Aus Palermo/Via P. Balsamo 9x tägl. Cuffaro-Busse (halten unten an der SP 19), ☏ 091 6161510, www.cuffaro.info. Mit dem Auto von Agrigent auf der SS 118 bis Raffadali, auf der SP 17 an Santa Elisabetta vorbei und auf der SP 19 weiter nach Sant'Ángelo Muxaro (liegt etwa 25 km nördlich von Agrigent).

▶ ist auch Sant'Ángelo Muxaro wieder zu sehen. (Nach dem Gipfelausflug kehren wir zu dieser Stelle zurück.)

Der Pfad zum Gipfel beschreibt eine scharfe Rechtskurve und quert
den Hang oberhalb einiger aufgeforsteter Zypressen in Südrichtung.
Dann steigt der Weg in kleinen Serpentinen an und erreicht mit dem
schmalen Grat den Gipfel **12** des **Monte Castello**. Ob die Mauerreste
wirklich zur sagenhaften Burg des Sikanerkönigs Kokalos gehören,
bleibt ein Rätsel, königlich ist die Aussicht ohne Frage (→ „Daidalos

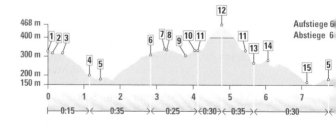

Blick vom Monte Castello: Sant'Ángelo Muxaro im Morgennebel

baut König Kokalos eine Burg"). **Vorsicht** beim Herumklettern, die Felswände im brüchigen Gips fallen fast senkrecht ab!

Auf demselben Weg kehren wir zum kleinen Plateau **11** zurück und steigen durch die Talmulde nach rechts in nordöstlicher Richtung ab. Auf Höhe der ersten Hausruine **13** knickt der Weg nach rechts und verläuft unterhalb einer verfallenen Masseria (Gutshof). Kurz darauf an der Gabelung **14** folgen wir der linken Fahrspur, die in ca. 0:15 Std. die asphaltierte Straße **15** erreicht. Auf dieser geht es rechts hoch, der Kreis schließt sich **5**, und auf bekanntem Weg kehren wir zur T-Kreuzung **4** unterhalb von Sant'Ángelo zurück.

Hier geradeaus weiter führt der gekieste Weg am südlichen Hangfuß an einem ausgedehnten bronze-zeitlichen Gräberfeld entlang. Einige der archäologi-schen Funde werden in Sant'Ángelo im Museo della Sicania an der Piazza Umberto I ausgestellt. Die berühmte Goldschale mit den Stierreliefs, deren vergrößerte Replik die Ortszufahrt schmückt, ist seit Langem im Besitz des British Museums in London. ▶

18 2 1

9,9 km

0:25

3:40 Std.

Sie liefern die Milch für den Pecorino aus dem Caseificio Greco

Talseitig zweigt ein Weg zur **Grotta Ciavuli** ab (→ „Der Grotta Ciavuli auf den Grund gehen"), kurz danach queren wir die Asphaltstraße 16, die von der SP 19 in den Ort hochführt. In gerader Linie steigen wir auf der steingepflasterten Mulattiera bergauf und erreichen erneut die Straße, auf der wir nach links weiterlaufen. In der folgenden

Der Grotta Ciavuli auf den Grund gehen

Das Bergplateau von Sant'Ángelo Muxaro wird von einer gewaltigen Gipsgrotte unterquert. Der Eingang zur Grotta Ciavuli liegt im Südosten der Stadt. Nach Anmeldung können kleine Gruppen bis max. 15 Personen die faszinierende Karsthöhle in Begleitung kundiger Speleologen gratis besichtigen, sogar die Ausrüstung wird gestellt. Infos c/o Ufficio della Riserva, Via Messina 2 (Piazza Umberto I), ☎ 092 2919669, www.legambienteriserve.it.

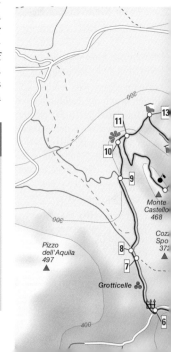

kurze Stichweg zum größten antiken Kuppelgrab Siziliens ab.

Die **Tomba del Principe** 🔟 betritt man durch einen kreisrunden Vorraum von knapp 9 m Durchmesser.

Kurzer archäologischer Rundgang

Die Tour lässt sich auf knapp 2 Std. (inkl. Besichtigung) verkürzen, wenn man auf den Gipfelausflug verzichtet und von 4 gleich, vorbei an den ersten bronzezeitlichen Nekropolen, zur imposanten Tomba del Principe 17 weitergeht.

Da er nur von innen zu verschließen war, wird vermutet, dass Angehörige oder Sklaven den Toten lebend ins Grab begleitet haben. Die sich anschließende Grabkammer mit 6 m Durchmesser und einem steinernen Bett als letzter Ruhestätte erinnert an mykenische Thóloi (Rundbauten), nur dass diese hier vollständig aus dem Fels geschlagen ist. In byzantinischer Zeit dienten die beiden Räume als Kirche.

Korbflechter

Calogero Tarallo, besser bekannt als Zi Caluzzu, ist ein Korbflechter von Rang. Humor, Fantasie und anatomische Detailkenntnis beweist er beim Gestalten von Tieren, Via Addolorata 7, 📞 092 2919177.

Zurück in den Ort folgen wir der Asphaltstraße bergauf, biegen links 🔟 in die Via Addolorata und erreichen über die Via Libertà – an 2️⃣ vorbei – unseren Ausgangspunkt an der Piazza Umberto I 1️⃣. ∎

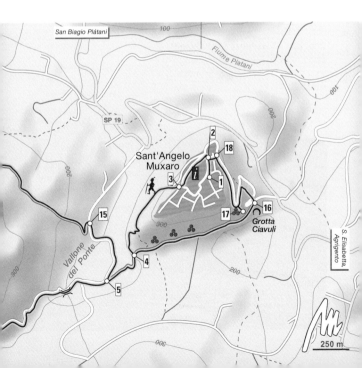

✳✳✳ Auf den Monte Falcone, höchster Gipfel der Isole Egadi

Maréttimo, westlichste der Ägadischen Inseln, liegt 20 Seemeilen vor Trapani. Sie ist die grünste Insel des kleinen Archipels. Wasser im Überfluss und 600.000 Jahre Isolation von Sizilien haben eine artenreiche insulare Vegetation entstehen lassen, ein Mekka für Pflanzenfreunde. Die schroffen Felsen an der West- und Nordküste sind das unangefochtene Reich von Möwen, Falken, Adlern und ausgewilderten Mufflons.

▶▶ Von der Piazza Scalo Nuovo **1** oberhalb des Fährhafens folgen wir der Via Municipio nach Norden. Am Corso und an der Piazza Umberto versammeln sich die wichtigsten öffentlichen Einrichtungen des kleinen Inselortes: die Chiesa Madre, zwei Schiffsagenturen, eine Bank, eine Bar, die Trattoria Il Veliero, in den Quergassen der Bäcker und ein paar Lebensmittelgeschäfte.

Am Ende des Corsos Umberto I **2** liegt der alte Bootshafen. Eine Votivkapelle, dem

> **Einmal Gipfel und zurück**
>
> Die Tour lässt sich um gut 1 Std. verkürzen, wenn man auf dem Rückweg vom Gipfel von den Case Romane (nahe 4) direkt zum Ort hinabsteigt. Länge/Gehzeit: 8,7 km, ca. 3:40 Std.

Weggefährten auf Maréttimo

hl. Franz von Paola geweiht, erinnert an einen glücklichen Fischzug im Jahr 1870. Von der Via Campi biegen wir noch am Hafen links in die ansteigende Via G. Pepe, und vorbei an der Schule und dem Ristorante Al Carrubo **3** verlassen wir den Ort.

Oberhalb einer **Tränke** (Trinkwasser) steigt der neu gepflasterte Weg in weiten Serpentinen zum alten Friedhof an, und weiter geht es hinauf in Richtung Case Romane. Macchia überzieht die ehemaligen Ackerflächen am Hang, die kleine Eselpopulation der Insel findet hier ihre Weidegründe. Das bergige Rückgrat Maréttimos erstreckt sich von der Punta Basano im Südosten bis zur Punta Troia im Nordosten. Im Osten tauchen die Nachbarinseln Levanzo und Favignana aus dem Meer, dahinter erhebt sich die sizilianische Westküste mit dem Berg Monte Erice.

Kurz vor den Case Romane zweigt links ein beschilderter Weg **4** Richtung „Semaforo" ▶

Länge/Gehzeit: 11,6 km, ca. 4:30 Std. **Charakter:** anspruchsvolle, überwiegend der Sonne ausgesetzte Rundwanderung auf guten Pfaden, im Abstieg ist das Gelände stellenweise rutschig. Der Weg von 10 in die Località Carcaredda 11 ist stellenweise ausgesetzt. Eine Übernachtung auf Maréttimo einplanen! **Markierung:** beschriftete Hinweistafeln an Wegkreuzungen und Gabelungen.

Ausrüstung: feste Bergschuhe, Wind- und Sonnenschutz.

Verpflegung/Unterkunft: Wasser mitnehmen (unterwegs Trinkwasserbrunnen bei 3 und nahe 4). Im Ort kann man Proviant einkaufen, beste Auswahl bietet La Cambusa, Via Garibaldi 5/B, ✆ 092 3923441. Eine gute Adresse ist die Fischer-Trattoria Il Veliero, Corso Umberto I 22, ✆ 092 3923274. Das sympathische Gartenrestaurant Al Carrubo 3 öffnet nur Mai bis September, Contrada Pelosa 3, ✆ 092 3923132, mobil ✆ 333 8290654. Zum Übernachten schön ist die Öko-Anlage Marettimo Residence im Süden des Ortes, ✆ 092 3923202, www.marettimoresidence.com. Ordentliche Apartments und Wandertipps gibt es beim Insel-Imker Leonardo Parisi in der Residence Isola del Miele, Via Chiesella 3, ✆ 092 31897299, mobil ✆ 328 2370676, www.isoladelmiele.it.

Hin & zurück: Fähren und Tragflügelboote (www.siremar.it, www.usticalines.it.) ab Trapani, im Sommer auch ab Marsala. Weht der Schirokko (Wüstenwind von der Sahara), kommt es vor, dass Schiffe nicht auf Maréttimo anlegen können – rechtzeitig informieren und entsprechend planen!

▶ und „Carcaredda" ab – nach dem Gipfelausflug die Fortsetzung unserer Tour. Wenige Meter weiter vorne endet der gepflasterte Wegabschnitt an einer Tränke (Trinkwasser) oberhalb
der Case Romane. Das verfallene Gutshaus zeigt
Mauerreste aus römischer Zeit. Ein mittelalter-
liches Kirchlein diente zuletzt Bauern als Bleibe.
Die alten Ackerterrassen haben sich längst in
einen blühenden Wildgarten verwandelt. Von
oben blickt man auf die dicht gedrängten weißen Würfelhäuser des Ortes hinab. Die beiden
Molen strecken sich wie offene Arme ankom-
menden Schiffen entgegen.

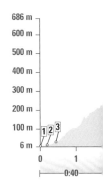

Hier an der **Gabelung** direkt oberhalb der Case
Romane ist der Monte Falcone in beide Rich-
tungen ausgeschildert. Wir wählen den linken „Sentiero No. 2" und
gehen in angenehmen Serpentinen durch niedrige Macchia bergauf,
abwechselnd mit Blick auf die Punta Troia und Maréttimo. Felsspalten

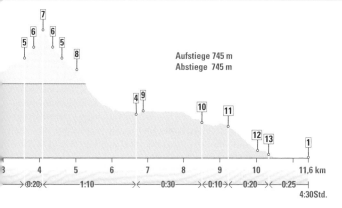

Aufstiege 745 m
Abstiege 745 m

am Wegrand dienten früher Hirten als Unterstand. Weiter oben schließt die Macchia dichter, vereinzelt stehen Steineichen neben hohen Erika- und Rosmarinbüschen. Noch bis ins 18. Jh. war Maréttimo fast vollständig von Wald bedeckt.

An bizarren Felsformationen vorbei und über zistrosenbezogene Hänge erreichen wir eine beschilderte Gabelung **5**. (Rechts führt der Pfad Richtung „Punta Troia" bergab, nach dem Gipfelausflug wird dies unser Abstieg sein.) Links steigt der Weg in wenigen Minuten bis zum **Sattel 6** zwischen Pizzo del Capraro und Monte Falcone auf. Zum ▶

Steinzeitkunst im Verborgenen – Grotta del Genovese

Levanzo, die kleinste der bewohnten Ägadischen Inseln, birgt einen großen Schatz. An der Westküste entstand im Inneren einer Karstgrotte vor 12.000 Jahren ein Zyklus von Ritzzeichnungen. Dynamische Linien beschreiben in bewegten Umrissen Hirsche, wilde Stiere und Esel. Männer in Masken (Schamanen?) sieht man beim Tanzen (Beschwörung des Jagdglücks?).

Levanzo, in jener Epoche noch als Halbinsel mit Sizilien verbunden, wurde vor etwa 7.000 Jahren bei ansteigenden Meeresspiegeln als Insel von Sizilien getrennt. Jahrtausende später, gegen Ende der Jungsteinzeit (Ende des 4. Jt. v. Chr.), wurde die Grotte ein zweites Mal kultisch verziert, diesmal mit roten und schwarzen Malereien. Es sind domestizierte Tiere auf den Wänden zu sehen, einige von Frauen an der Leine geführt. Auch tauchen hier zum ersten Mal Bilder eines Thun- und eines Schwertfisches auf. Somit wird man auf wenigen Quadratmetern Zeuge einer kulturell-wirtschaftlichen Entwicklung, die oft wenig anschaulich als Neolithische Revolution bezeichnet wird. Das Innere der Grotte kann nur in Begleitung des Kustoden betreten werden. Natale Castiglione (✆ 092 3924032, mobil ✆ 339 7418800, www.grottadelgenovese.it, ca. 20 € pro Person) bietet den Ausflug mit dem Boot oder bei schlechtem Wetter auch mit dem Jeep an. Zu erreichen ist die Grotte auch zu Fuß – eine tolle Tour!

▶ ersten Mal sehen wir auf die wild zerklüftete Westküste hinab. Geradeaus setzt sich der Pfad noch ein Stück weit fort mit immer grandioseren Ausblicken: verwitterte Felswände, die sich Wind und Wellen entgegenstemmen, im Süden kommt die Punta Libeccio zum Vorschein. Aus dem Sattel steigt der rot markierte Pfad mit dem Felsgrat zum **Monte Falcone** auf. Den Gipfel **7** markiert ein offizieller Vermessungspunkt. Der Rundumblick ist grandios, und eine Metall-platte mit eingravierter Karte erweist sich als nützliche Orientierungs-hilfe, v. a. wenn man nach weiteren Touren auf Maréttimo Ausschau hält. Bei klarer Sicht sind im Süden die Insel Pantelleria und im Süd-westen das tunesische Cap Bon zu sehen.

Auf demselben Weg kehren wir über den Sattel **6** zur Gabelung **5** zurück, von der aus wir diesmal in Richtung Punta Troia absteigen. Der schmale, stellenweise rutschige Pfad quert den weiten Talkessel nach Norden. Von oben treffen wir auf einen querenden Weg **8**, dem wir rechts zurück Richtung Case Romane folgen (links führt er zur Punta Troia bzw. Cala Bianca). Im Abstieg queren wir mehrere Taleinschnitte. Oberhalb der **Case Romane** schließt sich der Kreis.

Vom Glück, auf Maréttimo zu stranden

Wenn bei starkem Schirokko weder Fähre noch Tragflügelboot anle-gen, gerät die Urlaubsplanung leicht aus den Fugen. Glück im Unglück! Unternehmungslustige Wanderer haben dann die Qual der Wahl. Von den Gassen im Ort und einer kurzen Schotterpiste zum neuen Friedhof abgesehen, gibt es keine Straßen auf Maréttimo, Wanderwege dafür um so mehr. Zu verdanken ist das einem vorausschauenden Forstdirektor, der in den 1990er-Jahren die alten Wirtschaftwege und Maultierpfade wieder hatte herrichten lassen. Als Arbeiter stellte er die jungen Män-ner der Insel an, viele kennen sich heute noch gut aus auf ihrem Eiland.

Vom Monte Falcone 7 verschafft man sich den besten Überblick. Abenteuerlich ist eine Tour entlang der Nordküste vom Pizzo Mado-nuzza zur Cala Bianca. Eine schöne Nachmittagswanderung hingegen führt zur Punta Troia mit dem Normannenkastell. Am Scalo Maestro kann man zu einem Bad ins Meer steigen. Der schönste Badestrand der Insel, die Praia Nacchi (Abstecher zu 12), liegt im Südosten. Vorher lässt sich die Punta Basano erkunden. Ein Leuchtturm am Ende der Welt ist der Faro an der Cala Nera, zu erreichen über die Località Carcaredda 11. Vom Bad in der Cala Nera erfrischt, kann man den Rückweg über die Punta Ansini antreten. Infos und mit Glück sogar eine Wanderkarte gratis gibt es bei der Associazione Culturale „Maret-timo" am alten Hafen in der Via Campi 3 (✆ 092 3923000).

Ein Besuch von Maréttimo wäre unvollständig ohne eine Bootsfahrt. Salvatore Livolsi (✆ 092 3923078, mobil ✆ 3395915901) z. B. begleitet seine Gäste mit einem kleinen Fischerboot um die Insel. Da er sich zu Fuß auf Maréttimo ebenso gut auskennt wie auf dem Meer, verrät er unterwegs den einen oder anderen guten (Wander-)Tipp.

Blick vom Gipfel bis zur Punta Basano im Südosten

Wir können auf bekanntem Weg zum Ort absteigen (→ „Einmal Gipfel und zurück"), die Tour aber auch um einen lohnenden Ausflug in den Süden verlängern. An der **Gabelung** 4 wenige Schritte südlich der Case Romane biegen wir rechts auf den beschilderten Weg Richtung „Carcaredda" ab. An der nächsten Gabelung 9 geht es links leicht bergab (rechts steigt der Weg zur Punta Ansini auf).

Der Weg führt an einem **Picknickplatz** im Kiefernforst vorbei und tritt dann wieder ins Freie. Jetzt sind uns Blicke auf Maréttimo und die Punta Troia vergönnt. Wir queren eine Hochfläche mit hüfthoher Macchia, die im Mai und Juni in allen Farben explodiert. Wieder im Kiefernforst, zweigt links ein Pfad 10 Richtung Cimitero (Friedhof) ab (ein schneller Weg hinab zur Küste und zurück in den Ort).

Geradeaus setzt sich der Weg Richtung Carcaredda fort. Mit Blick auf die Punta Basano queren wir eine steil zur Küste abfallende Felswand. **Achtung**, dieser Weg ist **stellenweise ausgesetzt**. Erneut im Kiefernschatten, treffen wir in der Località Carcaredda auf eine querende Fahrspur 11. Rechts setzt sich die Piste in Richtung Faro (Leuchtturm) fort. Die Gehzeit zur Punta Libeccio – ein kurzes Stück nordwestlich des Faro – ist mit 1:45 Std. angegeben.

Wir folgen links der Piste zurück nach Maréttimo. In Serpentinen geht es rasch bergab, steilere Abschnitte sind betoniert. Unterwegs zweigt rechts ein Pfad 12 zum Strand Praia Nacchi ab (weiter vorne stößt bergseitig der Pfad 10 aus dem Kiefernforst dazu). Von oben treffen wir auf die küstenparallele, steingepflasterte Straße 13, die nach links zurück nach Maréttimo führt. Mit schönem Blick auf den Hafen, vorbei an einer Kapelle und der Öko-Anlage Marettimo Residence, erreichen wir die Piazza Scalo Nuovo 1. ■

** Auf Hirten- und Küstenwegen um den Monte Cófano

Bei der Umrundung des markanten Marmorkaps wandern wir durch hüfthohe Zwergpalmenhaine, entdecken eine prähistorische Grotte und halten Ausschau von alten Küstenwachtürmen. Unterwegs bietet sich die Gelegenheit für einen Sprung ins Meer.

▶▶ Jeden Sommer erwecken italienische Badegäste das ehemalige Fischerdorf **Lido Cornino** zu neuem Leben. Die kleine Strandsiedlung, ein Ortsteil von Custonaci, liegt im Schutze des Monte Cófano an der **Cala Buguto**. Wir starten an der Strandpromendade Lungomare Cristoforo Colombo, wo eine Wandertafel **1** des Naturreservats „Riserva Naturale Monte Cófano" zur Route informiert. Wir biegen rechts in die Via Cefalù, eine sanft ansteigende Schotterstraße, und halten, vorbei an modernen Bungalows, auf Marmorsteinbrüche zu.

Unterhalb einer einzeln stehenden Villa gabelt sich die Schotterstraße **2**. Nach rechts führt ein kurzer Abstecher zur **Grotta Mangiapane**. In der Steilwand öffnet sich eine Höhle **3**, groß genug, einem winzigen Dorf (Borgo) Platz zu bieten. Tatsächlich stammen die frühesten Spuren menschlicher Besiedlung aus der Altsteinzeit. Mitte der 1940er-Jahre wurde das Dorf verlassen, seit 1983 kümmert sich ein Verein um den Erhalt des einzigartigen Ensembles (→ „Lebendiges Bauernmuseum und Weihnachtskrippe in der Grotte").

Zurück an der Gabelung **2**, setzt sich die Wanderung auf der rechts ansteigenden Schotterstraße fort, direkt auf den Monte Cófano zu. Riesige Abraumblöcke liegen am Fuße der Steilwand. Der Weg verschmälert sich und steigt im Rücken eines verlassenen Hauses in Ser-

Paradiesischer Blick vom Monte Cófano auf Erice

pentinen zwischen Zwergpalmen (Chamaerops humilis) den Felshang hoch. Kurz vor Erreichen der Sattelhöhe stößt von rechts eine Piste **4** dazu. Unser zur „Tonnara di Cófano" ausgeschilderter Weg setzt sich links fort. Beim Blick zurück auf den Golfo di Bonagía ist im Westen auch die Insel Levanzo (→ Tour 20 „Grotta del Genovese") zu sehen.

Kurz darauf erreichen wir am **Sattel 5** den höchsten Punkt der Tour. Rechter Hand in der Geländemulde liegt ein kleiner Karstsee, und hinter einem niedrigen Felsgrat versteckt sich der Borgo Cófano. Am Sattel quert auch ein Pfad, der sich links in Richtung Gipfel fortsetzt. Die reizvolle Kletterpartie sollte besser nur in Begleitung Ortskundiger unternommen werden! Die Felsen sind brüchig, und immer wieder kommt es zu Unfällen.

Auch ohne Gipfelsturm bietet sich großes Landschaftstheater. Im Nordosten öffnet sich der Golfo del Cófano: Das Küstenstädtchen San Vito lo Capo wird vom Monte Monaco überragt, und nach Süden setzt sich die schön geformte Bergkette mit dem Monte Passo del Lupo und Monte Speziale fort.

Vor dieser Kulisse führt der alte Maultierweg in weiten Schwüngen den Hang hinab. Auf den aufgelassenen Ackerterrassen breiten sich Zwergpalmen und Mauretanisches Riesengras (Ampelodesmos mauritanicus) aus. Dann taucht ein Küstenwachturm auf. Vorbei an verfallenen Bauernhäusern, schwingt der Pfad nach links und fällt in kleinen Serpentinen weiter ab, auf dem letzten Stück von einer Mauer begleitet. Wenige Meter oberhalb des Küstenwachturms treffen wir auf eine querende Schotterpiste **6**. Die alten Fischerhäuser der Thunfischfabrik Tonnara di Cófano sind heute Ferienappartements. Bei ruhiger See laden kleine Kiesbuchten unter dem **Torre di Cófano** zum Bad im Meer (Badeschuhe!). ▸

Länge/Gehzeit: 8,5 km, ca. 3:35 Std.

Charakter: mittelschwere Rundwanderung auf deutlich ausgeprägten Pfaden in schattenlosem Gelände.

Markierung: Wandertafel am Start, unterwegs Hinweisschilder mit Zeitangaben.

Ausrüstung: feste Bergschuhe, Wind- und Sonnenschutz, Badesachen und evtl. Badeschuhe.

Verpflegung/Unterkunft: Wasser mitnehmen (kein Wasser unterwegs), in Custonaci kann man Proviant einkaufen. Bars und Restaurants am Lido Cornino öffnen nur im Sommer. In Custonaci empfehlen wir das familiäre Albergo-Ristorante Il Cortile. Der sympathische Besitzer Andrea Oddo kennt sich in der Gegend bestens aus – auch zu Fuß. Via Scurati 67, ✆ 092 3971750, mobil ✆ 349 4797366, www.hotelil cortile.it. Der perfekte Platz für einen Sundowner mit Blick auf den Monte Cófano: Pocho, 2 km vor San Vito lo Capo im Ortsteil Makari, mit einer Terrasse direkt über dem Meer, dazu ein tolles Fisch-Restaurant (nur abends) und 12 hübsche Zimmer, geöffnet von Ostern bis Ende September. ✆ 092 3972525, www.pocho.it.

Hin & zurück: mit dem Bus zu umständlich! Aus Palermo mit dem Auto auf der SS 187 vorbei an Castellammare del Golfo nach Westen, dann auf der SP 16 nach Custonaci, dort Richtung Lido Cornino **1** (ausgeschildert). Parkplätze in Strandnähe. Von Trapani ist Custonaci am schönsten auf der küstenparallelen SP 20 zu erreichen.

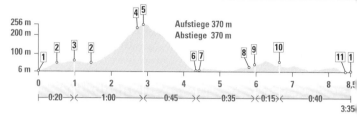

▶ Den Turm im Rücken, führt uns die Fahrspur noch ein kurzes Stück nach Norden, geht dann in einen deutlichen Pfad über und schwenkt nach links **7**. In leichtem Auf und Ab zieht sich der Weg etwa 0:30 Std. an den nördlichen Hangfüßen des Monte Cófano durch duftendes Zwergpalmen-Thymian-Gebüsch, zur Rechten die verkarstete Felsküste, links über uns bizarre Kalksteinformationen, unangefochtenes Reich von Wanderfalken und Bonelli-Adlern.

Dem hl. Nikolaus von Bari, Schutzpatron der Fischer und Seeleute, ist eine in den Fels geschlagene **Votivtafel 8** geweiht. Ein einsamer Feigenbaum wirft seinen Schatten auf eine Bank – perfekt für eine kurze Rast. Wenige Minuten später erreichen wir die weißgekalkte Kapelle **Chiesa del Crocifisso 9**. (Bergseitig zweigt ein Pfad ab, der mit wenigen Schritten zur Grotta del Crocifisso aufsteigt, eine der wichtigen steinzeitlichen Fundstätten Westsiziliens.)

Von der Kapelle setzt sich der Küstenpfad in westliche Richtung fort. Vorne taucht bereits der nächste Küstenwachturm auf. Bald rücken der Monte Erice und die Bucht Golfo di Bonagía ins Blickfeld, bei klarer Sicht sind auch die Ägadischen Inseln mit Maréttimo (→ Tour 20) zu sehen. Die beste Aussicht bietet die Dachterrasse des **Torre di**

Lebendiges Bauernmuseum mit Weihnachtskrippe

Der Borgo, das kleine Dorf in der Grotta Mangiapane ③, noch bis Ende des Zweiten Weltkriegs bewohnt, belebt sich jedes Jahr aufs Neue, wenn sich an Sommerwochenenden die Ställe wieder mit Tieren füllen und Handwerker, Bauern und Hirten aus den umliegenden Orten zusammenkommen, um beinahe ausgestorbene Gewerke anschaulich vorzuführen. Mit Maultieren wird auf der steingepflasterten Aia (Tenne) Getreide gedroschen, Schafe werden gemolken, und in Kesseln über offenem Feuer wird Käse und Ricotta gemacht, aus Palmfasern Besen und aus Halmen des Mauretanischen Riesengrases werden Reusen und Körbchen geflochten. Aus den sommertrockenen Stängeln des Gemeinen Rutenkrauts (Ferula communis) fertigt der „firlizzaru" leichte, stabile Hocker. Den Kustoden kann man mit Glück auch zu anderen Jahreszeiten antreffen, ansonsten bleibt nur der Blick über den Zaun. Hoch her geht es dann wieder zur Weihnachtszeit, wenn die Grotte zur Krippe wird. Infos unter ☎ 092 3973553, ☎ 092 3971029, www.presepeviventedicustonaci.it. Eintritt zu dieser Zeit 6–7 €, mit kleinen Kostproben 11–15 €.

S. Giovanni . **Vorsicht**, beim Betreten des Turms auf das (abgedeckte!?) Zisternenloch im dunklen Eingangsraum achten!

Der Weg setzt sich hinter dem Turm deutlich breiter fort und schwenkt mit der Kontur des Kaps nach Süden. Zwergpalmen formen ein hüfthohes Dickicht, weidende Rinder unterstreichen den exotischen Landschaftseindruck. Vorbei an alten Fischerhäusern und modernen Villen

Wegweiser beim Aufstieg

kehren wir nach Lido Cornino zurück. Die Via Alassio führt auf den asphaltierten Lungomare Cristoforo Colombo **11** und zum Strand. Geradeaus erreichen wir in wenigen Minuten den Ausgangspunkt **1**. ■

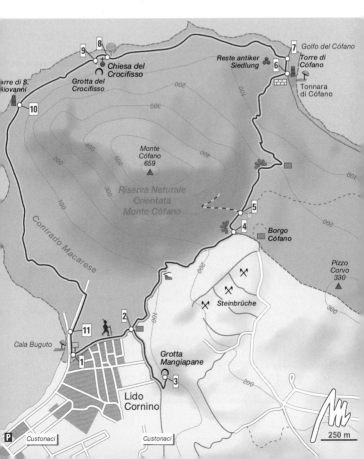

*** Küsten und Berge im Naturpark Riserva dello Zingaro

Zwergpalmen sind das Symbol des exotischen Naturparks am Golfo di Castellammare. Auf der Wanderung erleben wir neben artenreicher Mittelmeerflora die Stille einer archaischen Bergwelt. An der Steilküste locken zahllose Kiesbuchten am türkisblauen Meer. Bei dieser Tour gehören Badesachen und Taucherbrille ins Gepäck!

▶▶ Start ist am **Südeingang** ❶ des Naturparks. Eine Schotterstraße führt uns durch einen Felstunnel, Beginn der geplanten, glücklicherweise aber nie fertiggestellten Küstenstraße nach S. Vito lo Capo. Auf breitem Pfad geht es anschließend weiter, rechter Hand liegt eine schöne Picknickzone über dem Meer. Nach Norden überblicken wir die Berge und Küste der Riserva dello Zingaro bis zum Küstenwachturm Torre dell'Impiso. Bald verlassen wir den küstenparallelen Hauptweg nach links ❷ und steigen auf zum **Centro Visitatori** ❸ (Besucherzentrum). Ranger führen hier vor, wie früher Palm- und Grasfasern zu Reusen, Seilen, Besen, Fächern oder Körben verarbeitet wurden.

> **Kurztrip**
>
> Die Tour lässt sich um gut 2 Std. verkürzen, wenn man aus der Località Sughero ⑩ direkt zum küstenparallelen Hauptweg absteigt ⑯, um dann nach rechts zum Südeingang ① zurückzukehren.

Direkt oberhalb des Besucherzentrums (WC) wandern wir auf ausgeschildertem Weg in Richtung „Pizzo del Corvo" in schnellen Serpentinen hinauf über den offenen Grashang. Jedes Atemholen wird mit reichen Ausblicken belohnt. Von unten treffen wir auf eine Kiesstraße ❹, der wir nach rechts folgen. Sie endet vor einem kleinen Haus. Kurz vorher biegen wir links ab auf den als „Sentieri alti" bezeichneten Pfad ❺, der im verkarsteten Hang weiter schräg ansteigt.

An der nächsten Gabelung ❻ halten wir uns rechts,

Cala dell'Uzzo – einfach traumhaft

queren eine Tallinie und ignorieren den nächsten, undeutlichen Abzweig links **7**. Der Weg führt über eine kleine Hochfläche in die **Senke 8** zwischen Pizzo Passo del Lupo und Pizzo del Corvo. Der kurze weglose Abstecher rechts auf den **Pizzo del Corvo 9** gipfelt in einem herrlichen Ausblick: Scopello im Süden, im Osten der Golfo del Castellammare und vor uns ausgebreitet der Naturpark Zingaro in seiner ganzen Pracht. Im Norden sind Sughero und Borgo Cusenza auszumachen, zwei verlassene Ansiedlungen, die wir auf der Wanderung noch berühren werden.

Dem Weg ab **8** nach Norden folgend, steigen wir mit Blick auf verstreut liegende Häuser ab und queren dabei zwei Taleinschnitte. Verwilderte Mandel- und Olivenhaine umgeben die **Località Sughero**. Der rechts abzweigende Pfad **10** führt zum küstenparallelen Hauptweg hinunter (→ „Kurztrip" bzw. **16**). Wir setzen jedoch unseren Weg geradeaus fort, um auf Höhe **11** des letzten im Norden von Sughero gelegenen Hauses (Rifugio del Falco) links in Serpentinen wieder aufzusteigen.

Über ein Hochplateau erreichen wir **Borgo Cusenza 12**. Noch in den 1930er-Jahren lebten hier ständig bis zu 14 Familien von der Landwirtschaft, in den 1960er-Jahren wurde das Dorf endgültig verlassen. Nach und nach werden die Gebäude wieder restauriert, und die Parkverwaltung fördert in einem Projekt Hartweizenanbau mit traditionellen Methoden.

Wir folgen der Fahrspur nach Norden, rechts an einer Wasserstelle vorbei, bis zu einem Taleinschnitt **13**. Hier steigen wir rechts auf dem gekennzeichneten Pfad ab, vorbei an der Grotta Mastro Peppe Siino, zur Contrada Uzzo. In Küstennähe treffen wir auf den Hauptweg **14**, dem wir in Südrichtung nach rechts folgen (ein kurzer Abstecher nach links führt zum Museo delle Attività Marinare, das Einblick in traditionelle Methoden des Thunfischfangs bietet). ▶

Länge/Gehzeit: 15,2 km, ca. 6:10 Std.
Charakter: anspruchsvolle Rundwanderung auf guten Wegen. Kaum Schatten; Badegelegenheiten, Eintritt 3 €, tägl. 8 Uhr bis Sonnenuntergang; Hunde müssen in dafür vorgesehenen Boxen warten!
Markierung: Hinweisschilder mit Entfernungs- und Zeitangaben. Am Parkeingang gibt es eine Wanderkarte gratis.
Ausrüstung: feste Bergschuhe, Wind- und Sonnenschutz, Badesachen.
Verpflegung/Unterkunft: Im Naturpark sind Wasserstellen eingerichtet, trotzdem sollte man ausreichend Wasser mitnehmen. In Scopello lässt sich für ein Picknick einkaufen. Nicht nur wegen der guten Küche empfehlen wir hier die Pensione Tranchina, Via A. Diaz 7, ☏ 092 4541099, www.pensione tranchina.com. Von Oktober bis Mitte Juni ist es gegen einen geringen Obulus möglich, im Naturpark Riserva dello Zingaro bei den Rifugios (einfache Steinhäuser) zu biwakieren; Infos unter www. riservazingaro.it.
Hin & zurück: Busverkehr schwierig für eine Tagestour! Der südliche Parkeingang lässt sich von Scopello aus auch zu Fuß (oder per Rad) erreichen. Mit dem Auto westlich von Castellammare del Golfo von der SS 187 nach Scopello abzweigen, dort der Ausschilderung bis zum kostenlosen Kiesparkplatz am Südeingang (Ingresso Riserva Sud) **1** folgen.

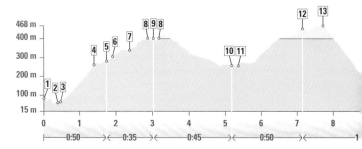

▶ Nach der rauen Berglandschaft erscheint die **Contrada Uzzo** als grüne Oase. Dichtes Zwergpalmengebüsch umgibt einen verwilderten Oliven- und Mandelhain. Links führt ein Weg **15** in wenigen Minuten an die **Cala dell'Uzzo**, eine der schönsten Badebuchten des Naturparks. Vorne rechts öffnet sich in der hohen Felswand die Grotta dell'Uzzo. Schon in vorgeschichtlicher Zeit bot die Karsthöhle Menschen Schutz,

in den 1950er-Jahren diente sie den Banditen um Salvatore Giuliano zeitweise als Versteck.

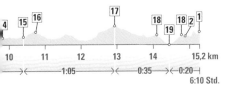

Unterhalb der **Grotta dell'Uzzo** setzen wir die Wanderung auf dem küstenparallelen Hauptweg fort, den wir bis zum Ende der Tour am südlichen Parkeingang nicht mehr verlassen. Bergseitig stößt der Weg **16** von Sughero dazu. Es folgt ein aufregend schöner Abschnitt, immer wieder führen kurze Stichwege zu einsamen Buchten ans Meer. Besonders reizvoll ist die **Contrada Zingaro**, die dem Naturpark den Namen gab. Hier stehen die Zwergpalmen (Chamaerops humilis) besonders üppig.

Am Museo della Manna **17** erreicht der Küstenweg seine Scheitelhöhe. Kurz bevor der Weg unterhalb des Besucherzentrums vorbeiführt, zweigt links **18** der Stichweg zur **Cala Capreria 19** ab, letzte Gelegenheit für ein erfrischendes Bad. Über **18** und durch den Tunnel geht es dann zurück zum Ausgangspunkt **1**. ∎

Die Riserva mit Bambini

Eine kurze, mit kleineren Kindern lohnende Tour ergibt sich, wenn man unterhalb des Centro Visitatori **3** zum Kiesstrand an der Cala Capreria **19** absteigt. Vorher kann man ja dem küstenparallelen Weg ein Stück weit folgen, solange die kleinen Beine tragen – z. B. bis zum Museo della Manna **17**.

Nicht versäumen: die Cala Capreria gegen Ende der Tour

*** Auf den Monte Pellegrino – Palermos heiliger Hausberg

Für Goethe war der Monte Pellegrino das „schönste Vorgebirge der Welt", Geologen faszinieren die Karstformen, Prähistoriker begeistert die Steinzeitkunst in Grotten und Botaniker die artenreiche Felsvegetation. Palermern ist der Berg heilig. Am schönsten nähern Sie sich ihm auf alten Hirten- und Pilgerwegen.

▶ ▶ Ausgangspunkt ist die Bushaltestelle **1** an den **Ex Scuderie Reali**, den ehemaligen königlichen Stallungen im Parco della Favorita. In gerader Linie halten wir auf die steil aufsteigenden Kalkfelswände

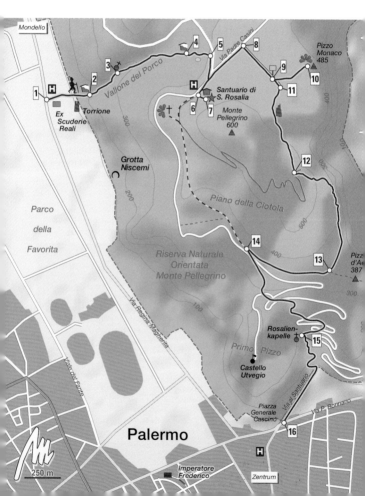

des Monte Pellegrino zu, links vorbei an den Stallungen aus der Bourbonenzeit und dem **Torrione**, einem zinnengekrönten Pulverturm.

Steine säumen den breiten Weg, der im Schatten von Eukalypten auf das **Vallone del Porco** zuführt. Ein verfallenes kleines Steingebäude **2** markiert den Einstieg in die Schlucht. Während der Pfad im engen Tal zwischen Felsblöcken rasch ansteigt, bleiben Stadt und Lärm hinter uns zurück. Die Hänge bedeckt mediterrane Macchia, darunter kalkliebende Arten, wie der ab März in rosa Blüte stehende Judasbaum (Cercis siliquastrum). Der Weg führt vorbei an einer **verfallenen Kapelle** **3**.

Nach steilem Beginn setzt sich der Anstieg im Schatten aufgeforsteter Pinien sanfter fort. Auf Höhe eines verfallenen Gebäudes **4** behalten wir die Gehrichtung bei, folgen dem Hang jetzt ohne eindeutigen Weg weiter bergauf und treffen auf eine Asphaltstraße **5**. Auf dieser geht es ein kurzes Stück nach rechts und an der Gabelung geradeaus bis auf die **Piazza Santuario** **6** mit Buden und Erfrischungskiosken. Hier hält auch der Bus 812, der zurück ins Zentrum fährt. An Wochenenden herrscht reges Treiben.

Eine Treppe führt hoch zum Heiligtum **Santuario di S. Rosalia** **7**. Durch einen Vorhof betritt man die Grotte. Von der Decke tropft Karstwasser, das in einer abenteuerlichen Rinnenkonstruktion aufgefangen wird und als heilbringend verkauft wird. Gläubige knien vor dem Glasschrein, in dem eine anmutige Marmorstatue der Stadtpatronin ruht.

Zurück an der Piazza Santuario **6**, folgen wir der Via Padre G. Casini ein kurzes Stück nach rechts und setzen die Wanderung auf dem bergseitig abzweigenden „Sentiero Pizzo Monaco" **8** fort. In gerader Linie steigt der breite Sandweg im Pinienforst auf. Auf dem beschilderten Abzweig links **9** erreichen wir mit wenigen Schritten den **Pizzo Monaco** **10**: Vom Capo Gallo im Westen reicht der Blick bis zum Capo Zafferano im Osten. ▶

Länge/Gehzeit: 7,6 km, ca. 3:10 Std.

Charakter: abwechslungsreiche Streckenwanderung, auch hinsichtlich der Wegbeschaffenheit: steile Aufstiege auf Felspfaden, dann Waldwege und Abstieg auf glattem Steinpflaster. Sonne und Halbschatten wechseln sich ab.

Markierung: z. T. rote Markierung auf Steinen, Hinweisschilder der Forstverwaltung.

Ausrüstung: feste Bergschuhe, Wind- und Sonnenschutz.

Verpflegung: Wasser mitnehmen. Bars an der Piazza Santuario **6**; frisch gepressten Orangensaft gibt es hier am Antico Chiosco Monte Pellegrino. In Palermo ist empfehlenswert das Ristorante Il Mirto e la Rosa, Via Principe Granatelli 30, ☎ 091 324353 (So Ruhetag), und die Antica Foccaceria San Francesco, Via A. Paternostro 58, ☎ 091 320264, www.afsf.it. In beiden Lokalen isst man nicht nur ausgezeichnet, sondern auch schutzgeldfrei (mehr Infos dazu unter www.addiopizzo.org).

Hin & zurück: in Palermo mit dem Bus 806 ab Piazza Don Sturzo/Teatro Politeama Richtung Mondello, an den Ex Scuderie Reali/Casa Natura **1** aussteigen. Bus 812 ab Piazza Santuario **6** bzw. von der Piazza Generale Cascino/Via Isaac Rabin, nahe **16**, zurück ins Zentrum, www.amat.pa.it. Mit dem Auto nicht zu empfehlen, weil es am Ausgangspunkt keine bewachten Parkplätze gibt.

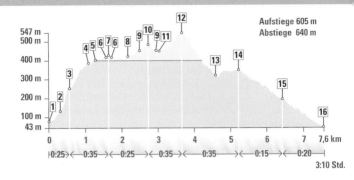

▶ Zurück am Abzweig **9** im Pinienhain, geht es nur ein paar Schritte nach links. Dann folgen wir dem steingesäumten Weg nach rechts **11**, erst schräg den Hang und dann zwischen Felsbrocken in Serpentinen weiter hoch. Von unten stoßen wir auf eine schmale Asphaltstraße **12**, berühren sie kurz und steigen links auf dem rot markierten Weg wieder ab. Mit Blick aufs Capo Zafferano schlägt der Pfad einen Rechtsbogen im lichten Wald und trifft auf eine schmale Forststraße **13**, der wir nach rechts folgen.

Zur Linken sehen wir das rosafarbene Castello Utvegio. Dann treffen wir auf den **alten Pilgerweg** **14** (er führt rechts zum Santuario hoch). Mit Blick auf Palermo und die Conca d'Oro (das muschelförmige Becken, in dem die Stadt liegt) steigen wir auf dem glatten Kalksteinpflaster links ab und queren dabei mehrfach die Asphaltstraße, den eigentlichen „Pilgerweg" der frommen, aber fußfaulen Palermer. Vorbei an einer **Rosalienkapelle** **15** erreichen wir nach etwa 0:20 Std. den Beginn der Via al Santuario an der **Piazza Generale Cascino** **16** und damit das Ende der Wanderung. ▪

Für Goethe war der Monte Pellegrino schönstes Vorgebirge der Welt

U fistinu – Rosalienfest in Palermo

Eine Woche lang steht Palermo kopf, wenn vom 9. bis 15. Juli die hl. Rosalia als Stadtpatronin gefeiert wird. Nichts deutete auf ihren späteren Ruhm hin. Rosalia kam als Tochter des Grafen Sinibaldo zur Zeit der Normannenkönige zur Welt. Nachdem ihr Vater sich an Intrigen gegen Wilhelm I. beteiligt hatte, war Rosalias Leben am Hof verwirkt. Als Eremitin zog sie sich auf Palermos Hausberg zurück, den sog. Djebel Grin der Araber, auf dem seit punischen Zeiten weibliche Gottheiten verehrt wurden. Hier betete sie in einer Grotte, bis sie im Jahr 1166 am 4. September starb.

Jahrhunderte später, 1624, wütete in Palermo die Pest. Die Schutzheiligen Agata, Cristina, Ninfa und Oliva schienen machtlos, die Zahl der Toten stieg in die Tausende. Da erschien dem Jäger Vincenzo Bonello Rosalia und offenbarte ihm in reinstem palermischen Dialekt, wo ihre Knochen lägen, und versprach, die Stadt zu retten. Am 15. Juli wurden die Gebeine aufgefunden und in einer Prozession durch Palermo geführt. Die Pest wich, und Rosalias posthume Karriere begann. 1625 erfolgte ihre offizielle Anerkennung als neue Stadtpatronin. Seither feiern die Palermer jedes Jahr ihre Santuzza. Rosalias triumphaler Umzug gipfelt am 14. Juli in einem grandiosen Feuerwerk. Als Vizekönig Caracciolo 1738 vorschlug, einen Teil des dafür vorgesehenen Geldes für den Aufbau des vom Erdbeben zerstörten Messina zu verwenden, kam es zum Aufstand. „O festa, o testa", schrie das aufgebrachte Volk und forderte Caracciolos Kopf. U fistinu (das Fest) ist ein Politikum geblieben, wie Palermos Bürgermeister immer wieder erfahren mussten.

Fern der Politik pilgern auch die in Palermo lebenden Tamilen auf den Monte Pellegrino und verehren Rosalia als „Mutter der Berge". Goethe beschrieb die Statue der Heiligen als „schönes Frauenzimmer". Viva Santa Rosalia!

** Von der Portella della Ginestra auf die Serre della Pizzuta

Alte Maultierwege und Forststraßen erschließen die wilde Bergwelt im Hinterland von Palermo. Wunderschöne Blicke reichen von der Conca d'Oro – dem muschelförmigen Becken, in dem Palermo liegt – bis zum Ätna.

▶▶ Vom **Parkplatz** ■ an der **Portella della Ginestra** folgen wir der asphaltierten SP 34, vorbei am Mahnmal (→ „Schwarzer Tag in den Bergen") und dem Kilometerschild „4" nur ein paar Schritte in Richtung Piana degli Albanesi, um gleich darauf in eine im spitzen Winkel links abzweigende Schotterstraße ■, einzubiegen. Wir steigen durch ein wenig wanderfreundliches Gatter und wandern mit Blick auf den Pizzo Mirabella schräg den Hang hinauf. Im Norden erhebt sich der schroffe Kamm von Maja e Pelavet, dahinter – unseren Blicken noch

Schwarzer Tag in den Bergen

Auf der Passhöhe Portella della Ginestra ereignete sich am 1. Mai 1947 ein blutiges Massaker. Inmitten der Bergeinsamkeit erinnert ein Mahnmal (nahe ⊡) daran. Wohl im Auftrag der Mafia hatte der bis dahin von der Bevölkerung als eine Art moderner Robin Hood verehrte Bandit Salvatore Giuliano (1922–1950) eine friedliche Mai-Kundgebung von Landarbeitern brutal zusammenschießen lassen. Elf Leichen und zahllose Verletzte blieben zurück. Ergebnis der massiven Einschüchterung: Die für eine Landreform eingetretenen Linksparteien verloren die nächste Wahl für das sizilianische Regional-Parlament. Landflucht, Auswanderung und Perspektivlosigkeit für die Zurückgebliebenen waren die Folge. In jüngster Zeit hat sich der Wind gedreht. Hoffentlich dauerhaft!

entzogen – die Serre della Pizzuta. Etwa 0:15 Std. nach Start gelangen wir zu einem **Eisentor** ❸ der Forstbehörde, das nicht autorisierten Fahrzeugen den Weg versperrt. Wir passieren den Zaundurchlass daneben. Kurz darauf mündet talseitig eine Forstpiste ein.

Geradeaus geht es weiter, bald auch ansteigend. Unsere Route verläuft inzwischen parallel mit der Serra del Frassino nach Norden. Zur Linken genießen wir weite Blicke auf den langgestreckten Höhenrücken des Monte Jato mit den Ausgrabungen des antiken Iaitas, die Berge am Golfo di Castellammare (→ Tour 22) und weiterhin die markante Spitze des Pizzo Mirabella. Auch sehen wir auf den Agriturismo Portella della Ginestra (→ „Freie Wege und ein Prosit auf die Legalität") hinab. Aufgeforstete Nadelbäume werfen inzwischen erste Schatten.

Nach insgesamt etwa 0:35 Std. erreichen wir eine Gabelung ❹. Links fällt eine Piste hinunter zum Piano Fratantoni ab. Der Cozzo di Fratantoni (1.065 m) ist am Feuerbeobachtungsturm auf seiner Spitze zu erkennen. Wir steigen rechts auf der weniger befahrenen Piste Richtung Pizzuta auf. In einem weiten Rechtsbogen umschreiten wir dabei die Serra del Frassino, und nach Norden öffnet sich die Sicht auf die Conca d'Oro mit Monreale, Palermo und den Monte Pellegrino (→ Tour 23).

In Serpentinen geht es weiter hoch, die Piste schwenkt dabei nach Südost. Damit rückt auch der langgezogene Kamm der **Serre della Pizzuta** ins Blickfeld. Unterwegs zweigt rechts im spitzen Winkel eine Piste ab, die zur Serra del Frassino ansteigt. An dieser Gabelung ❺ (wir erreichen sie etwa 0:30 Std. nach ❹) gehen wir geradeaus und leicht bergab im folgenden Abschnitt. In der ▷

Länge/Gehzeit: einfach 5,1 km, ca. 1:55 Std., hin und zurück 10,2 km, ca. 3:35 Std.

Charakter: einfache Streckenwanderung überwiegend auf breiten Forstpisten. Oberhalb der Casa Niviera ⑦ Wegspuren auf Weideflächen. Im Bereich des Gipfelgrates (vor ⑨) leichte Kletterstellen, auf die man auch verzichten kann, ohne die schöne Aussicht zu verpassen.

Markierung: Hinweisschilder an den Forststraßen; oberhalb der Casa Niviera ⑦ derzeit keine Markierungen.

Ausrüstung: feste Bergschuhe, Wind- und Sonnenschutz.

Verpflegung/Unterkunft: Wasser mitnehmen! In den Bars von Piana degli Albanesi muss man unbedingt Cannoli (mit Ricotta gefüllte Brandteigrollen) probieren! Hausgemachte Nudeln, Lamm vom Grill und Hauswein gibt es in der Slow-Food-Trattoria San Giovanni, Di Ruhetag, Via Matteotti 34, ✆ 091 8561025, mobil ✆ 338 7129169. Unmittelbar westlich der Portella della Ginestra ① und 2 km von der Ausfahrt „Piana degli Albanesi" der SS 624 entfernt liegt unterhalb der SP 34 der Agriturismo Portella della Ginestra, mobil ✆ 328 2134597, www.agriturismoportelladellagines tra.it (Mo und Di Ruhetag, zur Sicherheit vorher anrufen). Auf halber Strecke zwischen Piana degli Albanesi und Ficuzza bei Km 27,800 der SP 5 liegt neben der Agriturismo Sant'Agata mit gutem Restaurant und Pool, mobil ✆ 338 4598654 oder mobil ✆ 333 6707126, www.santagatagriturismo.it.

Hin & zurück: Ausfahrt „Piana degli Albanesi" der SS 624 und ca. 3 km bis zum Memoriale/Parkplatz ① am Sattel Portella della Ginestra.

Tour 24

▶ Talmulde zwischen Pizzuta und Serra del Frassino fallen große runde Gruben und die Ruinen einiger Gehöfte auf. Noch bis ins 19. Jh. wurde in den Neviere (Schneegruben) Schnee gesammelt (→ Touren 3 und 9), zu Eis gepresst und im Sommer mit Maultieren nach Palermo transportiert, um in den Adelshäusern in Form erfrischender Granita konsumiert zu werden. – Bald verschmälert sich die Fahrspur, steigt wieder an und endet an einem **Wendeplatz 6**.

Die Gehrichtung beibehaltend, steigen wir auf einem Pfad zwischen Felsen und niedrigen Schlehenbüschen weiter hinauf, links von einem Weidezaun begleitet. Wenige Minuten später überschreiten wir auf Höhe einer Ruine, der **Casa Neviera 7**, diesen Zaun und steigen im freien Gelände über Weideflächen zum darüberliegenden Sattel auf. Zwischen La Pizzuta im Norden und Maja e Pelavet im Süden erstreckt sich der **Piano Neviere** mit weiteren Schneegruben.

Ohne wieder an Höhe zu verlieren, queren wir vom Piano Neviere nach Osten, bis wir uns in einer Linie mit den Spitzen von Maja e Pelavet und La Pizzuta direkt **oberhalb der Sattelmulde 8** befinden. Uns zu Füßen liegt der Stausee Lago di Piana degli Albanesi, dahinter erhebt sich mächtig die Rocca Busambra (→ Tour 26). Gipfelfreuden locken zur Linken, wo sich am Hang eine Scharte öffnet. Durch sie hindurch erreichen wir nach kurzer Kletterpartie ein windgeschütztes **kleines Plateau 9** direkt unterhalb des **La-Pizzuta-Gipfels** (1.333 m). Bei klarer Sicht sind von hier oben das Madonie-Massiv und mit Glück sogar der Ätna zu sehen.

(Abenteuerlustige können vor dem Abstieg noch den 1.279 m hohen Gipfel von Maja e Pelavet erkunden.)

Freie Wege und ein Prosit auf die Legalität

Die Zerschlagung des mafiösen Brusca-Clans, der lange Zeit das Hinterland der Hauptstadt Palermo kontrolliert hatte, brachte Ende der 1990er-Jahre frischen Wind ins Jato-Tal. Die Schnellstraße **SS 624** konnte endlich fertiggestellt werden. Seither heißt sie auch **Strada della Libertà**. Der Fremdenverkehrsverein (Pro Loco) von San Giuseppe Jato und das Fremdenverkehrsamt Palermo reagierten mit der Schaffung eines **Wanderwegenetzes** (www.artemisianet.it/jatopiana.htm). Es bleibt nur zu hoffen, dass die Wege in Zukunft etwas besser gepflegt werden.

Als Erfolgsstory wird die **Cantina Centopassi** (www.centopassisicilia.it) bei San Giuseppe Jato behandelt, die längst nicht mehr alleine wegen ihres sozialen Engagements gute Presse erhält. Die charakterstarken, aus autochthonen (einheimischen) Rebsorten gekelterten Bio-Weine haben längst Eingang in die italienische Weinbibel Vini d'Italia gefunden – und Slow Food verneigt sich. Engagierte Menschen bearbeiten **enteignetes Mafia-Land** und der Agriturismo Portella della Ginestra wird, wie auch die Weinkellerei, von der Dachorganisation **Libera Terra** (www.liberaterra.it) betrieben.

Solange die Forst-
behörde die alten
Wirtschaftswege
nicht wieder
pflegt, empfiehlt
es sich, vom Pla-
teau aus auf ver-
trautem Weg zur
**Portella della Gi-
nestra 1** zurück-
zukehren. ▪

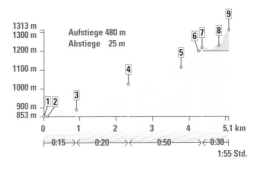

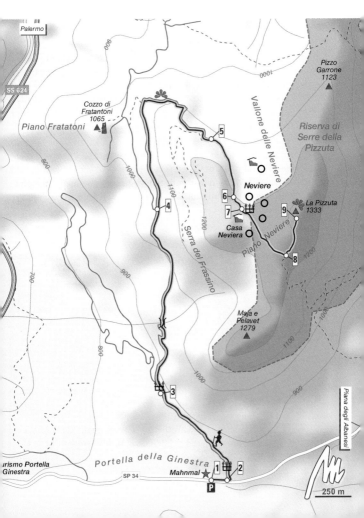

** Durch den Bosco della Ficuzza

Waldwege und stillgelegte Bahnlinien durchqueren das ehemals königlich-bourbonische Jagdreservat zu Füßen der Rocca Busambra, heute ein ausgedehntes Naturschutzgebiet. Am schönsten sind die Eichenwälder im Mai, wenn die wilden Pfingstrosen blühen.

▶▶ Ausgangspunkt ist die **Antica Stazione** ∎, der mit Geschmack renovierte und zum Restaurant ausgebaute alte Bahnhof von Ficuzza. Die ehemalige Bahntrasse wurde im Abschnitt Ficuzza – Godrano als Wander- und Radweg präpariert. Den Bahnhof im Rücken, folgen wir, vorbei an einem alten Wasserturm, dem ebenen Verlauf der breiten Schotterstraße durch einen lichten Wald von Manna-Eschen (Fraxinus ornus), begleitet von Blicken auf die imposante Felswand der Rocca Busambra (→ Tour 26) und den Lago di Scanzano.

Vorbei an der Vasca Rifornimento Locomotive ∎, einem stillgelegten Wasserreservoir und einem alten Bahnwärterhäuschen geht es nach insgesamt etwa 0:30 Std. über eine Brücke ∎, von der aus die Antica Stazione, dahinter Ficuzza und die Rocca Ramusa zu sehen sind. Die Trasse beschreibt anschließend einen Rechtsbogen und schneidet sich durch einen Hügel, zu beiden Seiten steingemauerte Stützwände.

Kurz darauf gabelt sich der Weg ∎. Links geht es zu einer Tränke hinab, wir aber folgen der Bahntrasse noch ein kurzes Stück geradeaus und steigen vor dem Tunneleingang rechts auf dem Pfad zur Kreuzung **Quattro Finaite** ∎ auf. Eine Schotterstraße schneidet hier die asphaltierte SP 26. Ohne die Provinzstraße zu queren, folgen wir im spitzen

Zwischen Flaumeichen öffnet sich der Blick auf die Felswand der Rocca Busambra

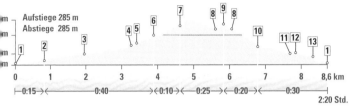

Winkel der sanft ansteigenden Kiesstraße nach rechts. Am Scheitelpunkt **6** biegen wir an der Schranke links auf den in Richtung „Pulpito del Re" ausgeschilderten breiten Sandweg.

Unterwegs bietet rechter Hand eine Felsgruppe einen weiten Blick nach Nordwesten: Hinter Piana degli Albanesi erheben sich die Gebirgsketten Serre della Pizzuta (→ Tour 24), etwas weiter südlich die markante Kumeta in Gestalt einer Haifischflosse.

Auf einer Lichtung steht der **Pulpito del Re 7**. Von dem in Sandsteinfels geschlagenen Jagdansitz konnte König Ferdinand IV. das ihm vor die Flinte getriebene Wild erlegen.

Die ursprüngliche Gehrichtung beibehaltend, folgen wir dem von grün-gelben Holzpflöcken markierten schmalen Pfad bergauf. In südliche Richtung geht es anschließend über die bewaldete Anhöhe, zwischen Eichen taucht die Rocca Busambra auf. Dann öffnet sich von einer Lichtung ein weiter Panoramablick: Die senkrecht aufsteigenden Kalkfelswände von Rocca Busambra und Rocca Ramosa erheben sich aus dem Steineichenwald, weiter rechts ist Ficuzza mit dem Schloss zu sehen.

Der Weg fällt wieder ab und trifft im **Vallone Rocca d'Elice** auf eine beschilderte Kreuzung **8**. ▶

Länge/Gehzeit: 8,6 km, ca. 2:20 Std.
Charakter: leichte Wanderung, auch mit Kindern gut zu machen. Überwiegend geschotterte, teils sandige Wege durch artenreichen Laubmischwald. Herrliche Ausblicke machen Lust auf die Besteigung der Rocca Busambra (→ Tour 26)!
Markierung: Hinweisschilder und Wandertafel [13] der Forstverwaltung, stellenweise gelb-grüne Holzpfähle sowie rot-weiße CAI-Zeichen (Club Alpino Italiano).
Ausrüstung: feste Wanderschuhe, Wind- und Sonnenschutz.
Verpflegung/Unterkunft: Wasser mitnehmen. Die Bar I Giovani dell'Antico Borgo in Ficuzza serviert beste Cannoli, Mo Ruhetag, Piazza Giuseppina Pagliaro 2, mobil ☎ 327 6920227, www.igiovanidellantico borgo.com. Die Antica Stazione [1] bietet 8 komfortable Mansardenzimmer, ein gutes Ristorante und Leihräder, ☎ 091 8460000, www.anticastazione.it. Weitere Übernachtungstipps → Tour 24.
Hin & zurück: Linienbusse (AST, Gallo) auf der Strecke Palermo – Corleone halten am „Bivio Ficuzza", www.aziendasicilianatrasporti.it, www.autolineegallo.it, dann etwa 1 km zu Fuß zur Antica Stazione. Mit dem Auto auf der SS 118 (zwischen Corleone und Marineo) zum Bivio Ficuzza und von dort 1 km bis Ficuzza. Parken (kostenlos) im Ort bzw. vor der Antica Stazione [1].

Tour 25

▶ Ein kurzer Abstecher nach links führt zu einer mächtigen Korkeiche **9** am Nordufer des Baches. Auf der Lichtung laden Holzbänke zur Rast.

Zurück an der Kreuzung **8**, folgen wir dem Pfad zwischen Weidezaun und sommertrockenem Bachbett talabwärts. Nach ca. 0:15 Std. stoßen wir von oben durch einen engen Zaundurchlass auf die helle Schotterpiste **10**, der wir nach links bis zur asphaltierten Straße **11** folgen. Auf der Straße geht es nach links über die Brücke und kurz darauf an der nächsten Kreuzung **12** nach rechts zurück in den Ort (links setzt sich die Straße, ausgeschildert in Richtung Rifugio Alpe Cucco, fort; → Tour 26).

Die Via del Bosco führt bis vor das bourbonische Jagdschloss **Casina Reale di Caccia**. Davor öffnet sich ein weiter Platz. An der nordwestlichen Ecke steht eine Wandertafel **13** der Forstverwaltung. Das Schloss im Rücken, biegen wir rechts in die Gasse, queren eine Straße und steigen auf dem gepflasterten Treppenweg den Hang hinab. Wir queren die Asphaltstraße, die sich rechts in Richtung Rifugio Alpe Cucco fortsetzt, und treffen auf Höhe des Wasserturms wieder auf die ehemalige Bahntrasse, linker Hand liegt die Antica Stazione **1**. ■

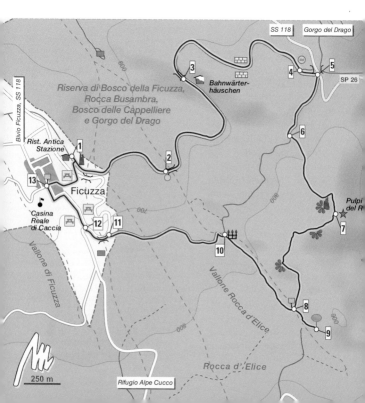

Ein neapolitanischer König im sizilianischen Exil

Ferdinand IV. (1751–1825), der seinem Vater 1759 noch im Kindesalter auf den Thron von Neapel folgte, bekam zugleich auch als Ferdinand III. die sizilianische Königskrone aufgesetzt. Bar jeder Bildung interessierte er sich nur wenig für Politik, umso mehr aber für die Jagd. Volksnähe bewies der als Re Lazzarone (Lumpenkönig) titulierte Monarch, indem er in der Königsloge des Teatro di San Carlo Makkaroni mit den Händen verzehrte. 1798 floh Ferdinand IV. vor dem Vormarsch napoleonischer Truppen mit der Staatskasse, seinem gesamten Hofstaat in Begleitung des britischen Botschafters Lord Hamilton und dessen Frau Emma (die künftige Geliebte Nelsons) an Bord von Admiral Nelsons Flaggschiff nach Palermo. Dort war er hochwillkommen, endlich hatte Palermo wieder eine Hofhaltung.

In der Zwischenzeit fand die kurzlebige Französische Republik in Neapel ein jähes Ende, für deren blutige Niederschlagung Nelson mit dem erblichen Titel eines Herzogs von Bronte (→ Tour 13) belehnt wurde. Im Januar 1800 kehrte der bourbonische Hof nach Neapel zurück. Als ein erneutes Vorrücken der Franzosen unter Napoleon Ferdinand IV. sechs Jahre später ein zweites Mal nach Palermo ins Exil drängte, war der Empfang deutlich kühler. Die Briten agierten inzwischen faktisch als Besatzungsmacht Siziliens.

Erst 1815 kehrte Ferdinand nach Neapel zurück und erklärte sich ein Jahr später als Ferdinand I. zum König beider Sizilien. An seinen Aufenthalt erinnern in Palermo im Parco della Favorita die Palazzina Cinese, der sehenswerte Botanische Garten sowie ein lebensnahes, nicht sehr vorteilhaftes Mosaikporträt am Eingang der Cappella Palatina. Der Jagdleidenschaft des Königs ist der Erhalt des ausgedehnten Eichenwaldes am Fuße der Rocca Busambra und der Bau der klassizistischen Real Casina di Caccia in Ficuzza zu verdanken.

Vom Pulpito del Re schoss Ferdinand IV. seine Jagdtrophäen

Lohn der anstrengenden Gipfeltour ist an klaren Tagen ein Adlerblick, der über weite Teile Siziliens bis zum Ätna reicht. Der letzte Teil des Aufstiegs führt durch verkarstetes Gelände und erfordert etwas Orientierungsgeschick.

✳✳✳✳ Auf die Rocca Busambra

▶▶▶ Start ist am Schlossplatz von Ficuzza. Eine von der Forstverwaltung aufgestellte **Wandertafel 1** der „Riserva Naturale Bosco della Ficuzza, Rocca Busambra, Bosco delle Cappelliere e Gorgo del Drago" bietet einen ersten Überblick. Die Felswände der Rocca Busambra vor Augen, gehen wir auf das bourbonische Jagdschloss **Casina Reale di Caccia** zu und auf der Via del Bosco nach links aus dem Ort. Am Schild „Area attrezzata Ficuzza" **2** verlassen wir die Straße nach links und folgen dem anfänglich breiten Pfad an Picknicktischen vorbei durch einen lockeren Hain aus Manna-Eschen (Fraxinus ornus) nach Osten.

Kurz darauf queren wir eine Asphaltstraße. Vorbei an einem Pferch mit Tränke, führt der von Steinen gesäumte, bei Regen verschlammte Weg über eine langgezogene Waldschneise. Wir queren ein **Bachbett** und nach einem Zaundurchlass ein weiteres Bachbett **3**. Hier stoßen wir auf eine breite Wegspur, die nach rechts parallel zum Bach im Halbschatten von Flaumeichen ansteigt. Nach ein paar Spitzkehren treffen wir von unten auf eine breite Kiesstraße **4**, der wir ein kurzes Stück nach rechts folgen.

Nach der Bachüberführung biegen wir in der Rechtskurve links **5** auf den gekennzeichneten Wanderweg **Sentiero Rocca d'Elice** (in umgekehrter Gehrichtung zu Tour 25). Es geht die Böschung hoch, und hinter einem engen Zaundurchlass steigen ▶

Länge/Gehzeit: 20,4 km, ca. 7:25 Std.
Charakter: Die Tour setzt **Kondition** und **Trittsicherheit** voraus. Im überwiegend schattenlosen Gelände folgen wir erst breiten Schotterstraßen, dann schwach ausgeprägten Wegspuren durch verkarstetes Gelände.
Markierung: Hinweisschilder der Forstverwaltung, grün-gelbe Holzpfähle und rote Farbzeichen des CAI (Club Alpino Italiano).
Ausrüstung: feste Bergschuhe, evtl. Stöcke, Wind- und Sonnenschutz.
Verpflegung/Unterkunft: Wasser und Proviant mitnehmen. Rifugio Alpe Cucco (nahe 10) mit 18 einfachen Zimmern, guter lokaler Küche und Bar; Mi Ruhetag, Contrada Alpe Cucco, ☎ 091 8208225, www.alpecucco.it. Die Antica Stazione in Ficuzza (→ Tour 25) bietet 8 komfortable Mansardenzimmer, ein gutes Ristorante und Leihräder, kein Ruhetag, ☎ 091 8460000, www.anticastazione.it.
Hin & zurück: Linienbusse (AST, Gallo) auf der Strecke Palermo – Corleone halten am „Bivio Ficuzza" (www.aziendasicilianatrasporti.it, www.autolineegallo.it), dann etwa 1 km zu Fuß zur Antica Stazione. Mit dem Auto auf der SS 118 (zwischen Corleone und Marineo) zum Bivio Ficuzza und von dort 1 km bis Ficuzza. Parken im Ort bzw. vor der Antica Stazione. Das Rifugio Alpe Cucco (nahe 10) ist von Ficuzza aus auf 5 km Schotterstraße zu erreichen (ausgeschildert). Taxi c/o Giuseppe Ingui, mobil ☎ 339 2059257.

▶ wir zwischen Bachbett und Weidezaun weiter an. Im Mai blühen am Waldrand wilde Pfingstrosen. An einer beschilderten Wegkreuzung **6** zweigt links der Pfad zum Pulpito del Re (→ Tour 25) ab, dem Jagdansitz des Bourbonen-Königs Ferdinands IV.

Ohne den Bach zu queren, gehen wir geradeaus durchs Gatter und erreichen kurz darauf eine Tränke **7**. Mit nachlassendem Enthusiasmus pflegt die Forstverwaltung hier einen **Schmetterlingsgarten**. Hinter der Tränke **Bevaio Coda di Riccio** verläuft eine Kiesstraße, auf der wir rechts aufsteigen. Kurz darauf an der T-Kreuzung **8** geht es auf der geschotterten Forststraße rechts weiter hoch.

Es geht vorbei an einer grünen Eisenschranke, dann stoßen wir von unten auf eine querende Schotterstraße **9**, die rechts aus Ficuzza heranführt. Wir folgen ihr nach links, begleitet von Blicken auf den bewaldeten Sandsteinrücken Rocca d'Elice und den Ort Godrano. Nach ca. 0:30 Std. erreichen wir eine Zufahrt **10**. (200 m nördlich liegt der Berggasthof **Rifugio Alpe Cucco**, dort gibt es auch eine Bar und ein WC.)

Wir setzen die Wanderung auf der breiten Schotterstraße in südöstliche Richtung fort. Kurz hinter der Zufahrt des Rifugio mündet von links eine weitere Schotterstraße ein, die von Godrano heranführt. Mit leichtem Rechtsschwenk folgen wir der sanft ansteigenden Schotterstraße an einer Tränke vorbei. Wir gehen durch lichten **Eichenmischwald**, zur Rechten erhebt sich die Rocca Busambra. Unterwegs zweigt linker Hand **11** der beschilderte Wanderweg „Sentiero Fanuso" ab.

Durch alpine Karstlandschaft führt der Weg zum Gipfel

1613 m
1600 m
1500 m
1400 m
1300 m
1200 m
1100 m
1000 m
900 m
800 m
700 m
692 m
0

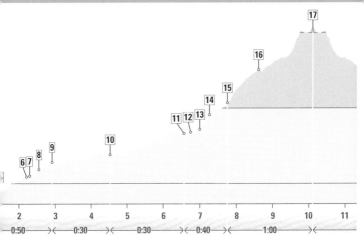

Geradeaus weiter erreicht kurz darauf die Schotterpiste ihren Scheitelpunkt **12**. Manchmal versperrt hier ein **Gatter** die Durchfahrt. Weiter vorne im Süden erhebt sich der Pizzo di Casa mit einem Feuerwachturm. Unmittelbar nach dem Gatter schwenken wir von der Piste nach rechts. Im Zaun öffnet sich ein Durchlass, das Schild „Sentiero Piano Tramontana" weist den Weg.

Nach etwa 5 Min. verlassen wir den hangparallelen Pfad nach rechts und steigen oberhalb einer fünfstämmigen Steineiche (Quercus ilex)

13 in kleinen Serpentinen rasch an. Der Weg führt über rötliches Gestein, wir erreichen einen kleinen Sattel und betreten durch ein Gatter **14** die Hochweiden des **Piano della Tramontana**.

Verwaschene rote CAI-Zeichen auf Felsen und Steinen markieren die Idealroute zum Gipfel. Die Wegspur zieht sich in einer S-Kurve über den Piano della Tramontana, führt durch ein Gatter **15** und dann über die steinige Grasflur parallel zum Grat weiter hoch. Eine erste **Erhebung** **16** auf dem Grat bietet einen Blick – fast so schön wie vom Gipfel. Im Norden sehen wir in direkter Linie auf das Rifugio Alpe Cucco hinab. Bis hierher waren wir etwa 3:15 Std. unterwegs. ▸

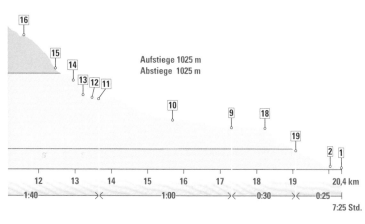

Aufstiege 1025 m
Abstiege 1025 m

| 12 | 13 | 14 | 15 | 16 | 17 | 18 | 19 | 20,4 km |

1:40 — 1:00 — 0:30 — 0:25

7:25 Std.

▶ Der weitere Anstieg zum Gipfel ist etwas für **konditionsstarke Bergsteiger**. Über den schmalen Grat geht es in eine Mulde und dann durch einen Zaundurchlass. Die Felskämme zur Rechten, queren wir den verkarsteten Hang, ohne dabei der Gratlinie zu folgen. Wilde Rosen wachsen in großen Büschen. Der Pfad führt oberhalb einer Doline

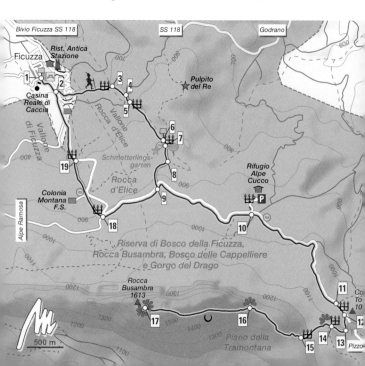

entlang, dieser Karsttrichter diente früher als Schafpferch, wie Mauerreste erkennen lassen. Dann steigt der Pfad in engen Serpentinen über Felsstufen steiler an. Auf dem Grat taucht eine große Tafel auf, die als Relaisstation Funksignale verstärkt. Vorbei an flachen, grasbewachsenen Karstmulden queren wir nach links zum Gipfel **17**, den ein offizieller Vermessungspunkt markiert. Dank ihrer exponierten Lage bietet die **Rocca Busambra** (1.613 m) ein grandioses Panorama über weite Teile Siziliens.

Kurz und knackig

Die Tour lässt sich deutlich verkürzen, wählt man das Rifugio Alpe Cucco (nahe 10) als Ausgangspunkt und steigt nur bis zum ersten Aussichtspunkt 16 am Grat auf. Auf gleichem Weg geht es zurück. Länge/Gehzeit: 9 km, ca. 3 Std.

Auf bekanntem Weg kehren wir zur Zufahrt **10** des **Rifugio Alpe Cucco** zurück und folgen der Schotterstraße weiter nach Westen. Links vorbei an der Forststraße **9** vom Hinweg, erreichen wir eine **Kreuzung 18**. In scharfem Rechtsbogen setzt sich die Straße asphaltiert nach Ficuzza fort, links steigt die Schotterstraße zur Alpe Ramosa an. Wir gehen jedoch geradeaus durch ein Gatter und steigen dann rechts über die lange Schneise sanft bergab.

Rechts an einer Tränke vorbei, tangieren wir kurz die Straße und setzen den Abstieg auf der Schneise fort. Linker Hand liegen die Gebäude des Eisenbahner-Erholungsheims **Colonia Montana F.S.** Von oben treffen wir erneut auf die Asphaltstraße **19**, der wir ab jetzt folgen – parallel dazu läuft eine Wegspur im Wald. An der nächsten Kreuzung biegen wir links nach Ficuzza ab und erreichen 5 Min. später wieder die Schloss-Piazza **1**. ▥

Weidende Rinder am Fuße der Rocca Busambra

▲ Monti di Palazzo Adriano, ein Bergzug im Südwesten des filmreifen Städtchens

▼ Nach Norden reichen die Blicke bis zur Rocca Busambra (Tour 26)

Oscarreife Ausblicke auf Innersizilien von dem imposanten Bergzug im Südwesten von Palazzo Adriano.

✳✳✳ Auf die Monti di Palazzo Adriano

Schattige Köhlerpfade im Steineichenwald wechseln sich mit sonnigen Wiesenwegen ab. Urig sind auch die alten, binsengedeckten Schäferhütten.

▶▶ Wir starten auf dem Parkplatz des Ex-Besucherzentrums **Case Granesci ❶**, hinter dem wir mehrere Wanderwege ausgeschildert finden. Nach einem Gatter folgen wir dem „Sentiero Pietra Fucile" links bergauf durch ein junges Aufforstungsgebiet. Auf offenem Grashang steigt der Pfad weiter an mit Blick über den Kalksteinmonolithen Pietra Salamone auf Palazzo Adriano, das Sosio-Tal und Prizzi. Bei klarem Wetter reicht die Sicht bis zur Rocca Busambra (→ Tour 26). Aus südlicher Perspektive betrachtet, zeigt sie sich von ihrer sanften Seite als schräg nach Norden gekipptes Plateau. Alle Bergschollen zwischen Agrigent und Palermo weisen die gleiche Gestalt auf, Folge des im Zeitlupentempo ablaufenden geologischen Zusammenpralls Afrikas und Europas.

Der Weg schwenkt in südwestliche Richtung und führt am oberen Rand der schräg nach Süden abfallenden Hochfläche (bis vor einigen Jahren noch Weidegebiet) entlang. Die kleine Felsgruppe zur Linken ist der **Cozzo di Pietra Fucile**. Nach Norden fällt der Hang steil ab, zwischen den Felsen klammern sich Steineichen (Quercus ilex) an. Im Tal verläuft die ehemalige Regia Trazzera Palazzo Adriano – Burgio, eine befestigte ▶

Länge/Gehzeit: 11 km, ca. 4:45 Std.

Charakter: mittelschwere Rundwanderung auf meist breiten Schotterwegen, steiler Aufstieg im Wald auf teils rutschigem Naturpfad. Sonnige und schattige Abschnitte wechseln sich ab.

Markierung: Am Ex-Besucherzentrum ❶ steht eine Wanderkarte, auf der Wanderwege rot und Forststraßen grün eingezeichnet sind. Hinweisschilder unterwegs.

Ausrüstung: feste Wanderschuhe, Wind- und Sonnenschutz, warme Kleidung.

Verpflegung/Unterkunft: Wasser mitnehmen. Einheimische trifft man beim Trinkwasserholen in Palazzo Adriano auf der Piazza Grande; Wasserstelle ❻ auch unterwegs. Einkaufsmöglichkeiten fürs Picknick im Ort. Casale Borgia mit prima Küche und Zimmern, 2 km oberhalb des Ortes an der Straße Richtung ❶, C. da Favara di Borgia, ☎ 091 8348774, mobil ☎ 338 9274201, www.casale borgia.it. Illuminata Profeta und Nicola Granà geben gute Tipps!

Hin & zurück: mit dem Bus schwierig! Palazzo Adriano ist Mo–Sa mehrmals tägl. mit der Buslinie Palermo – Chiusa Sclafani zu erreichen (2:30 Std. Fahrzeit), www.aziendasicilianatrasporti.it, dann ca. 4 km zu Fuß zum Ausgangspunkt ❶ südlich des Ortes. Mit dem Auto erreicht man Palazzo Adriano über die SS 188 10 km südwestlich von Prizzi, einem hübschen Städtchen mit klingendem Namen auf halber Strecke zwischen Palermo und Agrigent. Zum Ausgangspunkt der Wanderung mit dem Auto aus Palazzo Adriano südwärts hinausfahren und der Ausschilderung „Riserva Naturale Monti di Palazzo Adriano" folgen. An der Portella di Gebbia vor dem Ex-Besucherzentrum (ehem. Centro Visitatori Case Granesci) ❶ parken.

Die Forstverwaltung hat ein markiertes Wegenetz angelegt

▶ Landstraße, die wir auf einem kurzen Abschnitt unserer Wanderung berühren werden. Im 13. Jh. hatte Kaiser Friedrich II. den rechtlichen Status dieser alten Herdenwege festlegen lassen – als öffentliche Straßen durchzogen sie noch bis ins 19. Jh. ganz Sizilien (→ Tour 34).

Mit Blicken bis zur Straße von Sizilien (Meeresbereich zwischen Sizilien und Tunesien) folgen wir der Geländekante. Dann schwenkt der Pfad nach links, führt über Felsplatten bergab und trifft auf eine querende Schotterpiste **2**. Auf der als „Sentiero delle Neviere" (Weg der Schneegruben) beschilderten Fahrspur geht es rechts bergauf. Am Scheitelpunkt **3** zweigt rechts der „Sentiero delle Carbonaie" (Weg der Kohlenmeiler) ab, unser späterer Rückweg.

Wir halten uns geradeaus und biegen etwas weiter an der Gabelung **4** rechts auf den „Sentiero Bevaio Ravanusa" ab. Der Weg führt am

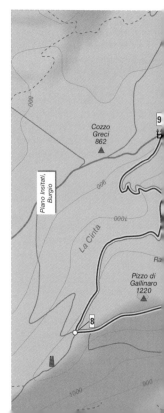

Marcatu Ravanusa vorbei. Den archaischen Steinunterstand hatten Hirten noch bis in die 1950er-Jahre genutzt, seither hält ihn die Forstbehörde instand. An der nächsten Gabelung **5** führt ein kurzer Abstecher rechts zum **Bevaio Ravanusa** **6**, einer Tränke mit frischem Trinkwasser.

Zurück auf dem Hauptweg **5**, setzt sich die Wanderung nach Süden fort, und auf der querenden Schotterpiste **7** steigen wir rechts in westliche Richtung zum Sattel **8** zwischen Pizzo di Galinaro und Serra di Biondo ab. Im Südwesten steht ein Feuerbeobachtungsturm auf dem Grat. Wir setzen die Wanderung rechts auf der in weiten Serpentinen abfallenden Schotterstraße für etwa 0:35 Std. fort. Wildrosen, Weißdornbüsche, Zistrosen und Reste ehemals ausgedehnter Eichenwälder überziehen den Nordhang des Pizzo di Gallinaro. Im Westen sind Caltabellotta, im Norden das Sosio-Tal, Giuliana, Prizzi und die Rocca Busambra zu sehen.

Hinter einer Schranke treffen wir auf die breit geschotterte **Regia Trazzera** **9**, der wir ein kurzes Stück nach rechts folgen. Nach knapp 200 m biegen wir rechts auf den beschilderten „Sentiero delle ▶

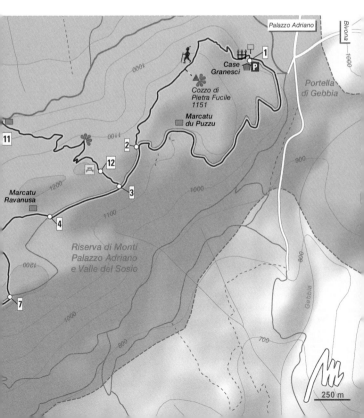

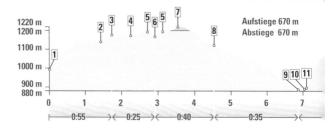

▶ Carbonaie" **10** ab, der kurz darauf eine Waldlichtung **11** erreicht. Forstarbeiter haben hier zu Anschauungszwecken einen **Kohlenmeiler** errichtet und die alte Köhlerhütte wieder aufgebaut.

Auf dem rasch ansteigenden Weg – lockerer Schotter und trockene Steineichenblätter am Boden machen ihn stellenweise rutschig – passieren wir während der nächsten knappen Stunde weitere Lichtungen, ebenfalls alte Meilerplätze. Im Mai stehen die Pfingstrosen (Paeonia mascula) in voller Blüte. Den Wald unter uns zurücklassend, erreichen

Ein Paläontologen-Mekka wird auch von Wanderern entdeckt

Paläontologen und Geologen ist Palazzo Adriano längst ein Begriff. Der Fluss Sosio durchschneidet hier Gesteinsformationen aus der Trias. Noch älter sind die Kalksteinmonolithen Pietra dei Saraceni und Pietra Salamone. Sie sind reich an 260 Millionen Jahre alten Fossilien aus dem Perm. Damit ermöglicht sich ein seltener Blick auf die Zeit vor dem größten Massensterben auf unserem Planeten, dessen Auslöser vor 250 Millionen Jahren wahrscheinlich ein Kometeneinschlag war. Im unglaublich kurzen Zeitraum von höchstens 100.000 Jahren starben 90 % aller Meereslebewesen und 70 % aller Landbewohner aus.

Hohe Biodiversität zeichnet heute den Gebirgszug der Monti di Palazzo Adriano aus. Als Riserva Naturale steht eine Fläche von knapp 6.000 ha unter Naturschutz. Die Forstverwaltung hat eine Reihe von Wanderwegen ausgewiesen, Infos in italienischer Sprache liefert die veraltete Website www.guidasentiero.it. Das Ufficio Turistico der Kommune Palazzo Adriano (Piazza Umberto I, ☎ 091 8349928, www.comune.palazzoadriano.pa.it) und Nicola Granà (→ Verpflegung/Unterkunft) vermitteln Bergführer wie z. B. den Reitlehrer Francesco Traina (www.aziendaagricolatraina.it), der mit seinen Gästen auch Ausritte unternimmt. So erreicht man selbst die entlegensten Winkel des Naturschutzgebiets. Lohnend ist z. B. die Tour durch den Bosco S. Adriano mit den Ruinen eines normannischen Priorats und einem Abstecher zum Fiume Sosio. Die geschotterte Regia Trazzera Palazzo Adriano – Burgio darf von der Portella di Gebbia aus auch mit dem eigenen Auto befahren werden, eine kräfteschonende Variante, den westlich gelegenen Ausgangspunkt der Wanderung am Piano Insitati zu erreichen.

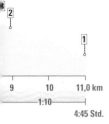

9 10 11,0 km

1:10

4:45 Std.

wir mit den letzten Spitzkehren ein **Gras-plateau** und queren es nach Südosten.

Felsen **12** im Schatten von Wildbirnen (Pyrus pyraster) laden zur Rast. Etwas weiter unten stoßen wir auf die Fahrspur **3**, der wir nach links bergab folgen. Ohne wieder links auf den Hinweg **2** abzubiegen, umrunden wir den Cozzo di Pietra Fucile nun gegen den Uhrzeigersinn. Vorbei am **Marcatu du Puzzu**, einem weiteren Hirtenunterstand, kehren wir zu den Case Granesci **1** zurück. ▪

Ein Oscar für Palazzo Adriano

Palazzo Adriano liegt im lieblichen Flusstal des Sosio an den nördlichen Abhängen der Sicani-Berge. Der Ort zählt zu den schönsten Flecken Innersiziliens. Auf der Piazza Grande (Piazza Umberto I) stehen sich die Hauptkirchen der beiden ethnischen Gruppen des Städtchens gegenüber. In der Kirche Maria SS. del Lume wird die lateinische Liturgie, in der Kirche Maria SS. Assunta der griechisch-orthodoxe Ritus gefeiert. Der sizilianische Regisseur Giuseppe Tornatore wählte Palazzo Adriano als Kulisse für seinen oscarprämierten Film „Cinema Paradiso". Dass der Ort auch in Wirklichkeit so anheimelnd ist wie im Film und dabei keineswegs von Touristen überlaufen ist, grenzt da fast schon an ein Wunder.

** Auf den Burgberg Rocca di Cefalù

Cefalù verdankt seine unverwechselbare Silhouette dem Normannendom und dem Burgberg über dem Meer. Ein Besuch des pittoresken Städtchens wäre unvollständig ohne diese schöne Wanderung – eine leichte Bergtour, die auch Kindern Spaß macht!

▶▶ Ausgangspunkt ist die **Piazza Duomo** ◼1 in **Cefalù**. Auf dem Corso Ruggero schlendern wir ein Stück nach Süden, vorbei am Infobüro des Parco delle Madonie, der Tourist-Info und dem aus normannischer Zeit stammenden Palast **Osterio Magno**. Vorbei an der Chiesa Maria SS. della Catena (mit antikem Megalith-Mauerwerk!) biegen wir auf der Piazza Garibaldi links ◼2 in den breiten Treppenweg. Ein Schild weist hoch zum „Tempio di Diana". Auf der gepflasterten Gasse geht es dann noch ein paar Schritte bergauf und mit einem Linksschwenk zum

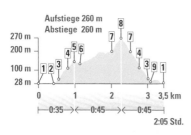

Anfang des ziegelgepflasterten Treppenweges ◼3; hier sind auch eine Übersichtskarte und Öffnungszeiten angeschlagen.

Zwischen hohen Kalkfelswänden steigt der Serpentinenweg im Schatten aufgeforsteter Kiefern rasch an. Wir durchschreiten ein Git-

Das Lächeln des schönen Unbekannten

Das intime, liebenswerte Museo Mandralisca, nahe ◻1 , enthält die private Sammlung des Barons Enrico Pirajno di Mandralisca (1809–1864), eines späten Universalgelehrten und aufgeklärten Politikers seiner Zeit (→ Tour 34). Wie in einer Wunderkammer finden sich Antiken, eine bedeutende Münzsammlung, ausgestopfte Vögel, zahllose Schnecken und Muscheln, eine große Bibliothek und Bildersammlung vereint. Ein rotfiguriger Krater (Gefäß zum Mischen von Wein und Wasser) aus dem 4. Jh. v. Chr. zeigt einen Thunfischverkäufer und ist eines der schönsten Beispiele humoristischer Vasenmalerei. Eines der Gemälde ist allein die Reise wert: Das „Bildnis eines Unbekannten" von Antonello da Messina, entstanden in den Jahren 1465–70, zeigt einen Mann, dessen geheimnisvolles Lächeln nicht weniger rätselhaft ist als das der Mona Lisa. Der Schriftsteller Leonardo Sciascia philosophierte über die Mehrdeutigkeit des seiner Meinung nach sizilianischen Lächelns, und Vincenzo Consolo fühlte sich zu dem lesenswerten Roman „Das Lächeln des unbekannten Matrosen" inspiriert. Museo Mandralisca, Via Mandralisca 13, tägl. 9–19 Uhr, im August bis 23 Uhr; ✆ 092 1421547, www.fondazionemandralisca.it, Eintritt 5 €.

tertor (siehe Öffnungszeiten!), damit den ersten Verteidigungsring, und treffen hinter einer Bresche **4** im zweiten Mauerzug auf einen querenden Weg.

Unser Aufstieg setzt sich links fort, vorbei an einer großen Zisterne, Wachstuben und einem Backhaus. Auf einem kleinen Plateau angekommen, gehen wir in Nordrichtung geradeaus weiter. Rechts zweigt ein kurzer Stichweg **5** zum sog. **Diana-Tempel** ab (eine alternative Aufstiegsroute, die sich von hier bis zur Burg fortsetzt. Der eindrucksvolle Megalith-Bau aus dem 9. Jh. v. Chr. gibt Rätsel auf. Bislang ist nicht geklärt, welche Gottheit an diesem Ort verehrt wurde.).

Noch ein kurzes Stück weiter nördlich auf unserem Weg liegt die **Belvedere-Terrasse** **6**. Über Mauerzinnen hinweg sehen wir auf die Ziegeldächer der Stadt, den Dom und das Meer hinab – ein perfekter Picknickplatz!

Die Wanderung setzt sich im Uhrzeigersinn um den Burgberg fort. Mit herrlichen Blicken auf Nordküste und Madonie-Berge führt der schmale Weg erst nah am Steilabfall (Vorsicht!) und dann an der Ringmauer entlang. Auf der Westflanke des Berges treffen wir auf einen querenden Weg **7**. Vor dem Abstieg lockt erst der Aufstieg zum Gipfel!

In etwa 0:15 Std. erreichen wir die Ruinen des Kastells. Die trutzige Burg **8** stammt aus byzantinisch-normannischer Zeit, unter Friedrich II. und zuletzt im 16. Jh. von den Spaniern wurde sie ausgebaut. An klaren Tagen reicht der Blick bis zu den Liparischen Inseln.

Wir kehren auf demselben Weg zurück zu **7** und setzen den ▶

Kurztrip

Den besten Blick auf Stadt und Meer bietet die Belvedere-Terrasse **6** in der Nähe des Diana-Tempels. Bis hierher und zurück sind es nur ca. 1:20 Std.

Länge/Gehzeit: 3,5 km, ca. 2:05 Std.

Charakter: abwechslungsreiche Rundwanderung auf Treppenwegen und Naturpfaden. Weite Ausblicke, wenig Schatten. In Zukunft evtl. Eintritt. Tägl. 9 Uhr bis 2 Std. vor Sonnenuntergang.

Markierung: Hinweistafeln, z. T. Farbzeichen auf Steinen.

Ausrüstung: feste Wanderschuhe, Wind- und Sonnenschutz.

Verpflegung/Unterkunft: Wasser und Proviant mitnehmen. In Cefalù lässt sich alles für ein Picknick einkaufen, in den Alimentari gibt es z. B. den guten Madonien-Käse. Feine „cucina siciliana" im La Brace, Mo Ruhetag, Via XXV Novembre 10, ✆ 092 1423570, www.ristorantela brace.com. Nette Übernachtungsadressen B&Bs Dolce Vita (Via Bordonaro 8, ✆ 092 1923151, www.dolcevitabb.it) und Casanova (Via R. Porpora 3, ✆ 092 1923065, www.casanovabb.it), beide im alten Uferpalazzi am nördlichen Altstadtrand.

Hin & zurück: Cefalù liegt an der Bahnlinie Palermo – Messina; den Bahnhof findet man in ca. 10 Min. Gehdistanz zur Altstadt. Am Bahnhofsplatz halten Überlandbusse, z. B. von/nach Palermo (Abfahrt Nähe Bhf., www.saistrasporti.it) und in die Madonie-Berge. Cefalù liegt ca. 70 km östlich von Palermo an der SS 113 bzw. A 20. Autos am westlichen Altstadtrand an der Uferstraße Lungomare G. Giardina parken, im Sommer gebührenpflichtig.

Felsen und Meer bei Cefalù

▶ Abstieg in einem weiten Rechtsbogen fort. An der Mauerbresche
4 schließt sich der Kreis. Erneut durch die Bastionen wandernd,
erreichen wir bald wieder den Fuß der Ziegeltreppe **3**. Rechts gehen
wir in die Stadt zurück. Doch unterwegs biegen wir noch vor dem
Corso Ruggero rechts in die Via Monsignore G. Misuraca **9** ein.

Erst ein paar Stufen hoch, führt die steingepflasterte Gasse am Fuße
der Steilwand mit Blick über die Dächer direkt zum Dom. Ein Blick
auf die Apsiden lässt uns etliche skurrile Skulpturen entdecken. Der
Normannendom (12. Jh.) ist nicht zuletzt wegen seiner weltberühm-
ten Goldmosaiken einen Besuch wert! Mit wenigen Schritten kehren
wir zur **Piazza Duomo 1** zurück. ■

Grandiose Bergkulissen und botanische Raritäten erwarten uns auf dieser Tour. Die Monti Madonie weisen die artenreichsten Wälder des Mittelmeerraums auf. Einige der Pflanzen kommen aus-

✳✳✳ Durch das Tal Vallone Madonna degli Angeli und auf den Monte S. Salvatore

schließlich hier vor, so z. B. die Nébrodi-Tanne, deren letzte Exemplare im Vallone Madonna degli Angeli die Eiszeiten überdauert haben.

▶ ▶ Ausgangspunkt ist das grüne **Eisentor** ∎ der Forstverwaltung. Eine Holztreppe führt über den Zaun, rechter Hand steht eine kleine Wetterstation. Wir folgen der geschotterten Fahrspur bergauf, und bereits aus der ersten Spitzkehre öffnet sich der Blick auf das Anfiteatro della Quacella, eine der eindrucksvollsten Gebirgsformationen der Madonie. Weiter im Norden erhebt sich der kahle Pizzo Antenna. Die Piste schwenkt nach Süden und steigt weiter an. Im Westen erkennen wir eine Bergstaffel, aus der die Rocca Busambra (→ Tour 26) auffällig herausragt. Aus der nächsten **Spitzkehre** ∎ lohnt der kurze Abstecher rechts auf den **Grat**. Unter uns öffnet sich der Vallone Madonna degli Angeli, und im Süden sehen wir auf Polizzi Generosa hinab. Zurück auf der Piste, steigen wir nach Osten weiter auf und folgen ihr bis zu dem beschilderten Abzweig rechts ∎ in den **Vallone Madonna degli Angeli**.

Während die Forststraße hier eine scharfe Linkskurve beschreibt, um in Serpentinen anzusteigen (später unser Abstieg), behalten wir die Gehrichtung bei und folgen dem breiten Pfad, den talseitig ein Holzgeländer begleitet. Nach kurzem Anstieg fällt der Weg ab und quert anschließend die Talsohle des Vallone. Hier finden sich die letzten Exemplare der Nébrodi-Tanne (Abies nebrodensis). Die eleganten Nadelbäume sind an ihren senkrecht aufgestellten Zapfen zu erkennen. ▶

Länge/Gehzeit: 15,2 km, ca. 4:45 Std.
Charakter: abwechslungsreiche Rundwanderung auf geschotterten Forststraßen und Naturwegen mit einem Abstecher auf den Gipfel des Monte S. Salvatore. Sonnige und schattige Abschnitte wechseln sich ab.
Markierung: Hinweisschilder, rotweiße CAI-Zeichen (Club Alpino Italiano).
Ausrüstung: feste Bergschuhe, warme Kleidung, Wind- und Sonnenschutz.
Verpflegung/Unterkunft: Wasser und Proviant mitnehmen. Erst am Ende der Wanderung treffen wir auf einen Trinkwasserbrunnen! In Polizzi Generosa kann man sich im Ai Templari stärken, Mo Ruhetag. Dort auch fünf gemütliche Zimmer. Piazza Castello 7, ✆ 092 1688173, www.ristoranteaitemplari.it. Madonienküche mit Bio-Produkten und nette Gästezimmer bietet der Agriturismo Giardino Donna Lavia, Abzweig am Km 8,800 der SS 643 Richtung Scillato, Contrada Donna Laura, ✆ 092 1551104, www.giardino donnalavia.com. Die netten Besitzer sprechen Deutsch.
Hin & zurück: kein Busverkehr! Anfahrt von Polizzi Generosa auf der SP 119 Richtung Piano Battáglia, 500 m nach Km 8 in der Località Quacella vor dem grünen Eisentor ∎ am Straßenrand parken.

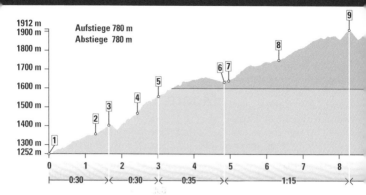

▶ An schönen Felsformationen vorbei, steigt der Pfad in Serpentinen wieder an. Wir queren ein kleines **Seitental**, und an der Gabelung **4** gehen wir geradeaus. Der Weg führt in den Buchenwald und in Serpentinen weiter hoch. Auch an der nächsten Gabelung **5** halten wir uns geradeaus (rechts führt ein Wanderweg nach Polizzi Generosa). Der Weg verläuft in Ostrichtung und quert dabei ein **Blockschuttfeld**. Linker Hand sind der Monte Quacella und der Monte Mùfara zu sehen.

Durch ein Eichenwäldchen und einen Kiefernforst steigen wir stärker an. Auf der Hochfläche geht der Weg in eine Fahrspur über und gelangt aus dem Forst auf eine verkarstete Grasfläche. Linker Hand steht eine kleine **Wetterstation**, und im Osten können wir in etwa 2 km Entfernung die Wallfahrtskirche Madonna dell'Alto erkennen. Wir folgen der Fahrspur nach links. Ohne unterwegs abzuzweigen, erreichen wir eine querende **Forststraße 6**.

Bevor wir uns auf den Rückweg machen und auf der nördlichen Seite des Vallone Madonna degli Angeli absteigen (→ „Kurzes Vergnügen"), lohnt der Abstecher zum Gipfel des Monte S. Salvatore. Dazu folgen wir der Forststraße rechts bergauf. Kurz darauf biegen wir aus dem **Sattel 7** wieder rechts ab, der Ausschilderung „Piano Grande, Santuario Madonna dell'Alto" folgend. Auf Höhe einer markanten Felsgruppe direkt oberhalb der Wetterstation beschreibt die Piste eine scharfe Linkskurve. Der langgezogene Anstieg gibt

Die Höhenzüge der Madonie besitzen eine außerordentlich reiche Flora

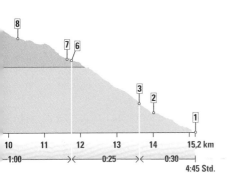

uns Zeit, den Blick auf die Madonna dell'Alto zu genießen.

An der Gabelung **8** auf dem **Piano Grande** halten wir uns links (rechts setzt sich der Weg in Richtung Madonna dell'Alto fort). Die Kiesstraße führt an einer Eisenschranke vorbei zu den Antennen hoch. Vorbei an den Antennen und einer Klimastation, folgen wir dem Grat in Ostrichtung bis zum Gipfel **9**. Der Rundumblick vom 1.912 m hohen **Monte S. Salvatore** ist perfekt! Rechts unten im Tal sehen wir auf die beiden Städtchen Petralia Sottana und Petralia Soprana hinab, im Norden sind der Monte Ferro und der Taldurchbruch des Vallone Canna zu erkennen.

Über die Gabelung auf dem Piano Grande **8** kehren wir auf bekanntem Weg zum Abzweig **6** zurück und folgen ab hier der Forststraße auf der nördlichen Talseite des Vallone Madonna degli Angeli bergab. Unterwegs kommen wir an der **Fontana Prato**, einem Brunnen mit Trinkwasser, und kurz darauf an einem Rifugio (Schutzhütte) mit Picknicktisch vorbei. Die Forststraße fällt in weiten Schwüngen ab. Am bezeichneten Abzweig ins Vallone **3** schließt sich der Kreis, und mit schönen Ausblicken nach Westen kehren wir zum Ausgangspunkt **1** an der SP 119 zurück. ■

> ### Kurzes Vergnügen
>
> Die Tour lässt sich um ca. 2:20 Std. kürzen, verzichtet man auf den Aufstieg zum Gipfel des Monte S. Salvatore und kehrt bei der Forststraße **6** über den beschilderten Abzweig **3** zum Ausgangspunkt **1** zurück. Länge/Gehzeit: 8,2 km, ca. 2:30 Std.

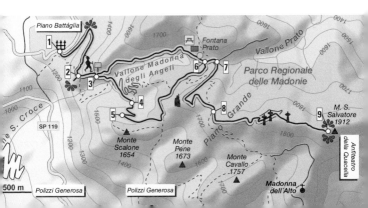

*** Auf den Pizzo Carbonara

Alte Hirtenpfade führen durch Buchenwälder und urwüchsige Karstlandschaft auf den höchsten Madonie-Gipfel, der zugleich der zweithöchste Berg Siziliens ist. An klaren Tagen reicht die Sicht über den Geopark Parco delle Madonie hinweg – im Westen bis Palermo und im Osten bis zu den Liparischen Inseln und dem Ätna.

▶▶ Unser Ausgangspunkt am **Piano Battaglia** ist zugleich der Start des (zurzeit nicht instand gehaltenen) „Sentiero Geologico No. 1" **1**. Den bewaldeten Monte Múfara im Rücken, biegen wir von der Asphalt- auf die Schotterstraße und nach 30 m auf die links abzweigende Wegspur, die über Weideflächen am nördlichen Rand der **Battaglietta-Polje** entlangführt. Die weite Karstsenke umgeben im Halbkreis die kahlen Hänge des Monte Spina Puci, Monte Ferro und Pizzo Antenna. Am Grund der Senke öffnet sich ein gewaltiges Schluckloch, der Inghiottitoio della Battaglietta, Ziel von Schulausflügen und geologischen Exkursionen.

Wir steuern in nordöstliche Richtung auf den Monte Ferro zu. Am Hang vor uns ist bereits die in Serpentinen ansteigende Mulattiera (Maultierweg) zu erkennen, auf der wir anschließend aufsteigen. Eine Kette versperrt Fahrzeugen die Durchfahrt. Oben im Buchenwald angekommen und an der **Ruine** eines steinernen Unterstandes vorbei, erreichen wir eine Gabelung **2** und folgen dem breiten, rot-weiß markierten Weg nach links (der Weg rechts führt zum Vallone di Zottafonda).

Nach 100 m knickt der Weg im 90°-Winkel nach links und steigt sanft an, zur Rechten eine tiefe **Doline** (Karsttrichter). Linker Hand sehen wir auf die Battaglietta-Polje zurück, dahinter erhebt sich der Monte Spina Puci. Dann führt der Weg rechts in den Buchenwald und kurz darauf an einem mit mächtigen Flechten behangenen **Ahorn 3** vorbei. Nach der Schneeschmelze und vor dem Blattaustrieb der Bäume ist der Waldboden mit zahllosen Frühjahrsblühern bedeckt.

Links die Steinpyramide auf dem Pizzo Carbonara

Der Weg verschmälert sich zum Pfad und steigt in Serpentinen weiter an. Wir achten auf **rot-weiße Farbzeichen** (CAI-Weg No. 2 A) auf Stämmen und Felsen! Die Buchen sind von krüppeligem Wuchs, auf offenen Flächen wächst Dornpolster-Tragant (Astragalus nebrodensis).

Der Pfad schwenkt zunächst nach rechts und führt dann in nordwestlicher Richtung in leichtem Auf und Ab über die verkarstete Hochfläche. Vorbei an einer rot-weiß markierten **Steinpyramide** ◢, steigt der Pfad im offenen Gelände weiter an, zur Linken begleitet von einer Dolinenserie, die nach Nordwesten abfällt. Wenige Minuten später öffnet sich auch rechts eine tiefe Doline.

Wir behalten die Gehrichtung bei und steigen den Hang in engen Serpentinen hoch. Steinmännchen und rote Farbzeichen markieren die Idealroute. In einem kleinen **Sattel** ◢ erreichen wir den Grat, dem wir in Nordrichtung nach rechts in wenigen Minuten bis zum Gipfel ◢ des **Pizzo Carbonara** (1.979 m) folgen. Eine Steinpyramide und ein Namensschild markieren den zweithöchsten Berg der Insel. An klaren Tagen reicht der Blick über weite Teile Siziliens.

Vom Gipfel steigen wir, für wenige Schritte die ursprüngliche Gehrichtung beibehaltend, bald aber nach Westen schwenkend, ab. Wir achten im verkarsteten ▶

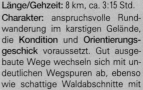

Länge/Gehzeit: 8 km, ca. 3:15 Std.
Charakter: anspruchsvolle Rundwanderung im karstigen Gelände, die **Kondition** und **Orientierungsgeschick** voraussetzt. Gut ausgebaute Wege wechseln sich mit undeutlichen Wegspuren ab, ebenso wie schattige Waldabschnitte mit sonnigem Terrain.
Markierung: Der Start ⓵ des Weges ist als „Sentiero Geologico No. 1" ausgeschildert, im verkarsteten Gelände weisen rot-weiße Farbzeichen (CAI-Wege No. 2 A und 2 B) und Steinmännchen den Weg. **Nebel erschwert die Orientierung!**
Ausrüstung: feste Bergschuhe, warme Kleidung, Wind- und Sonnenschutz.
Verpflegung/Unterkunft: ausreichend Wasser und ein wenig Proviant mitnehmen! Kein Wasser unterwegs! Westlich des Piano Battaglia findet man das Berghotel Baita del Faggio mit guter Küche, Contrada Fontanone del Faggio, ☎ 092 1662194, www.baitadelfaggio.it. An der SP 54 zwischen Petralia Sottana und Piano Battaglia einsam das Hotel Pomieri, ☎ 092 1649998, www.hotelpomieri.jimdo.com. Weitere Übernachtungstipps → Tour 29.
Hin & zurück: kein Busverkehr! Die Ringstraße mit Einbahnregelung am Piano Battaglia ist von Cefalù, Collesano, Polizzi Generosa oder Petralia Sottana aus zu erreichen. Bei der Anfahrt auf der SP 54 von Petralia am Piano Battaglia rechts fahren und nach wenigen Hundert Metern am Straßenrand parken; am Abzweig der Kiesstraße rechts beginnt der „Sentiero Geologico No. 1" ⓵.

Tour 30

In dieser Höhe liegt lange Schnee

▶ Gelände auf Steinmännchen und rot-weiße Markierungen. Bei guter Sicht zielen wir dabei auf den sich über dem Golf von Termini Imerese imposant erhebenden Monte S. Calogero zu. Zwischendurch führt der inzwischen deutlich ausgeprägte Pfad wieder durch lichte Buchenbestände.

Vorbei an einer **kleinen Doline** **7**, ändert der Weg seine Richtung und schwenkt nach Süden. Nach etwa 10 Min. stößt von rechts im spitzen Winkel ein weiterer Weg **8** dazu. Wir gehen geradeaus weiter, bald wieder durch Buchenwald. Wald und offene Flächen wechseln sich ab, und das Rifugio del Carbonara (auf manchen Karten auch als Bivacco Scalonazzo bezeichnet) ist bereits gut zu erkennen.

Unterhalb einer Schutzhütte erreichen wir einen Abzweig **9** und können hier nach links, vorbei am unbewirtschafteten Rifugio, in einem kurzen Anstieg die Höhe mit dem **Grab des Hundes Argo** **10** erreichen. Laut einer Inschrift soll dieser alle Tugenden, aber keinen der Fehler des Menschen besessen haben. In seiner Gesellschaft genießen wir den schönen Rundblick. Der Pizzo Carbonara erscheint aus dieser Perspektive wie ein unscheinbarer Buckel.

Parco delle Madonie – Geopark Madonie

Wanderkarten gibt es mit Glück im Parkbüro in Petralìa Sottana (Corso Paolo Agliata 16, ☎ 092 1684035, www.parcodellemadonie.it, tägl. 9–14 Uhr, Di–Sa auch 15–18 Uhr). Das Museo Civico A. Collisani mit seiner interessanten geologisch-archäologischen Sammlung dient ebenfalls als Auskunftsstelle, speziell auch zu den Geologischen Lehrpfaden im Ort selbst und im Bereich des Piano Battaglia (Corso Paolo Agliata 100, ☎ 092 1641811, www.petraliasottana. net, tägl. 9–19 Uhr, Eintritt 2 €, erm. 1 €). Die Madonie stehen in der Liste der UNESCO-Geoparks. Dazu gehören weltweit ausgewiesene Gebiete, in denen die Erdgeschichte erlebbar gemacht wird. Durch Aufschlüsse und Lehrpfade wird in den Monti Madonie beinahe die gesamte geologische Entwicklungsgeschichte Siziliens erfahrbar. Infos im Netz: www.europeangeoparks.eu.

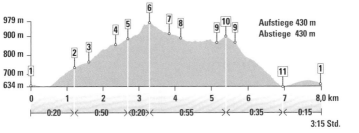

Am Rifugio vorbei, erreichen wir den vorhin verlassenen Hauptweg **9** und setzen den Abstieg nach links fort. In gut ausgebauten Serpentinen geht es im Buchenwald rasch bergab. Von einer Lichtung sehen wir auf den kleinen See am Piano Zucchi hinab, und im Westen erkennen wir das Cervi-Massiv. Wir laufen mit Blick auf den Monte Mùfara nach Süden. Seitlich abzweigende Wegspuren lassen wir unbeachtet.

Mit dem rot-weiß markierten Weg No. 2 erreichen wir schließlich einen Parkplatz an der Asphaltstraße **11**, der wir nach links ca. 1 km zurück zu unserem Ausgangspunkt **1** folgen. ∎

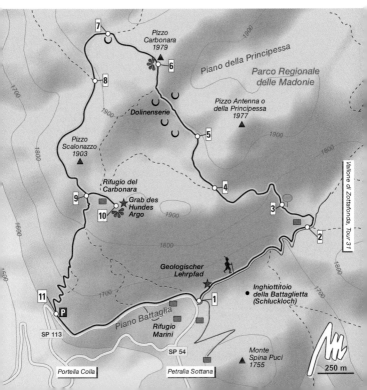

*** Vom Piano Sempria auf den Cozzo Luminario

Vom leicht zu erklimmenden Cozzo Luminario genießt man einen der besten Madonie-Blicke. Der Piano Pomo birgt eines der Naturwunder Siziliens: Über 200 Stechpalmen stehen dicht an dicht und formen einen magischen Hain. Die jahrhundertealten Exemplare besitzen riesenhafte Ausmaße, die nicht nur in Italien einzigartig sind. Ab November überziehen sich die immergrünen Bäume mit leuchtend roten Beeren.

▶▶ Ausgangspunkt ist die Ebene **Piano Sempria ❶**. Auf der Lichtung zeigt eine Tafel den Verlauf des Sentiero natura (Naturlehrpfad), dem wir bis zu den Riesenstechpalmen am Piano Pomo folgen. Das **Rifugio F. Crispi** (Schutzhütte) zur Linken, führt der gekennzeichnete Pfad rechts in den Buchenwald und steigt in kleinen Serpentinen rasch an. Im Unterwuchs wachsen Alpenveilchen und Mäusedorn (Ruscus aculeatus).

Kurztrip

Die Tour verkürzt sich um 1:45 Std., wenn man vom Piano Imperiale 8 in östliche Richtung abzweigt und, vorbei an 13, auf der Rückwegroute direkt zum Piano Sempria 1 absteigt. Das schöne Gipfelerlebnis auf dem Cozzo Luminario 7 nimmt man dennoch mit. Länge/Gehzeit: 3,7 km, 1:25 Std.

Bald queren wir die vom Piano Sempria in Richtung Piano Pomo aufsteigende Forststraße ❷ (später unser Rückweg). Am Wegrand steht eine mächtige Flaumeiche, deren Alter auf 800 Jahre geschätzt wird. Ihr vom Blitz getroffener hohler Stamm birgt einen Marienaltar. Der Pfad steigt weiter an, quert eine

Vom Cozzo Luminario hat man die Höhen der Madonie im Blick

Schneise und führt in einen Steineichenwald. Von der Lichtung **3** oberhalb des **Vallone di Gònato** öffnet sich ein weiter Blick ins Tal. Im Süden erhebt sich der Monte S. Salvatore (→ Tour 29), während im Osten Geraci Siculo, die Nébrodi-Berge mit dem Monte Soro (→ Tour 32) und mit Glück sogar der Ätna zu sehen sind.

Auf dem Naturlehrpfad folgen wir der Geländekante nach Süden. Wilde Rosen und Steineichen sind vom Weidevieh zu skurrilen Formen gestutzt worden. Der ehemalige Köhlerweg schneidet sich durch eine Felsrippe, den **Balzo del Gatto**. Kurz darauf schwenkt der Pfad nach rechts und stößt von unten auf die Forststraße **4**. Durch das Gatter links erreichen wir mit wenigen Schritten den **Piano Pomo 5**. Auf der Weidefläche steht linker Hand ein langgestreckter Pagghiaru. Solche binsengedeckten Steinhütten (→ Tour 13) dienten früher Hirten als Unterstand. Diesen **Pagghiaru** haben Forstarbeiter als Schutzhütte errichtet, einer der Räume steht Wanderern jederzeit zur Verfügung.

Wir überschreiten den Zaun nach rechts und queren die Wiese in westliche Richtung. Der Pfad führt mit wenigen Schritten in den kühlen Schatten der Stechpalmen (Ilex aquifolium). Über 200 große Exemplare, **Agrifogli Giganti**, stehen hier in einem dichten Hain, einige jahrhundertealt. Als Relikte der Eiszeit haben sie dank eines kühl-feuchten Mikroklimas an diesem Standort überlebt.

Am oberen Rand des Ilexhains steht eine imposante Buche. Am Schild „Faggio secolare" **6** biegt der Pfad scharf nach rechts und steigt vorbei an uralten Buchen und Eichen nach Norden an. Durch eine ▶

Länge/Gehzeit: 8,2 km, ca. 3:10 Std.

Charakter: abwechslungsreiche Rundwanderung, die abschnittsweise einem Naturlehrpfad folgt. Breite Forstwege wechseln sich mit alten Hirten- und Köhlerpfaden ab, genauso wie schattige mit sonnigen Wegabschnitten.

Markierung: Der Weg ist bis zum Piano Pomo als „Sentiero natura" (Naturlehrpfad) markiert. Ansonsten machen sich offizielle Wegzeichen des Parco delle Madonie rar, vereinzelt finden sich rot-weiße Farbzeichen des CAI (Club Alpino Italiano).

Ausrüstung: feste Bergschuhe, Wind- und Sonnenschutz.

Verpflegung/Unterkunft: Wasser und Proviant mitnehmen. Wasser gibt es im Rifugio F. Crispi und erst wieder auf dem Rückweg kurz vor dem Piano Pomo nahe 12. Das Rifugio F. Crispi am Piano Sempria 1, eine urige Berghütte des sizilianischen Alpenvereins C.A.S., bietet gute Küche, ✆ 092 1672279, mobil ✆ 368 989887, www.rifugio-crispi.it. In Castelbuono ist das kulinarische Angebot bestens, Pilzspezialitäten serviert das Slow-Food-Lokal Nangalarruni, Mi Ruhetag, Via delle Confraternite 10, ✆ 092 1671428, www.hostarianangalarruni.it,. Am Altstadtrand von Castelbuono empfiehlt sich das moderne Ypsigro Palace Hotel, Via Mazzini 2, ✆ 092 1676007, www.ypsigropalace.com.

Hin & zurück: kein Busverkehr! Castelbuono ist von der Nordküste über die gleichnamige Autobahnausfahrt bzw. von der SS 113 aus zu erreichen. Anfahrt aus Castelbuono vom südlichen Ortsrand über San Guglielmo und auf schlecht asphaltierter Straße vorbei am Albergo Milocca bis zum Piano Sempria 1, Parkmöglichkeiten vor dem Rifugio F. Crispi.

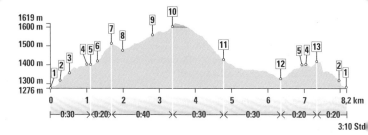

▶ Öffnung im Maschendrahtzaun und an Moos bewachsenen Sandsteinfelsen vorbei, erreichen wir den Grat und mit ein paar Schritten
das Gipfelkreuz **7**. Vom **Cozzo Luminario** (1.512 m) haben wir die
höchsten Madonie-Gipfel im Blick: im Westen Pizzo Carbonara (→
Tour 30) und Pizzo della Principessa, weiter südlich den Monte Ferro.
Im Norden sehen wir auf Castelbuono und das Tyrrhenische Meer
hinab. Ein perfekter Picknickplatz!

Vom Gipfelgrat steigen wir in einem Rechtsbogen nach Norden ab
und treffen am **Piano Imperiale** (auch Piano Cantagidebbe), einer weiten Karstsenke, auf eine querende Fahrspur **8**. Hier kann man der abfallenden Piste nach rechts folgen und erreicht in ca. 0:45 Std. den
Piano Sempria (→ „Kurztrip" **1**).

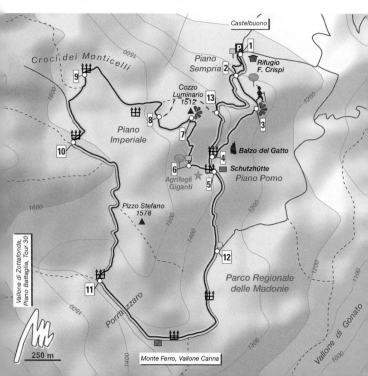

Wir setzen die Wanderung mit der Umrundung des Pizzo Stefano fort. Dazu folgen wir der ansteigenden Fahrspur nach links. Einen ersten Abzweig links durch ein Gatter ignorieren wir. Während die Piste über Weideflächen weiter ansteigt, begleiten uns rechts die Croci dei Monticelli, ein Bergkamm mit einer Serie kleiner Kreuze. Die Piste schwenkt nach links. Die Croci im Rücken, überschreiten wir ein **Gatter 9**.

Uralte Eichen oberhalb des Piano Pomo

An der Weggabelung kurz darauf folgen wir der links aufsteigenden Fahrspur über eine ehemalige Weidefläche, die mit Kiefern aufgeforstet ist. Nach dem nächsten **Gatter 10** gehen wir ca. 20 m geradeaus und biegen dann links ab auf die anfangs nur schwach ausgeprägte Fahrspur. Mit Blick auf Monte Ferro und Pizzo Canna steigen wir unter knorrigen Eichen und Buchen steil nach Süden ab. Im Tal zwischen Pizzo Stefano und Monte Ferro überschreiten wir ein **Gatter 11**.

Der Pagghiaru am Piano Pomo

Der Weg führt in südöstliche Richtung, vorbei an einem einsamen ziegelgedeckten Gebäude. Es folgen weitere Gatter. Zur Rechten blicken wir ins Vallone Canna. Dann schwenkt die Fahrspur nach links. Die Felshänge des Pizzo Stefano zur Linken,

Altar im hohlen Eichenstamm

führt die Schotterpiste durch bebuschtes Weideland. Die Fahrspur gabelt sich **12** auf Höhe einer zementierten Tränke. Auf dem rot-weiß markierten Weg No. 15 steigen wir links hoch und erreichen wieder den **Piano Pomo 5**. Die Richtung beibehaltend, folgen wir der Forststraße durch das Gatter **4** bis zur nächsten Gabelung **13**.

Von links stößt die Piste vom Piano Imperiale dazu. Nach einem letzten freien Blick nach Osten steigen wir auf der Forststraße rechts in den Buchenwald ab. Kurz vor der 800-jährigen Flaumeiche **2** ist eine **Kette** als Durchfahrtssperre über den Weg gespannt – Vorsicht! Wenig später gelangen wir zurück an den **Piano Sempria 1**. ■

*** Am Fuße des Monte Soro um den Lago Biviere

Auf breiten Forstwegen durchstreifen wir die ausgedehnten Buchenwälder am Fuße des Monte Soro. Im Frühjahr verwandelt sich der Waldboden in einen Blütenteppich, ebenso eindrucksvoll ist die Laubfärbung im Herbst. Der Lago Biviere, größter Bergsee Siziliens, ist ein Vogelparadies. An windstillen Tagen spiegelt sich der Ätna im Wasser.

▶▶ Ausgangspunkt ist die Gabelung **1** an der Passhöhe **Portella Calacudera**. Nach links fällt die breite Schotterstraße zum Lago Maulazzo ab – unser Rückweg. Wir folgen der schlecht asphaltierten Straße rechts hoch Richtung Monte Soro für gut 0:40 Std. Sie wird fast ausschließlich vom technischen Personal benutzt, das die Gipfelantennen wartet. Abschneider **2** über Wiesen verkürzen den Anstieg.

Lago Biviere: Vogelparadies und Rindertränke

In einer engen Rechtskurve, kurz vor dem ausgeschilderten „Acerone", einem riesigen Bergahorn (Acer pseudoplatanus), verlassen wir die Straße nach links **3** (folgt man der Straße ca. 2 Min. bergauf, zweigt linker Hand der kurze Stichweg zum Acerone ab). Die gekieste Fahrspur führt zwischen Stacheldrahtzäunen und durch ein Gatter in den **Buchenwald**. In weiten Schwüngen fällt die Piste nach Norden ab, teilweise kommen Reste der alten Steinpflasterung zum Vorschein. Seitlich abzweigende bzw. einmündende Pisten ignorieren wir. Rote und leuchtend grüne Farbzeichen markieren den Hauptweg.

Wir durchschreiten weitere Gatter. Die Fahrspur führt durch ein Bachbett, unmittelbar danach durch ein **Gatter 4** und über eine langgezogene Lichtung. Der Weg führt weiter in Ostrichtung, quert im Wald

---

Parco dei Nébrodi – die grüne Lunge Siziliens

Im Parco dei Nébrodi steht seit 1993 das größte zusammenhängende Waldgebiet Siziliens unter Naturschutz. Traditionelle Weidewirtschaft hat immer noch eine große Bedeutung und wird vom Park gefördert. Ein geringeres Engagement zeigte die Parkverwaltung bislang bei der Markierung von Wanderwegen. Schade, denn die Möglichkeiten zum Wandern wären da! Der Klassiker ist und bleibt die 70 km lange Dorsale dei Nébrodi, eine breite Schotterpiste, die in drei Tagesetappen von Mistretta über den Hauptkamm der Nébrodi-Berge bis Floresta führt. Der Sitz der Parkverwaltung befindet sich in Caronia. Im Besucherzentrum von Sant'Ágata di Militello (im Palazzo Gentile, Piazza Duomo, ✆ 094 1702524, www.parcodeinebrodi.it, Mo–Fr 8–14 Uhr) gibt es mit Glück die offizielle Nébrodi-Wanderkarte im Maßstab 1:50.000 gratis.

ein steingepflastertes Bachbett und fällt wieder ab. An der Gabelung **5** kurz darauf steigen wir links ab. Eine Serie kleiner Lichtungen gibt den Blick auf den Ätna frei. Hinter einem Holzgatter **6** betreten wir die große Weidefläche am **Piano Basile**. Im Südosten haben wir den Ätna, im Norden die Wälder Bosco di Mangalaviti, die Kalksteinfelsformationen Rocche del Crasto (→ Tour 33) und das Tyrrhenische Meer mit den Liparischen Inseln vor Augen.

Am unteren Rand des Piano Basile quert eine Fahrspur. Wir folgen ihr nach links und steigen mit Blick auf die Rocche del Crasto über eine **Serie von Lichtungen** nach Norden ab. An einer Gabelung **7** wählen wir die rechte, deutlichere Spur. Zwischen Baumkronen blitzt der Lago Biviere hervor. Über den Wiesenhang geht es weiter bergab. Dann schwenkt der Weg nach links, führt oberhalb eines ziegelgedeckten Stalles vorbei und trifft auf eine T-Kreuzung **8**.

Wir biegen scharf nach rechts und folgen dem Uferweg, der häufig auch vom Vieh benutzt wird. Der **Lago Biviere** liegt eingebettet in eine sanfte Hügellandschaft. Der Buchenwald, durchsetzt mit immergrünen Stechpalmen (Ilex aquifolium), reicht bis ans Wasser heran. Vorbei an einer Quelle, erreichen wir das südöstliche Ende **9** des Lago Biviere, wo der Gebirgsbach Torrente Spandente entspringt. Hier biegen wir links auf die Wegspur, die über die natürliche Dammkrone führt, und benutzen gleich darauf den Zauntritt.

Nach kurzem Anstieg biegen wir links auf den Pfad ab, der über Feuchtwiesen und Magerweiden am nordöstlichen Seeufer entlangführt. Kurz vor dem Nordende des Lago Biviere queren wir rechts über die Wiese hoch, benutzen den Zauntritt und treffen an der **Portella Biviere** auf die breite Schotterstraße **10**, die auch als „Dorsale dei Nébrodi" bezeichnet wird. In Nordrichtung zweigt die erste von mehreren Pisten in Richtung Alcara Li Fusi ab.

Wir folgen der breiten Schotterstraße nach links, zurück in den Buchenschatten. Auf Höhe der Casa Biviere zweigt rechts eine Piste **11** ab, die in wenigen ▶

Länge/Gehzeit: 18,7 km, ca. 4:35 Std.
Charakter: lange Rundwanderung durch Buchenwälder und über Lichtungen auf breiten Wald- und Schotterpisten. Zwischen **3** und **10** ist jedoch **Orientierungsgeschick** gefordert.
Markierung: wenig Hinweisschilder unterwegs, z. T. Farbzeichen.
Ausrüstung: feste Wanderschuhe.
Verpflegung/Unterkunft: Wasser und Proviant mitnehmen. Oberhalb San Fratello und ca. 5 km vor der Passhöhe Portella Femmina Morta liegt am Km 28,695 der SS 289 das urige Hotel Rifugio del Parco, ✆ 095 697397, mobil ✆ 366 3544884 www.rifugiodelparco.com. In der Nähe des Küstenortes Acquedolci und westlich des Monte San Fratello liegt der Agriturismo Villa Nicetta, eine liebevoll restaurierte Adelsvilla mit schönen Zimmern, herrlichem Garten und gutem Restaurant, Contrada Nicetta, ✆ 094 1726142, www.villanicetta.it.
Hin & zurück: kein adäquater Busverkehr! Mit dem Auto von S. Ágata di Militello an der Nordküste bzw. aus dem Landesinneren von Cesarò auf der SS 289 bis zur Passhöhe Portella Femmina Morta, dort Richtung Monte Soro abbiegen und nach 1,5 km an der Portella Calacudera bei **1** parken.

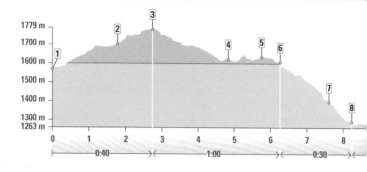

▶ Minuten zur **Sorgente Acquafredda** 12, einer Tränke mit gutem Trinkwasser, hinabführt. Nach dem erfrischenden Abstecher setzen wir den Weg auf der nach Westen ansteigenden „Dorsale" 11 fort. Stellenweise hat sich das Steinpflaster der ehemaligen Regia Trazzera (Fernweideweg) erhalten. Seitlich abzweigende Pisten lassen wir unbeachtet. Der Wald wird immer wieder von Wasserläufen und Lichtungen unterbrochen, auf denen Vieh weidet. Nach Norden öffnen sich weite Landschaftsblicke.

Am **Passo Taverna** gabelt 13 sich die Fahrspur, rechter Hand steht eine steinerne Hirtenhütte. Wir steigen links über eine langgezogene Lichtung auf, zur Linken begleitet vom Lauf des Torrente Cuderi. Rechts vom Weg steht ein steingemauerter **Brunnen** 14 mit Trinkwasser.

Kurz danach zweigt links ein Weg ab, der über die Dammkrone des **Lago Maulazzo** führt. Wir aber

Zum See mit dem MTB

Die breit geschotterte Dorsale dei Nébrodi ist eine ideale Mountainbike-Piste. Da kann man auch längere Distanzen zurücklegen und weit über den Lago Biviere hinausfahren. Die Strecke Portella Femmina Morta – Portella Mitta (Anschluss an die SS 116 kurz vor Floresta) beträgt ca. 35 km.

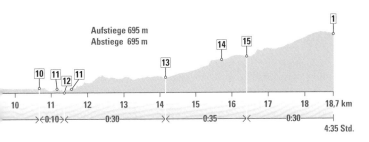

gehen geradeaus weiter auf dem breiten Hauptweg, dem umzäunten Westufer des schönen Stausees folgend. Am nächsten Abzweig **15** biegen wir links ab. Den See im Rücken, steigen wir im Buchenwald weiter an und kehren zum Ausgangspunkt **1** an der **Portella Calacudera** zurück. ■

*** Auf die Fels-formationen der Rocche del Crasto

Die sonst sanfte Nébrodi-Landschaft zeigt zwischen Longi und Alcara Li Fusi Profil. Mächtig erhebt sich der Kalkklotz der Rocche del Crasto über den Talschluchten von Torrente Rosmarino und Fiume di Longi. Der etwas mühsame Aufstieg wird mit prächtigen Panoramen belohnt. Der Sage nach gründete ein Kampfgefährte des Äneas nach der gemeinsamen Flucht aus Troja die Stadt Krastos auf dem schier uneinnehmbaren Berg. An unzugänglichen Stellen nisten heute Steinadler (Aquila chrysaetos) und Gänsegeier (Gyps fulvus).

▶ ▶ Ausgangspunkt ist die Passhöhe **Portella Gazzana** ◼, wo sich im Sattel mehrere Straßen kreuzen. Das gleichnamige Ristorante und den Pizzo Mueli im Rücken, folgen wir der Schotterstraße auf dem Grat in nordwestliche Richtung bergauf. Vor uns erheben sich die Rocche del Crasto, rechts sehen wir durch das Tal des Fiume di Longi aufs Meer. Linker Hand blicken wir auf den bewaldeten Hauptkamm der Nébrodi-Berge mit dem Monte Soro (→ Tour 32) zurück.

Leichter Gipfelausflug

Nicht so spektakulär, dafür einfacher und kürzer ist es, die Rocche del Crasto ⑨ über den langgezogenen Grat, der sich von der Portella Gazzana ① aus in nördliche Richtung bis auf die Hochweiden ⑩ zieht, zu erreichen. Bis ⑩ folgen wir der breiten, als Rückweg beschriebenen Schotterpiste, dann über offene Weideflächen und vorbei an der Tränke ⑧ hoch zum Gipfel ⑨. Auf demselben Weg wieder zurück. Länge/Gehzeit: 8 km, 3:30 Std.

Seitlich abzweigende Pisten lassen wir unbeachtet, bis wir nach ca. 0:30 Std. die

Neugierig? Maultier auf dem Weg zur Rocca de Calanna

Kreuzung **2** auf Höhe des **Bosco Soprano** erreichen. Rechter Hand führt eine Fahrspur in den Wald, geradeaus setzt sich die Schotterpiste in Richtung der Rocche del Crasto fort – unser Rückweg oder die einfachere Alternativroute (→ „Leichter Gipfelausflug").

Wir wählen die grob geschotterte Piste links, die in einem Linksbogen rasch absteigt, durch ein Gatter 3 führt, und innerhalb der umzäunten Weidefläche in weiten Schwüngen weiter abfällt. An einer ersten Tränke **4** vorbei, erreichen wir eine zweite **Tränke 5**. Hier stößt von links aus dem Tal eine Fahrspur dazu. Wir steigen rechts an, queren ein Bachbett und biegen an der nächsten Gabelung **6** rechts ab (den linken Weg versperrt ein Gatter).

Zwischen Weidezäunen führt der Weg auf die Felswände der Rocca Calanna zu und verschmälert sich zum Pfad. Im Geländeeinschnitt geht es in kleinen Serpentinen zwischen Schlehengebüsch und Bergahorn zu einer Wiese hoch. Über die weitgehend aufgelassenen Weideflächen am Fuße der steilen Felswände steigen wir weiter an bis auf ein kleines Plateau. Vorne blicken wir durch die Schlucht auf Alcara Li Fusi hinab. Linker Hand steigen die Felswände der **Rocca de Calanna** senkrecht vom Talboden auf. Hier bauen Gänsegeier und Steinadler ihre Horste. Zur Rechten ragt beinahe ebenso steil die Westflanke der Rocche del Crasto empor.

Von der Hochfläche führt rechts ein anfänglich mit Eisengeländern gesicherter **Felssteig 7** in engen Serpentinen hoch. Der anschließende Wegabschnitt erfordert etwas **Orientierungsgeschick**, solange die Idealroute nicht markiert ist. Auf einem der Viehtrampelpfade steigen wir im verkarsteten Gelände zwischen hohen Grasbüscheln weiter auf, und vor einer ca. 20 m hohen Felswand biegen wir rechts ab. Im Anschluss schwenkt der ▷

Länge/Gehzeit: 9,4 km, ca. 3:45 Std.

Charakter: abwechslungsreiche Rundwanderung, die im Aufstieg zu den Rocche del Crasto einige Schikanen birgt. Der Weg führt durch verkarstetes Gelände und ist nicht markiert, **Orientierungsgeschick** ist gefragt. Im Abstieg folgen wir, genauso wie im ersten Teil der Wanderung, einer breiten Schotterpiste. Kein Schatten unterwegs.

Markierung: keine.

Ausrüstung: feste Bergschuhe, Wind- und Sonnenschutz.

Verpflegung/Unterkunft: Wasser mitnehmen. Trinkwasser unterwegs bei 4, 5 und nahe 12. An der Portella Gazzana 1 kann man sich im gleichnamigen Ristorante Panini machen lassen bzw. nach der Wanderung stärken, Zeltplätze hinter dem Haus für Gäste gratis, Febr. bis März geschl., Do Ruhetag, ☎ 094 1434809, mobil ☎ 345 3054092. Im nahen Longi gibt es nette B&B-Unterkünfte und gute Slow-Food-Lokale, Infos beim Touristenservice Nébrodi B&B: Corso Umberto I 50, ☎ 094 1485068, mobil ☎ 348 9580802, www.nebrodi bandb.it. Zu empfehlen auch der Agriturismo Margherita bei Galati Mamertino, ☎ 094 1434975, www. agriturismomargherita.it.

Hin & zurück: kein Busverkehr! Die Portella Gazzana 1 ist von der Nordküste (Autobahnausfahrt der A 20: Rocca di Capri Leone) auf schmalen Straßen am besten über Longi zu erreichen – unterwegs auf den ausgeschilderten „Nébrodi Adventure Park" achten. Parkplatz vor dem Ristorante Portella Gazzana.

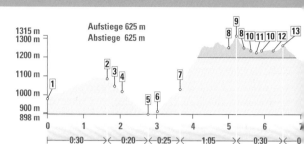

▶ Pfad nach links und führt in kleinen Serpentinen durch ein Felsla-
byrinth bis auf eine kleine Hochfläche. Der Weg verläuft jetzt in nord-

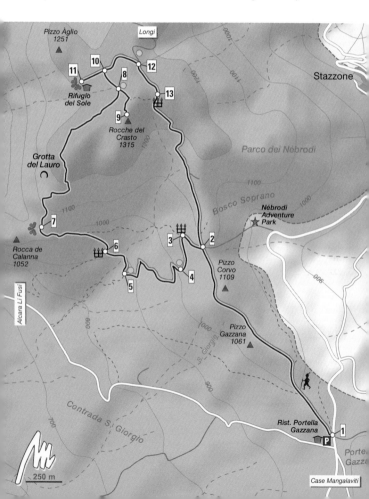

3   9   9,4 km

0:30

3:45 Std.

östliche Richtung, zur Rechten vom felsigen Gipfelgrat begleitet. An den Hängen wächst vereinzelt Bergahorn. Linker Hand sehen wir auf Alcara Li Fusi hinab und über eine Talschlucht auf ein weites Wiesenplateau mit einer einsamen Schäferhütte, dem Rifugio del Sole (das wir bei ⑪ erreichen). Dahinter erhebt sich der Pizzo Àglio. Den jetzt wieder deutlich ausgeprägten Pfad begleitet zur Linken Stacheldraht.

In einer Talmulde erreichen wir eine **Tränke** ⑧, die nur selten Wasser führt. Zum Gipfel geht es in der Mulde rechts hoch. Kurz vor dem Sattel führt der Einschnitt zwischen zwei Felsriegeln rechts hoch bis auf den Gipfelgrat ⑨ der **Rocche del Crasto**. Der Blick über die wilde Berglandschaft ist überwältigend!

Auf demselben Weg kehren wir in die Talmulde zurück, und, vorbei an der Tränke ⑧, steigen wir weglos in gerader Linie über die Weidefläche bis zu einer Fahrspur ⑩ ab. Linker Hand erreichen wir nach knapp 10 Min. eine einsame Schäferhütte ⑪, **Rifugio del Sole** genannt. Gegen einen kleinen Obolus darf jeder die offene Küche benutzen und sich einen Kaffee kochen. Im Sommer finden gelegentlich Konzert- und Theateraufführungen im Freien statt, allein die (Sonnenuntergangs-)Kulisse könnte nicht großartiger sein. Der Blick reicht bis Cefalù (→ Tour 28).

Wieder an ⑩ vorbei, folgen wir der Fahrspur nach Nordosten über die landwirtschaftlich genutzte **Hochfläche**, die Rocche del Crasto zu unserer Rechten. Die Piste beschreibt im Anschluss einen weiten Rechtsbogen. Linker Hand zweigt eine Fahrspur ⑫ ab, die, an einer Tränke vorbei, nach Longi hinabführt. Von hier geradeaus weiter in Richtung Süden, erreichen wir nach kurzem Gegenanstieg einen Sattel ⑬. Mit Blick auf Pizzo Mueli, die Wälder des Bosco di Mangalaviti, Monte Soro und den Ätna geht es über den Grat bergab zur **Portella Gazzana** ❶ zurück. ◼

Alternative Kultur- und Tourismusprojekte im Parco dei Nébrodi

Antonio Araca engagiert sich für den Parco dei Nébrodi und vermittelt in Longi B&B-Unterkünfte (www.nebrodibandb.it). Sein Büro ist eine der besten Info-Adressen weit und breit. Als CAI-Mitglied markiert er mit seinen Bergsteigerfreunden Wanderwege und begleitet auch kleine Gruppen zu Fuß. Transfers mit Jeeps in abgelegenere Winkel der Nébrodi sind möglich. Sein jüngstes „Abenteuer", ein Baum-Kletterparcours für Junge und auch Ältere, liegt ca. 4 km südlich von Longi im Bosco Soprano. C. da Pado, ☎ 094 1485068, www. nebrodiadventurepark.it.

**** Von Gangivecchio auf den Cozzo Regiovanni

Auf dieser ausgedehnten Tour durchstreifen wir auf alten Herdenwegen eine archaische Agrarlandschaft, wie sie selbst in Innersizilien langsam zu verschwinden droht. Dazu gibt es vom gleichnamigen Berg einen Ausblick auf die Sandsteinfelsen von Regiovanni, die in arabischer Zeit als Burg befestigt waren.

▶▶ Die Wanderung beginnt an der **Tenuta Gangivecchio 1**, einer ehemaligen Benediktinerabtei aus dem 14. Jh. Vom 18. bis 20. Jh. Adelsrefugium, dienten die Gebäude zuletzt als Landhotel mit Restaurant. Zu Fuß folgen wir in der ursprünglichen Fahrtrichtung der asphaltierten Straße ca. 300 m, überschreiten die Brücke und kommen an einer **Tränke 2** vorbei.

Die wenig befahrene Straße führt durch intakte Weide- und Ackerlandschaft und steigt dabei in südliche Richtung an, zur Rechten be-

Masserien und Trazzere

Sizilien kannte seit der Antike und bis ins 20. Jh. im Wesentlichen nur Latifundien (Großgrundbesitz). Lediglich die Araber betrieben im Mittelalter zeitweise eine kleinteiligere, bäuerliche Landwirtschaft. Masserien, die großen Gutshöfe Siziliens, sind die Erben römischer Villae rusticae. In der Antike war eine Landvilla eingeteilt in die Bereiche pars dominica (Herrenhaus), pars rustica (Sklaven- und Arbeiterquartiere) und pars fructuaria, wo landwirtschaftliche Produkte gelagert und verarbeitet wurden. Pars rustica und pars fructuaria bildeten zusammen die pars massaricia, daher der Name. Im 18. Jh. entdeckte der sizilianische Adel, z. B. die „Leoparden" Tomasi di Lampedusas, die Freuden des Landlebens. Masserien wurden um noble Wohnquartiere erweitert.

Ein Beispiel ist die Masseria Càcchiamo (→ Tour 35), die – wie auch Gangivecchio – in den Besitz der Bongiorno von Gangi überging und nach einem Umbau auch als Sommersitz diente. Am Kreuzungspunkt mehrerer Trazzere (Fernweidewege) gelegen, ist die Masseria Keimzelle des gleichnamigen Ortes. Der ursprüngliche Bezug zur umliegenden Weidelandschaft ist nach wie vor gegeben, und jeden Morgen wird die monumentale Tränke von Schafherden aufgesucht. Seit der Antike hatte sich ein dichtes, meist ungepflastertes Straßennetz in den bevölkerungsreichen Sizilien herausgebildet, im Mittelalter Trazzere (lat. tractus, dt. Bahn) genannt. Kaiser Friedrich II. hatte den Rechtsstatus dieser alten Handels- und Herdenwege festlegen lassen. Als öffentliche Straßen, die in erster Linie von Maultieren genutzt wurden, durchzogen sie auf einer Gesamtlänge von 14.000 km noch bis ins 19. Jh. die Insel. Erst mit der Einigung Italiens 1860 und dem Bau befahrbarer Überlandstraßen und Eisenbahnlinien begannen die Trazzere an Bedeutung zu verlieren und gerieten allmählich in Vergessenheit.

gleitet vom Tal des Torrente Capuano. Im Westen erhebt sich die rote Steilwand des Monte Alburchia, in der Antike Akropolis des minoischen Engyon. Wir verlassen die Straße nach rechts und steigen auf der einspurigen **Schotterpiste 3** weiter auf. Eine talseitig abzweigende Fahrspur bleibt unbeachtet. Linker Hand begleitet uns ein Höhenzug, der weiter östlich im Monte Zimmara (mit Windpark) gipfelt.

Wir durchschreiten ein erstes Gatter, rechter Hand liegt ein Bauernhaus inmitten von Eichen. Durch ein zweites Gatter verlassen wir das Grundstück, biegen links ab (Teile des Weges geraten hier manchmal unter den Pflug) und treffen auf einen Stacheldrahtzaun **4**. Rechts aus dem Tal stößt ein Pfad dazu, den wir auf dem Rückweg benutzen.

Wir überschreiten den Zaun und folgen geradeaus dem **Viehtrampelpfad** durch dorniges Gebüsch (eine Heckenschere macht sich bezahlt!). Der Weg schlägt einen Bogen um den Sandsteinsporn und steigt zu einem Brunnenhaus an. Rechts unterhalb des Weges liegt eine alte Tränke. Wir behalten die Gehrichtung bei, überschreiten den nächsten Zaun und treffen auf eine Fahrspur **5**. Dieser folgen wir in einem Linksbogen, vorbei an einem oberhalb liegenden kleinen Bauernhaus, das auf Karten als **Case Ramata** verzeichnet ist.

Hinter einem Eisentor **6** treffen wir auf eine querende Straße, auf der wir rechts absteigen. Über das weite Tal sehen wir auf die Bergkette Serra Castagna. Die Trazzera (ehemaliger Fernweideweg), ▶

Blick ins Gangi-Tal

Länge/Gehzeit: 20,7 km, ca. 6:40 Std.
Charakter: lange, anstrengende Rundwanderung mit einem Schlenker. Kürzere Abschnitte auf Asphalt, lange Abschnitte auf breiten Pflaster- und Erdwegen. Nach Regen sind die Wege verschlammt! Kaum Schatten unterwegs!

Markierung: noch keine Markierungen, die Orientierung auf den meist breiten Wegen bereitet jedoch keine Schwierigkeiten.

Ausrüstung: feste Wanderschuhe, Wind- und Sonnenschutz. Die Mitnahme einer kleinen Heckenschere empfiehlt sich.

Verpflegung/Unterkunft: Wasser und Proviant mitnehmen. Wasser unterwegs, z. B. bei **9**. Auf halbem Weg liegt das Gut Tenuta Castagna **15**, ein Agriturismo, in dem man essen und übernachten kann, ☎ 092 1644089, www.tenutacastagna.com. Die Villa Rainò, ca. 3 km nordwestlich von Gangi, ist ein nettes Landhotel mit guter Küche und Wandertipps von den Besitzern, ☎ 092 1644680, www.villaraino.it. Als Quartier könnte auch die Villa Masseria Càcchiamo dienen (→ Tour 35).

Hin & zurück: kein Busverkehr! Mit dem Auto ab Gangi 5 km der Ausschilderung „Gangivecchio" folgen, vorbei am Santuario dello Spirito Santo. Vor der Tenuta Gangivecchio am Straßenrand **1** parken.

▶ die zwischen Serra Castagna und Cozzo Regiovanni über einen Sattel führt, ist deutlich zu erkennen. Von der T-Kreuzung **7** folgen wir links der kaum befahrenen Straße am Fuße der **Rocca Corvo** an verstreut liegenden Häusern vorbei.

Am Fuße des Cozzo Sirrunazzo beschreibt die Straße eine scharfe Rechtskurve **8**, und – vorbei am monumentalen **Bevaio Mandralisca** **9** – führt die Straße durch den hübschen Borgo (Weiler), der im 19. Jh. zum Feudalbesitz von Enrico Pirajno, Baron von Mandralisca, gehörte. Der aufgeklärte Adelige sympathisierte mit den Ideen der Französischen Revolution, interessierte sich für Agronomie und betätigte sich als Naturforscher und Archäologe (sehenswert das Museo Mandralisca in Cefalù, → Tour 28). Einen Blick verdient auch die kleine S.-Giuseppe-Kapelle. Statt eines Heiligenbildes zeigt das Relief über dem Portal eine Hacke – eine Aufforderung an die Bauern, fleißig zu sein?

Hinter dem Ort führt die Straße über den Bach und schwenkt nach Westen. Kurz darauf quert die stein-gepflasterte **Regia Trazzera** **10**. Ihr folgen wir links bergauf. Unterwegs mündet von links eine Piste **11** ein (sie führt vom Agriturismo Tenuta Castagna [15] herab – unser Rückweg). Weiter oben erreicht die Trazzera ihren Scheitelpunkt, und hier quert auch eine Fahrspur **12**. Im Süden sind der Turm von

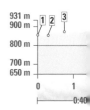

Blick auf den Monte Alburchia und die Madonie-Berge

Bordonaro und die Serra del Vento (archäologische Reste einer sikanischen Stadt) zu sehen.

Bevor wir die Wanderung zum Agriturismo Tenuta Castagna fortsetzen, lohnt ein kurzer Abstecher rechts in Richtung Regiovanni (einen guten Blick auf die in den Sandsteinfels geschlagene Sarazenenfestung bietet die schmale Verbindungsstraße zwischen Gangi und Càcchiamo!). Von den beiden anfänglich parallel verlaufenden Fahrspuren wählen wir die rechte, die, der Gratlinie folgend, von Hecken gesäumt zwischen Weidezäunen entlangführt. Anschließend geht es durch einen lockeren Eichenwald. Der Fahrweg endet in einer Sattelmulde. Wenige Schritte weiter rechts erhebt sich die kleine Anhöhe **Cozzo Regiovanni** 🔟. Aus dem Schatten einer mächtigen Korkeiche genießen wir von hier den Blick auf den Monte Alburchia. Im Gelände ▶

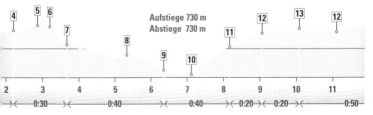

▶ liegen verstreut Ruinen kleiner Bauernhäuser. Bei den Steinhaufen handelt es sich um verfallene Pagghiara (binsengedeckte Steinhütten, → Touren 13 und 31).

Die alten Trazzere werden heute noch von Bauern genutzt

Mit Blick auf den Agriturismo Tenuta Castagna kehren wir zurück, queren anschließend die Trazzera **12** in südöstliche Richtung und folgen durchs Gatter der mit dem Grat ansteigenden Fahrspur. Unser Weg beschreibt einen weiten Linksbogen und führt am Fuß der bewaldeten Serra Castagna durch lockeren Eichenwald und über Weiden. Wir durchschreiten mehrere Gatter und stoßen auf Höhe einer Tränke auf eine querende Piste **14**. Rechter Hand erreichen wir in ca. 5 Min. die Masseria **Agriturismo Tenuta Castagna 15** (→ „Masserien und Trazzere").

Vom Agriturismo folgen wir der breiten Schotterpiste, vorbei am Abzweig **14**, über Weide- und Ackerflächen nach Nordwesten abwärts. In einer leichten Rechtskurve biegen wir links auf eine seltener benutzte Fahrspur **16**, die zurück auf die steingepflasterte **Trazzera 11** führt. Nun auf bekanntem Weg, steigen wir nach Norden ab. Am Gegenhang ist die Fortsetzung der Trazzera deutlich zu erkennen, die westlich von Gangivecchio den Höhenzug La Rupe in Richtung Gangi durchschneidet.

Kurze Südrunde

Der Weiler Borgo Mandralisca [9] ist von der SP 14, die Gangi mit Càcchiamo verbindet, mit dem Auto zu erreichen. Ab hier kann man dann nur den südlichen Teil der Tour laufen. Länge/Gehzeit: 10 km, ca. 3:20 Std.

Wir queren die Asphaltstraße **10** und folgen der Trazzera durch eine **Furt** und wieder bergauf. An einer Gabelung **17** wählen wir die linke, weniger steile,

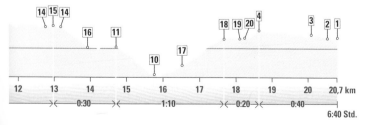

lehmige Piste. Kurz vor der Scheitelhöhe zweigt rechts eine Wegspur **18** ab, die zu den Case Ramata **5** hochführt. Etwa 300 m danach verlassen wir die Trazzera nach rechts durch ein **Gatter 19**. Kurz darauf zweigen wir rechts ab auf den Weg **20**, der parallel zum Zaun ansteigt. Dann schließt sich der Kreis beim Stacheldrahtzaun **4**, und auf bekanntem Weg kehren wir mit Blick auf Gangi und Gangivecchio zum Ausgangspunkt **1** zurück. ▪

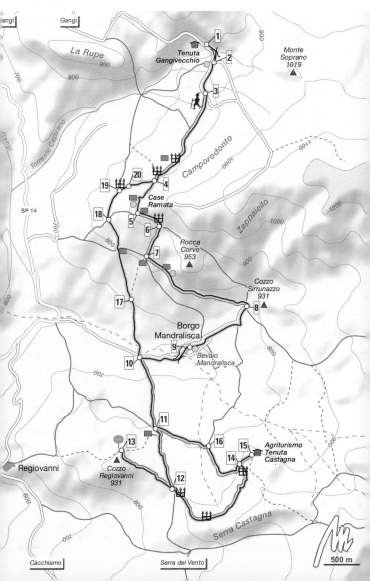

*** Auf den Monte Altesina

Vom höchsten Gipfel des Erei-Gebirges überblicken wir weite Teile Siziliens. Die strategische Lage war seit der Bronzezeit bekannt. Araber machten den antiken Mons Aereus (luftiger Berg) im 10. Jh. zum Mittelpunkt ihrer geodätischen Vermessung Siziliens. Alte Hirten- und Köhlersteige durch Steineichenwälder und über Almwiesen wurden als Wanderwege neu belebt.

▶▶ Der **Haupteingang** ❶ des Naturschutzgebietes „Riserva Naturale Orientata Monte Altesina" liegt an der SP 30. Sollte das Tor der Forstbehörde geschlossen sein, benutzen wir den seitlichen Fußgängerdurchlass und folgen der gekiesten Forststraße bergauf. Vor dem großen Löschteich informiert eine Wandertafel ❷. Nach links geht es vorbei an Picknickzone und WC. Auf Höhe des **Centro Visitatori** (Besucherzentrum) verlassen wir die Forststraße nach links ❸ und folgen dem ausgeschilderten Wanderweg „Sentiero Monte Altesina" durch den Eichenmischwald bergauf.

Ein Zaundurchlass führt auf die Schotterstraße ❹, der wir in westliche Richtung bergauf folgen. Die nach 20 m links abzweigende Piste ignorieren wir. Rechter Hand stehen auf einem Sandsteinblock die

Blick von Norden über Weiden auf den Monte Altesina

Riserva Naturale Orientata Monte Altesina

Das Besucherzentrum des Naturschutzgebietes öffnet von April bis September tägl. 8–18 Uhr, von Oktober bis März tägl. 8–15 Uhr. Infos unter www.riserve enna.it, www.siciliaparchi.com. Mit Glück gibt es hier eine Wanderkarte gratis; bei der Orientierung hilft auch das dreidimensionale Geländemodell in der kleinen Ausstellung. Ein einfacher Rundweg z. B. führt vom Gut Masseria Altesinella auf den 1.042 m hohen Monte Altesinella. Der Monte Altesina (1.192 m) ist auch Teil des Europäischen Geoparks Rocca di Cerere (www.roccadi cerere.eu), zu dem auch der Parco Minerario Floristella Grottacalda (www. enteparcofloristella.it) in einer aufgelassenen Schwefelgrube im Süden von Enna gehört.

Mauerreste des **Cummintazzu**, eines kleinen mittelalterlichen Konvents. Kurz danach steht an einer Kreuzung **5** eine weitere Wandertafel. Die rechts abzweigende Kiesstraße, als „Sentiero Monte della Campana" ausgeschildert, ist unser Rückweg.

Wir folgen der Kiesstraße geradeaus, am Teich und der schräg aufragenden Sandsteinwand links vorbei. Wenige Minuten später biegen wir rechts ab auf den ausgeschilderten „Sentiero Sito Archeologico" **6**. Der schöne alte Steig führt in engen Serpentinen zwischen Sandsteinfelsen und im Halbschatten von Steineichen rasch bergauf. Es sind uns Blicke vergönnt über die Orte Leonforte, Nicosia, Ágira, Regalbuto und endlose Hartweizenfelder in Richtung Ätna.

Der Pfad schwenkt nach Westen, quert einen **Kiefernhang** und trifft auf eine Forststraße **7**, der wir nur wenige Schritte nach rechts folgen (links geht ▶

Länge/Gehzeit: 4,5 km, ca. 2 Std.

Charakter: abwechslungsreiche, überwiegend im Schatten verlaufende Rundwanderung auf gekiesten Forststraßen und steilen Naturpfaden. Im Abstieg sind Wanderstöcke nützlich, abschnittsweise ist **Trittsicherheit** erforderlich.

Markierung: Hinweisschilder und Wandertafeln der Forstverwaltung.

Ausrüstung: feste Wanderschuhe, evtl. Wanderstöcke, Wind- und Sonnenschutz.

Verpflegung/Unterkunft: Wasser und Proviant mitnehmen, denn das Naturschutzgebiet liegt weit ab von der Zivilisation. Lebensmittel kann man z. B. in Villadoro einkaufen und lernt dabei ein typisch innersizilianisches Landstädtchen kennen. Im winzigen Nachbarort Càcchiamo ist die Bar del Borgo an der Durchfahrtsstraße die Anlaufstelle. Signora Graziella hält auch die Schlüssel der Villa Masseria di Càcchiamo bereit, einer privaten Adelsvilla mit entspannter Atmosphäre, Ausgangspunkt reizvoller Wanderungen. Als Selbstversorger kann man sich für einige Tage einmieten. Die Besitzerin Luisa Stella, eine Ärztin aus Palermo, ist zu erreichen unter der Mobilnummer ☎ 340 2958881, www.villamasseriadicacchiamo.com.

Hin & zurück: kein Busverkehr! Der Haupteingang des Naturschutzgebietes „Riserva Naturale Orientata Monte Altesina" liegt an der SP 30 nördlich von Enna. Anfahrt von Enna über die SS 121 Richtung Leonforte, links ab auf die SP 94 und weiter geradeaus auf der SP 30 Richtung Villadoro. Vor dem Tor ⊡1 an der Straße parken. Die Riserva ist auch von der SP 19 östlich von Villadoro ausgeschildert.

Tour 35

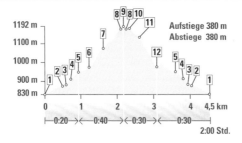

▶ es zum 1.042 m hohen Nebengipfel Monte Altesinella). Nach 5 m verlassen wir die Forststraße wieder (alternativ kann man auch auf der Forststraße aufsteigen, die beiden Wege treffen sich) und steigen rechts auf dem Pfad im lockeren Kiefernforst weiter aufwärts. Dann treffen wir erneut auf die Piste und folgen ihr rechts bergauf. Nach ein paar Spitzkehren öffnet sich der Blick nach Westen. Linker Hand liegt hinter dem Holzzaun eine kleine **archäologische Zone**.

Durch einen Zaundurchlass **8** führt ein kurzer Stichweg, vorbei an Zisternen, bronzezeitlichen Kammergräbern und Resten der antiken Akropolis, auf den Gipfelgrat **9** des **Monte Altesina**. Inmitten ausgedehnter Weide- und Ackerflächen sieht man Villadoro und Càcchiamo liegen. Gut zu erkennen ist auch das dichte Netz alter Trazzere (Fernweidewege), die häufig dem Verlauf antiker Straßen folgen, deren Kontrolle von diesem Gipfel ausgeübt wurde. Jenseits von Serra del Vento und Monte Zimmara erheben sich die Madonie- und Nébrodi-Gebirge.

Der Nabel Siziliens und die Dreiteilung der Insel

Das 948 m hoch gelegene, im Zentrum der Insel sich erhebende Enna wurde in der Antike als „umbilicus Siciliae", Nabel Siziliens, bezeichnet. Auf alten Karten hingegen markiert oft der wenige Kilometer nördlich gelegene 1.192 m hohe Monte Altesina den Punkt, von dem die Einteilung Siziliens in die drei Provinzen Val di Mazara, Val Demone und Val di Noto ausging. Diese bis 1818 bestehende Verwaltungsgliederung geht auf eine arabische Gebietsaufteilung im Mittelalter zurück, die von den Normannen übernommen wurde und die bis dahin gültige Zweiteilung der Insel in den von Syrakus verwalteten Osten und von Lilybaeum (Marsala) verwalteten Westen ersetzte. Mazara und Noto (→ Tour 15) existieren heute noch, Demenna war eine byzantinische Stadt in Nähe des heutigen Alcara Li Fusi und die Rocche del Crasto (→ Tour 33) ihre wichtigste Festung. Der Begriff Val steht nicht für Tal, sondern bezeichnet eine Provinz (willàya), die islamischem Recht unterworfen ist. Zugleich sind die regenreichen Monti Erei Quellgebiet dreier in der Antike noch schiffbarer Flüsse, die bei der natürlichen Gebietsaufteilung immer eine große Rolle gespielt hatten. Der Fluss Imera Settentrionale mündet bei Termini Imerese ins Tyrrhenische Meer, bei Catania der vom Dittáino gespeiste Fluss Simeto ins Ionische Meer und bei Licata der Fluss Imera Meridionale in die Straße von Sizilien.

Bronzezeitliche Grabkammer auf der Akropolis des Monte Altesina

Zurück auf dem Hauptweg **8**, gehen wir links und erreichen kurz darauf ein kleines Grasplateau. Hier gabelt sich der Weg. Wir wählen den Abzweig rechts **10**, flankiert von zwei kleineren Felsbrocken („Sentiero Monte della Campana"). Der Pfad fällt in engen Serpentinen zwischen bemoosten Sandsteinfelsen im Eichenschatten ab, durchquert einen Grassattel und folgt der Kammlinie, die weiter östlich im Monte della Campana gipfelt. Von einer **Felsgruppe 11** genießen wir den Blick zurück auf den Gipfelgrat des Monte Altesina.

Dann wird der Abstieg steiler, Baumstämme und Felsen erweisen sich als gute Kletterhilfen. Der Pfad schwenkt auf die Nordseite des Grates und trifft etwa 0:15 Std. nach der Felsgruppe auf eine querende Forststraße ⻊, der wir rechts folgen. Nach kurzem Zwischenanstieg in die Mulde am Fuße des **Monte della Campana** fällt die Forststraße in weiten Schwüngen zur Kreuzung **5** am Ostufer des Teiches ab. Hier schließt sich der Kreis, und nach links kehren wir auf bekanntem Weg zum Ausgangspunkt **1** zurück. ■

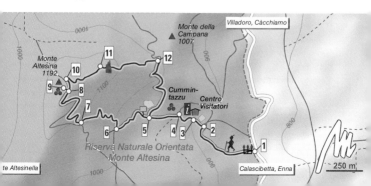

Reisehandbuch   **MM-City**   MM-Wandern

Register

Kartenlegende

Symbole

Leuchtturm			Information	
Sendemast, Antenne			Post	
Turm			Kloster	
Gipfelkreuz			Kirche	
Badestrand			Burg/Schloss	
Gebäude			Burg-/Schlossruine	
Campingplatz			Archäologische Stätte	
Schild			Sehenswürdigkeit	
Berggipfel			Museum	
Aussichtspunkt			Friedhof	
Höhle, Doline			Flughafen	
Baum			Bushaltestelle	
Rastplatz			Parkplatz	
Quelle/Brunnen			Brücke	
Wasserfall			Tunnel	
Wasserbecken				
Gatter/Tor			Nationalpark	
Felsen				
Mauer				

Gewässer

Wasserfläche

Fluss/Flussbett

periodischer Fluss

Kanal

Wanderung

Wandersepp
(Wanderrichtung)

5 Wegpunkt mit Nummer

—— Tourverlauf

----- Variante

Höhenschichten

	0 bis 400 m
	400 bis 800 m
	800 bis 1200 m
	1200 bis 1600 m
	1600 bis 2000 m
	2000 bis 2400 m
	2400 bis 2800 m
	2800 bis 3200 m
	über 3200 m
100 — 00	Höhenlinie
•	Höhenpunkt

Straßen und Wege

	Fernstraße
	Hauptstraße
	Nebenstraße
——	Piste
= = =	Tunnel
	Eisenbahn
- - -	Fußweg

Orte

	bebautes Gebiet
•	kleinerer Ort

Sämtliche Karten in diesem Buch sind nach Norden ausgerichtet.

Beim Maßstab 1:25.000 entspricht 1 cm in der Karte 250 m in der Natur,
beim Maßstab 1:50.000 entspricht 1 cm in der Karte 500 m in der Natur.

Die Beschriftungen der Höhenlinien zeigen talwärts.

MM-Wandern

Die Wanderführer-Reihe aus dem

Lieferbare Titel (Stand 2014)

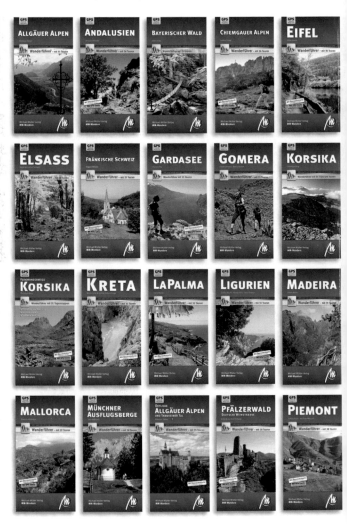

ÜBERSICHTSKARTE

SIZILIEN

Maßstab 1:1.000.000